高职高专经管类专业精品教材系列

管理学基础

（第二版）

赵 铁 编 著

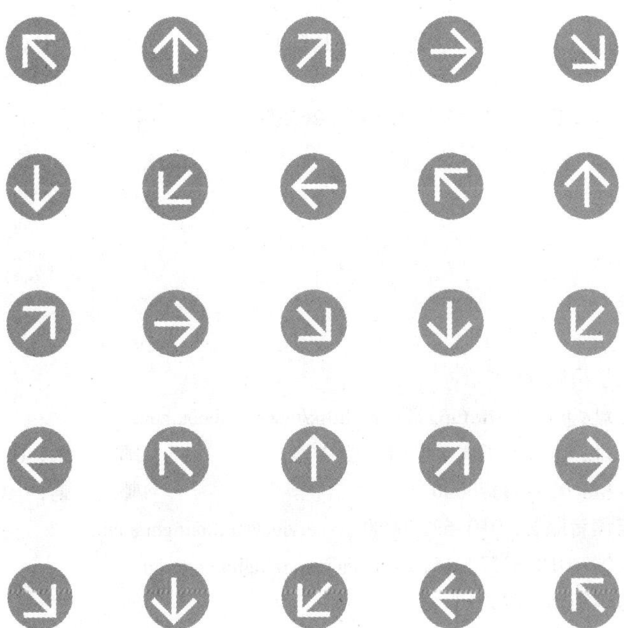

清华大学出版社

北 京

内容简介

本书是中国特色高水平高职学校项目建设成果，根据国务院《国家职业教育改革实施方案》、财政部和教育部《关于实施中国特色高水平高职学校和专业建设计划的意见》、教育部《关于组织开展“十三五”职业教育国家规划教材建设工作的通知》和《高等职业学校专业教学标准（试行）》等文件精神，进一步与校外实训基地企业合作，以管理活动的基本职能与演进顺序为线索进行设计，借鉴德国职业教育课程理念，搭建起“理实一体化”教学素材框架，为高职高专经管类专业课程的“工学结合”作出了示范与引领。

本书设计了 10 个学习单元，包括管理初步认知、管理思想认知、计划与决策、组织认知、人员配置、领导与激励、沟通与合作、控制认知、管理技能应用（一）和管理技能应用（二）。

本书比较完整地阐述了管理学基础及管理活动内容，适合应用型本科、高职高专经济管理类各专业教学使用，也可作为在职人员职业培训和工作实践的参考用书。

图书在版编目（CIP）数据

管理学基础 / 赵铁编著 . —2 版 . —北京：清华大学出版社，2021.3（2022.8重印）
高职高专经管类专业精品教材系列
ISBN 978-7-302-54385-5

Ⅰ. ①管…　Ⅱ . ①赵…　Ⅲ . ①管理学－高等职业教育－教材　Ⅳ . ① C93

中国版本图书馆 CIP 数据核字（2019）第 263350 号

责任编辑：吴梦佳
封面设计：傅瑞学
责任校对：赵琳爽
责任印制：杨　艳

出版发行：清华大学出版社
网　　址：http://www.tup.com.cn，http://www.wqbook.com
地　　址：北京清华大学学研大厦 A 座　**邮　　编：**100084
社 总 机：010-83470000　**邮　　购：**010-62786544
投稿与读者服务：010-62776969，c-service@tup.tsinghua.edu.cn
质量反馈：010-62772015，zhiliang@tup.tsinghua.edu.cn
印 装 者：小森印刷霸州有限公司
经　　销：全国新华书店
开　　本：185mm × 260mm　**印　张：**16.5　**字　　数：**377 千字
版　　次：2015 年 2 月第 1 版　2021 年 3 月第 2 版　**印　　次：**2022年8月第3次印刷
定　　价：47.00 元

产品编号：082788-01

前言

高等职业教育教材的开发应该充分依托行业、企业、结构化教师创新团队，积极融入新思想、新技术、新业务、新规范、新标准，以企业管理工作任务为内容选择的参考依据。从职业实际出发，分析高职毕业生对应的职业工作岗位要求，有针对性地进行归纳。既不能把高层管理人员的职业工作内容一股脑塞给学生，也不能将管理知识内容零散地呈现给学生。编写人员应该既能清晰界定职业岗位对高职学生的技能要求，还应该为学生提供一个职业工作内容整合的框架，使其能够看到适合自身的"完整意义上的职业工作整体"。这样，学习难度才会降低，目的性、积极性才会增强。

教材是课程的重要构成要素，是嫁接课程理念和教学行为的重要桥梁，也是综合体现各种课程要素的教学工具。《管理学基础（第二版）》立足管理学基础与管理职业活动，在整体定位与设计方面具有以下特点。

1. 内容定位指针

职业能力。以管理循环、管理职业学习活动顺序为线索，根据行业实际需要，收集并归纳有关组织管理的不同岗位工作环境及其典型工作任务，通过分析完成这些任务所应具备的社会能力、专业能力和方法能力，以及提高综合管理能力和职业素养的实训内容，并以此作为教材内容定位的指针。

2. 体系构建思想

理实一体。坚持学科知识的掌握服务于能力的构建，围绕职业能力的形成组织课程内容，以工作任务为中心整合相应的社会能力、专业能力和方法能力，课程内容体系尽可能地反映管理学基础、管理职业工作活动的全貌。

3. 课程演进形式

学练结合。遵循"理实一体化"思想，按照管理活动顺序为初学者设计学习活动，建立起工作任务与知识、技能的联系。设计了实训活动，增强了学生的直观体验，诱发了其学习的参与性和主动性。同时，在一些关键技能环节，有针对性地设置了一些练习，加大了技能培训的力度，从而方便学生将知识转化为专业性的技能技巧，提高其解决和处理现实问题的综合能力。

4. 体例设计目标

形意生趣。遵循职业教育教学规律，既吸纳国外教学参考书的优点，又考虑我国高职高专学生的文化背景和基础教育养成的吸纳知识的习惯，在心理结构构建、兴趣动机发展等方面作了有益尝试，形成了学习目标、学习任务、管理故事、正文、重要名词、重要信息、管理实务、小结等组成的完整的教材功能体系。

5. 语言运用要求

易懂感性。在做到学习情境、管理情境与生活情境紧密结合的同时，注意行文的活泼与优美，使其具有较强的可读性。尽量运用现象化、具体化语言，帮助学生直观、形象地获取经验，并构建应用知识的框架，从而可以轻松获取实际管理职业行动的能力。

《管理学基础（第二版）》一书由中国特色高水平高职学校项目成员赵轶主持修订。在课程开发过程中，参阅了国内外一些专家学者的研究成果及相关文献，多家校外实训基地和管理咨询公司为课程开发、横向课题的研发提供了实践的便利，同时，馈赠了一些国内外专业咨询公司的宝贵资料。教育部职业技术教育中心研究所、北京师范大学国家职业教育研究院一些课程研究专家对课程开发提出了许多珍贵的建议。在此对他们表示衷心的感谢。

高职教育课程建设正如火如荼，作为首批立项建设的国家示范性建设院校，有义务作出更多尝试。清华大学出版社积极搭建平台，中国高职教育教材建设又向前迈出了新的步伐。作为一种探索，尽管我们力求完美，但由于对企业管理职业活动的认识、理解和分析方面难免存在偏差，敬请读者不吝赐教。

编　者
2020 年 8 月

写给老师的话

尊敬的老师：

感谢您选用本书！

一本好教材，一条阳光路！看似相近的教材，有的很单薄，给人局促与狭隘之感；有的很厚重，给人无限伸展的可能。是谁决定了教材的厚重维度？——教师！他的教育理想，决定了教材的本真；他的职业理念，决定了教材的本源；他的个人理性，决定了教材的本质。一名高职院校教师倾其精力、创造力，排除职业倦怠，体察学生感受，为高职教育课程改革且驻且行。请走出熙熙攘攘的生活，和我们踏上一段职业教育认知的旅程！

1. 本书基本框架说明

从管理职业活动与管理学基础学习的角度，我们设计了管理学基础学习内容框架。

管理学基础概括性学习单元及活动逻辑顺序

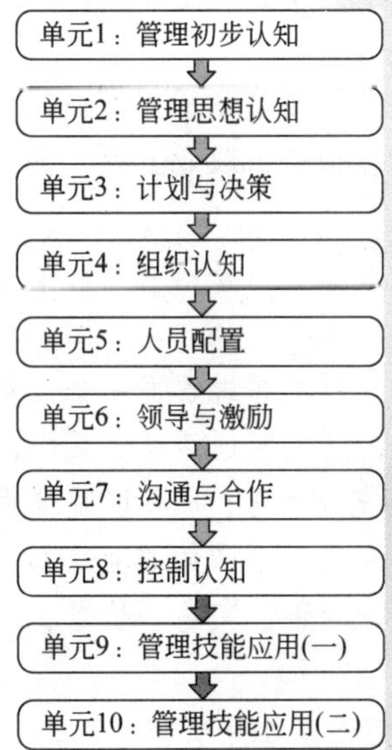

基于此，我们确立了一个抽象的管理学基础学习活动过程(顺序)，在此基础上概括归纳出10个学习单元，形成以学习任务为中心、以技术实践知识为焦点、以技术理论知识为背景的理实一体化内容体系。

2. 本书基本栏目说明

学习目标 说明完成这一任务要求的达成目标，分为知识目标和技能目标，也为工作任务完成后的评价与检测提供依据。

学习任务 以“任务”命名,试图为高职学生建立起“学习就是完成任务”的概念，为课程实施的工学结合奠定基础。根据职业教育原理，依照“能力分担原则”，将任务作进一步的细分，“完成所有分解的任务就完成了整项工作”，也为任务提供了较为精准的知识承载与逻辑线索。

管理故事 为刚进大学、尚未确立清晰职业目标的高职学生准备。其目的是既能避免“科技的疏远和生硬”，又有益于课程思政的实施、学生人文素质和职业能力的培养。

3. 本书相关模块说明

重要名词 说明这项任务涉及的重要名词，体现对理论知识的重组，对应课后“教学做一体化训练”中的“重要名词”。

重要信息 说明这项任务涉及的相关知识或操作的技巧与要领，主要体现对理论知识的重组，也属于教材正文部分，对应“课后自测”中的练习题。

管理实务 列举一些古今中外的管理业务活动实例或故事，通过分析，使学生从中吸取一些经验和教训，为课后案例分析提供借鉴。

课堂讨论 说明本节内容或小节内容的核心观点、管理理论，以及管理理论知识在管理实践中的运用。采用人物对话形式，激发学生的兴趣与注意力。

同步实训 根据工作任务要求，依照职业成长规律，对应核心任务，设计了“同步实训”，其内容是认知性活动或单项职业活动。希望通过活动开展，使学生能够获得初步的职业认知，进而具备简单的单向职业能力。

拓展实训 通过与校外实训基地企业合作，引领学生深度介入企业实际项目，使学生既能参加企业管理活动实践，又能全面完整地认识职业工作，进而获得经验或策略。

4. 本书使用说明

一定要理解教材的框架、各要素之间的关系，以及所有内容信息的作用。教学主要模式可以是任务导向，教学做结合。

首先，教师应对学习任务作解释；其次，归纳并讲解每一个任务中的知识、技能和应用；最后，依据任务要求，结合实际情况，开展实训活动。其中，同步实训是认知性的简单活动，如问题讨论，其目的是使学生充分参与；也可以是依据任务内容设计的单向职业活动，通过引领学生完成活动，使其获得进一步的职业认知。拓展实训是延伸到企业的活动，可组织学生按照“资讯、计划、决策、实施、检查、评价”六步骤完成。

5. 本书教学资源说明

为了方便教学，本书配备有教学资源，包括二维码资源、电子课件、教案、小微课、同步实训及实践项目所需案例素材、教学视频素材等。

编 者

2020 年 8 月

目录

单元 1 管理初步认知

1.1 管理认知 3
1.2 管理系统认知 7
1.3 管理工作认知 10
单元 1 小结 14
教学做一体化训练 15
同步实训 17
拓展实训 18
学生自我总结 18

单元 2 管理思想认知

2.1 古典管理理论认知 22
2.2 现代管理理论认知 28
2.3 当代管理理论认知 32
单元 2 小结 39
教学做一体化训练 39
同步实训 41
拓展实训 42
学生自我总结 43

单元 3 计划与决策

3.1 计划认知 46
3.2 目标管理认知 53
3.3 决策认知 57
单元 3 小结 67
教学做一体化训练 67
同步实训 70
拓展实训 70
学生自我总结 71

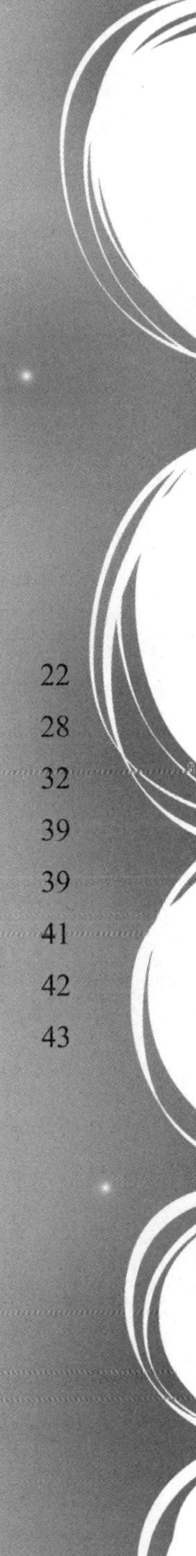

单元 4

组织认知

4.1 组织解读 75
4.2 组织设计 80
4.3 组织运行 89
单元 4 小结 95
教学做一体化训练 95
同步实训 98
拓展实训 99
学生自我总结 100

单元 5

人员配置

5.1 人员招聘 102
5.2 人员使用 110
5.3 人员考评 114
单元 5 小结 120
教学做一体化训练 120
同步实训 123
拓展实训 123
学生自我总结 124

单元 6

领导与激励

6.1 领导认知 128
6.2 领导理论认知 133
6.3 激励认知 140
单元 6 小结 147
教学做一体化训练 148
同步实训 150
拓展实训 151
学生自我总结 152

单元 7 沟通与合作

7.1 沟通认知 156
7.2 协调认知 161
7.3 团队合作 166
单元7小结 171
教学做一体化训练 172
同步实训 175
拓展实训 175
学生自我总结 176

单元 8 控制认知

8.1 控制解读 180
8.2 控制过程 186
8.3 控制技术 190
单元8小结 197
教学做一体化训练 197
同步实训 200
拓展实训 200
学生自我总结 201

单元 9 管理技能应用（一）

9.1 企业生产管理 205
9.2 企业物流管理 211
9.3 企业市场营销 217
单元9小结 224
教学做一体化训练 224
同步实训 227
拓展实训 228
学生自我总结 228

单元 10

管理技能应用（二）

10.1 企业财务管理 232
10.2 客户关系管理 237
10.3 企业危机管理 242
单元 10 小结 246
教学做一体化训练 246
同步实训 248
拓展实训 249
学生自我总结 250

参考文献

单元 1

管理初步认知

学习目标

1. 知识目标

- 能认识管理的含义和作用。
- 能认识管理系统。
- 能认识管理工作内容。

2. 技能目标

- 能举例说明管理活动的实践意义。
- 能概括描述管理职业工作的核心技能。
- 能对管理职业活动有初步的认识。
- 能初步树立管理理念。

学习任务

作为一名基层管理人员，其主要工作职责是做好一个组织内部的部门或小单位的管理工作。做好这项工作，首先要走进管理、认识管理。认识管理的第一步要认识管理活动及其效能，认识管理活动对组织、社会的重要作用。在此基础上，认识管理职业活动中的管理者和管理对象，以及管理的作用机制和管理工作内容。由于管理活动的广泛性，认识管理在整个管理基础学习中处于非常重要的先导地位。

根据一般管理职业工作活动顺序、职业教育学习规律和能力分担原则，本单元可以分解为以下子任务。

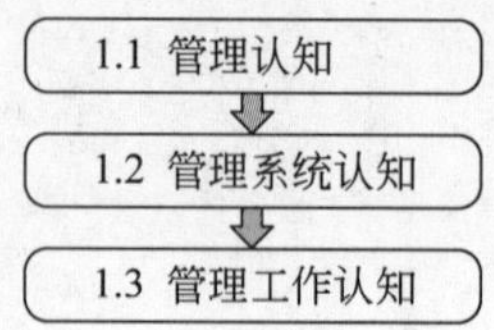

管理故事

我们的第1个故事要从一则鸟类选国王的童话讲起。一群鸟儿生活在一片广袤的丛林中，经常会受到一些走兽的侵袭。有一天，小百灵向所有鸟类建议："我们应该推选一位国王，他应有领导大家的能力，而且还是勇敢的。谁是鸟类中最伟大的，我们就选它出来当国王！"

鸟儿们都赞成这个提议。这时，认为自己最有资格做国王的孔雀先开口了："各位，大家就选我做国王吧！我是最美的！"说着，孔雀就把它那美丽的羽毛炫耀地展示开来。鹦鹉认为自己的羽毛也很漂亮，心想："要是孔雀做了国王，那我也可以封上一个大臣什么的。"于是它就首先附和，说："有这么漂亮的鸟做我们的国王，是值得骄傲的一件事。我们就选孔雀为我们的国王！"

这时，样子并不出众的麻雀不赞成地说："不错，孔雀是最美丽的。但是，像我们这么弱小的动物，一旦被入侵，它有什么能力来保护我们呢？与其选一个美丽的国王，倒不如选一个在危险时能够挺身救助我们的国王！"众鸟听了麻雀的话，也都点头赞成。

最后，大家经过投票，选举强悍凶猛的老鹰为百鸟之王。

【管理感悟】 显然，童话的意义不止于其本身。从管理的角度来讲，百鸟之王——老鹰就是鸟类的管理者。这一童话也浅显地刻画出了一个管理者的形象：管理者就是这个团体的灵魂人物，管理者的首要条件就是勇于并有能力承担责任。

1.1 管理认知

任务提示： 管理学基础学习的第一课，学习者首先认识管理的含义，在此基础上认识管理活动，并能够初步了解其内容与要求；理解管理活动对组织，特别是对企业的意义与作用。

学习管理之前必须提到组织。在漫长的社会生产、生活实践活动中，常常会遇到较大的困难和复杂的情况，单靠某个人有限的力量无法实现特定目标。于是，与他人配合并协同行动，成了必然的选择。各种各样的组织便随之出现。组织产生后，内部成员活动的协调、资源的合理配置也成了无法回避的课题。这样，管理也就应运而生。

1.1.1 管理的解读

管理来源于组织，存在于组织，放眼我们生活的周边，管理无处不在，贯穿于人类社会生活的各个层面。大到国家治理，小到企业管理、学校班级管理、学习小组管理、个人事务管理,都需要运用管理的智慧和方法。管理是人类社会最重要的实践活动之一，先进的管理理念与方法是实现个人发展和组织目标的重要保障。

通俗地讲，“管理”一词有“管辖”“处理”“管人”“理事”等意思，综合起来就是“管人理事”。这和我们生活中的感受及对管理的简单认知比较相近。

1. 管理的概念

管理来源于实践,许多管理学理论都是从实践中产生和发展起来的。在这一过程中，许多专家、学者从不同的角度、出发点给管理下过定义，但都表现出一定的共性：管理是通过多种手段，对一定范围内的人员与事务进行安排和处理，以便达到预定目标的活动。

对于管理，我们可以从以下几个方面进一步理解。

（1）管理的目的是实现预定的组织目标。

（2）管理的对象是组织中的人和事（即以人为中心的组织资源和职业活动）。

（3）管理的职能是计划、组织、领导与控制。

（4）管理的行为是发挥管理职能。

（5）管理的性质是人有目的的社会活动。

重要名词1–1　管理

管理是指一定组织中的管理者，通过实施计划、组织、人员配备、指导与领导、控制等职能，协调以人为中心的组织资源和职业活动，以有效实现预期目标的社会活动过程。

重要信息1-1　　管理的必然性

管理广泛存在于社会的方方面面。管理是一种社会现象和文化现象，是一种与人类社会共生的社会活动。只要有人类社会存在，就会存在管理活动。

（1）管理是共同劳动的客观要求。在集体劳动中，为使劳动有序进行，获取劳动成果，必须进行组织与协调，这就是管理。

（2）管理在社会化大生产中的作用越来越明显。随着生产社会化的发展、企业规模的扩大，资源配置越来越复杂，这些都需要更高水平和更大强度的管理。

（3）管理已成为现代社会运行的重要保障。管理是保障社会与经济秩序、合理配置资源、有效协调与指挥社会各类活动、调动人的积极性、实现社会及各组织目标的关键性手段。没有现代化管理，就没有现代化社会。

2. 管理的属性

管理既是一门严谨的科学，也是一门奇妙的艺术，是科学与艺术的有机结合体。

（1）管理的科学性。管理是人类在长期从事社会生产实践活动中对管理活动规律的总结。作为一门科学，管理是把其规律性揭示出来，形成原则、程序和方法，对管理者及管理活动予以普遍性指导，使管理成为理论指导下的规范化的理性行为。

（2）管理的艺术性。管理是一种随机的创造性工作，它不可能单纯通过严密的数学计算、制造工序逻辑去寻找最佳答案，也不可能为管理者提供解决问题的具体模式，它只能使人们按照客观规律的要求，实施创造性管理。从这个意义上讲，管理是一种艺术。管理者在实践中必须能够结合实际情况，随机应变地处理实际问题，不能按图索骥、闭门造车。

管理的科学性与艺术性并不是互相排斥的，在很大程度上二者是统一和相互补充的。管理的科学性强调管理关系领域中的客观规律的知识体系，管理的艺术性则是以管理知识和经验为基础，富有创造性管理技巧的综合。管理的科学性是管理这一能动过程的客观规律的反映，而管理的艺术性则是它的主观创造性方面的反映。管理者只有将管理的科学性与艺术性有机结合起来，才能提升自己的管理水平。

管理的自然属性与社会属性

课堂讨论

A. 管理不是独立存在的，它存在于组织之中，具有什么特性？

B. 管理具有科学性、艺术性，也有的书上说它具有社会属性和自然属性。

1.1.2 管理的职能与作用

管理是一项实践活动，是人们的一项实际工作、一种活动。人们发现在不同管理者的管理职能工作中，管理者往往采用程序类似、内容具有某些共性的管理行为，如计划、组织、控制等，人们对这些管理行为加以系统性归纳，逐渐形成了“管理职能”这一被普遍认同的概念，也被称作管理的要素。

简单来讲，管理职能是指管理者实施管理的功能和程序。从现实的角度看，基层管理者更多的职能是计划、组织、领导和控制。这也是最基本的管理职能。

重要名词1-2　管理职能

管理职能（management functions）是对管理工作应有的一般过程和基本内容所做的理论概括，一般包括计划、组织、领导、控制、创新等。

1. 管理职能

对基层管理者来讲，管理职能主要包括以下四个方面。

（1）计划职能。计划职能是指管理者为实现组织既定目标而对未来的工作进行规划和安排的过程。其主要工作包括调查与预测、确立目标、设计与选择活动方案等。计划是全部管理职能中最基本的职能，也是进行其他管理活动的基础。

（2）组织职能。组织职能是指管理者为实现预定目标而建立组织结构，并推进组织协调运行的工作过程。其主要工作包括设计与建立组织结构、合理分配职权与职责、选拔配备人员、推进组织协调与变革等。组织为管理工作提供了结构保证，是进行领导和控制的前提。

（3）领导职能。领导职能是指管理者指挥、激励下级，以有效推进组织目标实现的工作过程。其主要工作包括选择正确的领导方式，运用权威实施指挥，激励下级、调动其积极性，与组织各类相关者进行有效沟通等。领导职能是管理活动中最常见的职能。

（4）控制职能。控制职能是指管理者为保证实际工作与原订计划和目标相一致而进行的管理活动。其主要工作包括制定标准、考核工作、纠正偏差、评估绩效等。控制是一项必不可少的管理职能，不同类型、层次的管理者的控制重点与方式有较大区别。

A. 管理的基本职能分别回答了一个组织要做什么和怎么做的问题，此外还有哪些呢？

B. 比如靠什么、通过什么去做、怎样做得更好？

管理实务1-1　大学的春季运动会

阳春三月，学校运动会要召开啦！作为班干部，小李的任务是排练运动会方阵，既要走出花样又要整齐。当代大学生都很看重自由，喜欢自己支配时间，不喜欢太受约束，60个人的队伍很难组织。于是，小李向学校建议，参加方阵的同学在评选奖学金时可以加分，一下子就有40多人参加了。小李又向辅导员提议，经费买来的运动服在运动会上用完后就归走方阵的同学，学校也同意啦！人数一下就有80多个，还可以从中筛选。

另外，这么多人每次都要在指定时间指定地点集合并不容易，小李找到各班、各宿舍指定负责人，让他们帮忙通知队员。每次小李都以身作则，从不迟到，在旁边观察他们的训练，必要时提一些看法。当然，管理中会出现意外，作为管理者必须能及时地、妥善地处理好意外事件。例如，在一次训练中，方阵中的同学和公共体育部的指挥者发生了冲突，小李立即上前安抚他们，让他们冷静下来，并最终促使他们握手相互道歉。

评析：显然，管理者要知道下属在乎什么，同时，自己要正直、以身作则，要有承担责任的勇气和意识，才能在计划、组织、领导、控制这四个过程中都有效管理。

2. 管理的作用

管理的重要作用主要表现在以下两个方面。

（1）管理能够使组织正常发挥功能。管理是一切组织正常发挥功能的前提，任何一个组织的集体活动，都只有在管理者对它加以管理的条件下，才能按照所要求的方向进行。生产的社会化程度越高，就越要有严密科学的管理。

（2）管理能够使组织有效实现目标。组织是有目标的，只有通过管理，才能有效地实现组织的目标。通过有效的管理，可以放大组织系统的整体功能。因为有效的管理会使组织系统的整体功能出现“1+1>2”的局面，即集体的力量大于个人力量简单相加的总和。这就是管理所产生的作用。

课堂测评

测评要素	表现要求	已达要求	未达要求
知识点	能掌握管理的含义		
技能点	能初步认识管理职能包含的主要工作内容		
任务内容整体认识程度	能概述管理职能与管理活动过程的关系		
与职业实践相联系程度	能描述管理对组织的实践意义		
其他	能描述与其他课程、职业活动等的联系		

1.2 管理系统认知

任务提示： 管理学基础学习的第二课，学习者应该认识管理职业活动，在此基础上认识管理系统，并能够初步了解其内容与要求；理解管理者与管理对象的关系，认识管理者的素质与技能要求。

在管理学的学习活动中，明确了什么是管理之后，应该了解管理系统，作为一项社会性的实践活动，其构成要素有哪些，这些要素之间的相互作用如何，相互之间的关系又是怎样的。

1.2.1 管理系统解读

运用系统论的观点观察和研究管理活动，管理就是一个由许多构成要素组成的完整系统。在学习管理系统之前，我们有必要先了解一下系统的概念。

1. 系统

系统是指由相互作用、相互联系的若干组成部分构成的有机整体，系统具有其各个组成部分所没有的新的性质和功能，并不断与外部环境相互交换能量。如运算器、控制器、存储器、输入/输出设备组成了计算机的硬件系统，而硬件系统又是计算机系统的一个子系统。对一个系统而言，要素、组合、功能、活动、信息和环境及它们之间的相互依赖、相互作用是系统构成的基本条件。

2. 管理系统

管理系统是指由管理者、管理对象等若干个相互联系、相互作用的要素和子系统按照管理整体目标结合而成的有机整体。

（1）管理目标。管理目标是管理整体功能的集中体现，是管理系统建立与运行的出发点，也是管理系统正常运行的管理效果。管理系统必须围绕管理目标正常运行，管理者所有的管理行为都是为了实现管理目标。

（2）管理者。管理者是主体，是管理系统中最核心、最关键的要素，管理系统中的许多活动和行为都要靠管理者去实施。管理者是整个管理系统的驾驭者，是发挥管理系统整体功效、实现管理目标的关键力量。

（3）管理对象。管理对象是管理者为实现管理目标所采取的管理行为的作用客体。管理对象包括各类社会组织及其构成要素与职能活动，资源或要素是构成组织的基本单位，其动态组合与运行构成了职能活动，资源与活动又共同构成了完整的组织及其行为。资源、活动、组织具有不同的形态，它们都受管理行为的作用，共同影响管理成效和目标的实现。

（4）管理媒介。管理媒介是管理的方法与机制。管理的方法与机制是管理者为实现组织目标，作用于管理对象的一些运作原理与工作方式、途径或手段。所以，管理的方法与机制是管理系统的重要因素。

（5）管理环境。管理环境是指存在于社会组织内部与外部的影响管理实施和管理功效的各种因素的总和。任何管理活动都存在于一定的管理环境中，必然受管理环境的影响，又会对管理环境起到反作用，所以管理环境也是管理系统的组成部分。

A. 管理系统与我们人类的消化系统一样……

B. 与消化系统类似，工作起来相互联系、相互作用。

1.2.2 管理者与管理对象

就一般意义而言，管理者是一个组织中从事管理岗位工作的人员。根据其权限、责任、所担当角色的不同，管理者也分为不同的类型；管理对象也称为管理客体，是指管理者实施管理活动的对象，即管理活动的承受者。

1. 管理者

管理者一般由拥有相应权力和责任并具有一定管理能力、从事现实管理活动的人或人群组成，他们通过协调和监督其他人的活动保证组织目标的实现。管理者及其管理技能在组织管理活动中起决定性作用。

管理者通常按照管理的层次可以分为以下类型。

（1）基层管理者。基层管理者也称一线管理者，直接指挥和监督现场作业人员，保证完成上级下达的各项计划和指令。他们主要关心的是具体任务的完成。基层管理者如班组长、生产线主管等。

（2）中层管理者。中层管理者是一个组织的中层机构负责人，是高层管理者决策的执行者，负责制订具体的计划、政策，行使高层授权下的指挥权，并向高层汇报工作。他们注重的是日常管理事务。中层管理者如区域经理、项目经理、策划经理、公关经理、车间主任等。

（3）高层管理者。高层管理者是一个组织中的最高领导层，对外代表组织，对内拥有最高职位和职权，并对组织总目标负责。高层管理者主要侧重于组织的长远规划、重大政策的制定，拥有人事、资金等资源的控制权，以决策为主要职能。高层管理者如总裁、CEO、总经理、业务总裁等。

管理技能

不同层级管理职能的侧重点如图 1-1 所示。通俗地讲，管理者的层级越高，其职责越全面、宏观，而基层管理者的职责则更具体、更侧重于操作层面。

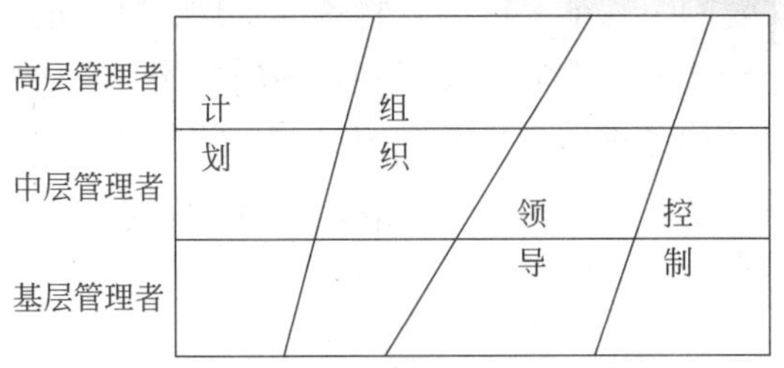

图1-1　不同层级管理职能的侧重点

管理实务1-2　不会画圈的企业家

一位著名企业家在做报告。当听众咨询他最成功的做法时，他拿起粉笔在黑板上画了一个圈，只是并没有画圆满，留下一个缺口。他反问道："这是什么？""零""圈""未完成的事业""成功"，台下的听众七嘴八舌地答道。他对这些回答未置可否："其实，这只是一个未画完整的句号。你们问我为什么会取得辉煌的业绩，道理很简单。我不会把事情做得很圆满，就像画个句号，一定要留个缺口，让我的下属去填满它。"

评析：不同层级的管理者应该有不同的管理侧重点，事必躬亲是对下属、员工智慧的扼杀，往往事与愿违。长此以往，下属、员工容易形成惰性，责任心大大降低，把责任全推给上级管理者。为下属、员工画好蓝图，给下属、员工留下空间，发挥他们的智慧，他们会画得更好。

2. 管理对象

管理的对象首先是不同功能、不同类型的社会组织。这些组织为了实现其目标，必须控制一定资源或要素，通过对其配置、调度，从而实现其管理目标，因此，这些资源或要素就成为管理的直接对象。组织在管理控制这些资源或要素、实现组织目标的同时，也开展了一些职能活动，形成了一系列工作或活动环节。所以，管理的对象包括各类社会组织及其要素与职能活动。

（1）组织。社会组织及其内部的单位和部门都属于管理对象。这些组织往往为了实现特定的目的、完成特定的任务，按照社会规程将一群人组织在一起，如我国学校中的大、中、小学，经济组织中各种类型的公司企业等。

（2）资源或要素。资源或要素主要包括人员、资金、物资、时间、信息等，它们也是管理的主要对象。①人员。人是管理对象中的核心要素，所有管理要素都是围绕人的存在而存在的。对人的管理主要涉及人员分配、工作评价、人力开发等。②资金。资金是社会组织，特别是经济组织中极为重要的资源。对资金的管理主要表现为按经济规律办事，通过对资金的使用保证管理计划的完成。③物资。物资是社会组织开展职能活动的物质保障。对设备、材料、仪器、能源等物资的管理，其目的是物尽其用、提高利用率。④时间。时间是组织宝贵的资源，关系到管理的效能。高效能的管理应该考虑如何在尽可能短的时间内做更多的事情，充分利用时间。⑤信息。在整个管理过程中，信息是不可缺少的要素，信息的管理是提高管理效能的重要部分。

1.2.3 管理环境

任何组织都是在一定环境中从事活动的，任何管理也都要在一定的环境中进行，这个环境就是管理环境。

管理环境有不同的分类。

（1）管理环境可分为外部环境和内部环境。外部环境一般指组织外部的政治环境、社会文化环境、经济环境、技术环境和自然环境；内部环境是指存在于组织内部的资源条件（人、财、物）、员工心理状况及内部文化环境。

（2）组织的外部环境还可以进一步分为一般环境与任务环境。一般环境是指普遍环境，即所有组织都面临的共同环境，也称宏观环境；任务环境也称具体环境、微观环境，是指某个组织在完成特定任务过程中所面临的特殊环境。

由于环境对组织生存发展、目标的实现起着至关重要的作用，管理者必须能动地适应环境，谋求内部管理与外部环境之间的平衡，这就是环境管理。环境管理主要包括以下工作：①积极了解与认识环境；②主动适应环境；③积极对具体环境施加影响；④调整战略，及时适应各种环境。

课堂测评

测评要素	表现要求	已达要求	未达要求
知识点	能掌握管理系统的含义		
技能点	能初步认识管理系统的意义		
任务内容整体认识程度	能概述管理者与管理对象的关系		
与职业实践相联系程度	能描述管理环境对管理活动的影响		
其他	能描述与其他课程、职业活动等的联系		

1.3 管理工作认知

任务提示： 管理学基础学习的第三课，学习者应该认识管理职业工作，在此基础上认识管理工作机制，并能够初步了解其内容与作用原理；理解组织中管理者管理方法的运用与管理环境对管理工作的影响。

在现实生活中，我们常常听说某某班级学风好、某某企业管理水平比较高等，这里面显然有管理者大量辛勤的工作。那么，这些工作是采取什么样的方式，通过什么样的渠道，作用、影响班级内部每位同学、企业里面每位员工的行为的呢？这里面就涉及管理机制与管理方法的问题。

1.3.1 管理工作机制解读

为实现组织目标，管理者要通过实际工作（管理行为）作用于管理对象。这种作用的原理和具体实施形式就是管理机制与管理方法。

> **重要名词1-3 管理机制**
>
> 管理机制是指管理系统的结构及其运行机理。通俗地讲，是指管理者作用于管理对象过程中的一些运作原理，是决定管理功效的最直接、最核心的因素。

在我国，管理机制这一概念被广泛应用于企事业单位。如完善科技机制体制，很大程度上就是要打破高校、科研院所和企业之间的机制体制障碍，畅通各类创新资源自由流动的通道，完善企业为主体、产学研深度融合的产业创新体系。可见，管理机制是个十分重要的问题。

1. 管理机制的含义

管理机制决定管理效果。管理者在管理工作中存在何种管理关系、采取何种管理行动、达成的管理效果如何，归根结底是由管理机制决定的。

（1）管理机制是以客观规律为依据，以组织结构为基础，由若干子机制有机组合而成的。如依据经济规律，会形成相应的利益驱动机制；依据社会和心理规律，会形成相应的社会推动机制。管理机制的自动作用是严格按照一定的客观规律的要求施加于管理对象的。违反客观规律的管理行为必然受到管理机制的惩罚。

（2）管理机制以管理结构为基础和载体。一个组织的管理结构主要包括组织功能与目标、组织的基本构成方式、组织结构和环境结构。有什么样的管理结构，就有什么样的管理机制。

（3）管理机制本质上是管理系统的内在联系、功能及运行原理，是决定管理效果的核心问题，其本身还具有普遍性。

2. 管理机制的构成

管理机制包括三大子机制，如图 1-2 所示。

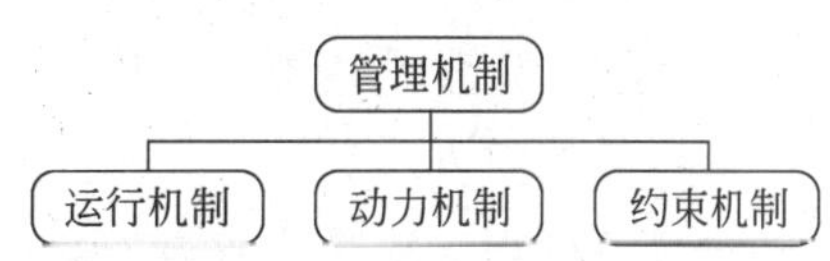

图1-2 管理机制的三大子机制

（1）运行机制。运行机制是指组织基本职能的活动方式、系统功能和运行原理。其本身还具有普遍性。如大学的教学管理活动就有自己的活动方式，和中小学有较大区别。

（2）动力机制。动力机制是指管理系统动力产生与运作的机理，主要由以下三个方面构成：①利益驱动是社会组织动力机制中最基本的力量，是由经济规律决定的，如在一个企业中多劳多得、少劳少得，员工为了“多得”而“多劳”；②政令推动是由社会规律决定的，如管理者通过下达命令等方式要求员工完成工作；③社会心理推动是由社会与心理规律决定的，如管理者通过对员工进行企业文化培训，调动员工的积极性。

管理实务1-3 一桶粥的管理故事

有一个关于如何分粥的故事令人深思。故事是这样的：有七个人住在一起，每天共喝一桶粥，但是，每天的粥都不够。一开始，他们抓阄决定谁来分粥，每天进行一次轮换。于是每周下来，他们只有一天是饱的，就是自己分粥的那一天，自己给自己多分了一些。后来他们开始推选出一个道德高尚的人来分粥。强权就会产生腐败，大家开始挖空心思去讨好他、贿赂他，搞得整个小团体分崩离析、人心涣散。然后大家开始组成三人的分粥委员会及四人的评选委员会，互相攻击扯皮下来，粥吃到嘴里全是凉的。最后他们想出来一个方法：轮流分粥，但分粥的人要等其他人都挑完后拿剩下的最后一碗。为了不让自己吃到最少的，每人都尽量分得平均，就算不平均，也只能认了。大家快快乐乐、和和气气，日子越过越好。

评析：制度至关紧要。一个好的制度浑然天成，清晰而精妙，既简洁又高效，令人为之感叹。管理者的主要职责就是建立一个“轮流分粥，分者后取”的游戏规则，即明确的管理机制，让每个员工按照游戏规则自我管理。管理机制要兼顾公司利益和个人利益，并且要让个人利益与公司整体利益统一起来。

（3）约束机制。约束机制是指对管理系统行为进行限定和修正的功能与机理。约束机制主要包括以下四个方面的约束因素：①权力约束，既要利用权力对系统运行进行约束，又要对权力的拥有与运用进行约束；②利益约束，既要以物质利益为手段对运行过程施加影响，又要对运行过程中的利益因素加以约束；③责任约束，通过明确相关系统及人员的责任，来限定或修正系统的行为；④社会心理约束，运用教育、激励和社会舆论、道德与价值观等手段，对管理者及有关人员的行为进行约束。

重要信息1-2 管理方法的分类与应用

管理方法有以下分类：①按作用的原理，可分为经济方法、行政方法、法律方法和社会学心理学方法。②按管理方法适用的普遍程度，可分为一般管理方法和具体管理方法。③按方法的定量化程度，可分为定性管理方法和定量管理方法。

管理方法的完善与有效应用包括以下做法：①进一步确立管理方法的科学依据。在管理实践中，要不断促进管理方法的建设与完善，使管理方法更加科学有效。②要弄清管理方法的性质和特点，正确运用管理方法。弄清其作用的客观依据是什么，方法作用于被管理者的哪个方面，是否能产生明显的效果，以及方法本身的特点与局限，以便正确有效地加以运用。③研究管理者与管理对象的性质与特点，使管理方法针对性强、成效显著。④了解与掌握管理环境因素，使管理方法与所处环境相协调，从而更有效地发挥其作用。⑤注意管理方法的综合运用。不同的管理方法，各有长处和局限，各自在不同领域发挥其优势，没有哪种方法是绝对适用于一切场合的，也没有哪种场合是可以只靠一种方法的。因此，要科学有效地运用管理方法，就必须依目标和实际需要，灵活地选择多种方法，综合地、系统地运用各种管理方法，以求实现管理方法的整体功效。

1.3.2 认识管理工作内容

明茨伯格在《管理工作的本质》一书中阐述了管理者工作的六大特点：工作量大，步调紧张；活动短暂，多样而琐碎；把现实的活动放在优先的地位；爱用口头交谈方式；重视同外部和下属的信息联系；权力和责任相结合。同时，书中列举了管理者所担当的角色：挂名首脑、领导者、联络者、信息接收者、信息传播者、发言者、企业家、故障排除者、资源分配者、谈判者。

显然，管理者的管理职能是通过一系列管理工作过程与大量的工作活动实现的。这些管理工作过程与活动又可以整合成一系列的管理工作内容：确定目标、制订计划、组建机构、配置人员、指挥、激励、沟通、协调、监控与评估。一般管理者，特别是中基层管理者，在实际管理中所从事的工作职责或管理活动，可归纳为以下内容。

1. 确定目标，制订计划

管理者的计划工作主要包括确定目标和制订计划。管理者最首要的工作就是确定管理目标。只有目标明确，才能实现有效的管理，这是管理工作的第一个环节。确定目标后，管理者必须制订出科学可行的目标实现计划。高层管理者注重大框架、长期战略的制定，而中基层管理者则更注重操作层面、中短期工作计划的制订。

2. 组建机构，配置人员

这项工作主要包括组建机构和选聘人员。有了目标与计划，管理者就要建立组织机构，设计组织制度，进行工作设计，推动组织运行，借助组织实现目标；建立了组织，就要选拔与配备所需要的人员，并不断加强对人员的培训与考核，提高其素质，保证组织的高效率运行。

3. 领导指挥，沟通协调

这项工作主要包括指挥、激励、沟通和协调。在工作实施的过程中，管理者要下达任务，分派工作，指挥下属有效实现目标与任务；要通过多种方式与手段，调动下属的工作积极性，齐心协力地完成任务。

在实现目标的过程中，必然存在大量的矛盾、冲突与问题，这就需要管理者进行上行、平行与下行沟通，统一思想，统一步调，运用各种手段与措施，协调各种要素、环节之间的关系，增强团队的凝聚力与下属的责任感，实现生产经营的协调运行与发展。

课堂讨论

A. 管理工作除了领导指挥，沟通协调之外，还有哪些？

B. 还有确定目标，制订计划；组织机构，配置人员；监督控制，考核评价。

4. 监督控制，考核评价

这项工作主要包括监控与评估。为保证工作实际与计划相一致，以便有效实现目标，管理者必须在工作的全过程中对实施状态进行监控，一旦发现偏差与问题应及时纠正；一个工作周期结束，管理者要对绩效进行考核与评价，肯定成就，总结问题，以利于后续的工作。

课 堂 测 评

测 评 要 素	表 现 要 求	已 达 要 求	未 达 要 求
知识点	能掌握管理机制的含义		
技能点	能初步认识管理机制的作用机理		
任务内容整体认识程度	能概述不同管理者与技能要求的关系		
与职业实践相联系程度	能描述管理工作的实践意义		
其他	能描述与其他课程、职业活动等的联系		

单元 1 小结

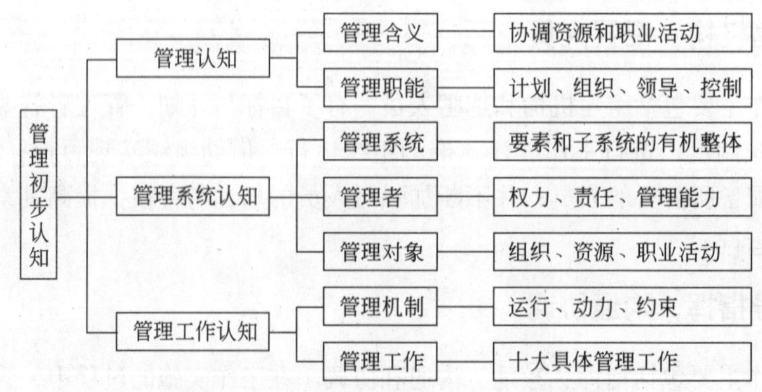

教学做一体化训练

重要名词

管理　管理职能　管理机制

课后自测

一、选择题

1. 对于管理，我们可以从（　　）作进一步的理解。
   A. 管理的目的是实现预定的组织目标
   B. 管理的对象是组织中的人和事（即以人为中心的组织资源和职业活动）
   C. 管理的职能是计划、组织、领导与控制
   D. 管理的行为是发挥管理职能
   E. 管理的性质是人有目的的社会活动
2. 管理职能一般包括（　　）。
   A. 计划职能　B. 组织职能　C. 领导职能　D. 控制职能
3. 管理系统要素包括（　　）。
   A. 管理目标　B. 管理者　C. 管理对象
   D. 管理媒介　E. 管理环境
4. 管理对象中，资源要素主要包括（　　）。
   A. 人员　B. 资金　C. 物资
   D. 时间　E. 信息
5. 管理机制的约束机制包括（　　）。
   A. 权力约束　B. 利益约束　C. 责任约束
   D. 社会心理约束　E. 领导约束

二、判断题

1. 管理的本质是领导命令、指挥被领导者。（　　）
2. 管理不具普遍性，因为在好的企业中，员工非常自觉、自律，管理工作几乎不用做。（　　）
3. 管理主要是协调组织中的资金与物资。（　　）
4. 管理就是一个完整的系统。（　　）
5. 为实现组织目标，管理者要通过实际管理行为作用于管理对象。（　　）
6. 就计划工作来讲，高级管理者更重视短期作业计划，基层管理者则更重视长远、战略性计划。（　　）

三、简答题

1. 简述管理的必然性。
2. 什么是管理环境？
3. 简述管理方法的分类与应用。
4. 什么是管理技能？
5. 概括管理工作的内容。
6. 为什么说管理是科学性和艺术性的统一？

四、案例分析题

猎人的管理经验

下面是根据一则童话改编的案例。

一条猎狗一直在追赶一只兔子，追了很久仍没有捉到。牧羊人看到此种情景，讥笑猎狗说："你们两个之间小的反而跑得快得多。"猎狗回答说："你不知道我们两个的跑是完全不同的！我仅仅为了一顿饭而跑，它却是为了性命而跑呀！"

猎人想：猎狗说的对啊，我要想得到更多的猎物，还得想办法。猎人规定，凡是能够捉到兔子的猎狗，就可以得到几根骨头，捉不到的猎狗就没有饭吃！于是，猎狗们纷纷去努力追兔子。这样过了一段时间，问题又出现了：捉回来的都是小兔子。原来，猎狗们觉得不管捉来的兔子是大是小，给的骨头一样，就不费那么大的劲去捉那些大的啦！

猎人经过思考后，决定不将分得骨头的数量与是否捉到兔子挂钩，而是采用每过一段时间就统计一次猎狗捉到兔子的总重量，按照重量来决定猎狗一段时间内的待遇。于是猎狗们捉到兔子的数量和重量都增加了，猎人很开心。但是过了一段时间，猎人发现：猎狗们捕捉兔子的数量又少了，而且越有经验的猎狗，捉兔子的数量下降得越厉害。于是猎人又去问猎狗。猎狗说："我们把最好的时间都奉献给了您，但是随着时间的推移我们会老，当我们捉不到兔子时您还会给我们骨头吃吗？"

猎人做了论功行赏的决定，分析与汇总了所有猎狗捉到兔子的数量与重量，规定如果捉到的兔子超过一定的数量，即使捉不到兔子，每顿饭也可以得到一定数量的骨头。猎狗们都很高兴，大家都努力去达到猎人规定的数量。一段时间过后，终于有一些猎狗达到了猎人规定的数量。这时，其中有一只猎狗说："我们这么努力，只得到几根骨头，而我们捉的猎物远远超过了这几根骨头。我们为什么不能给自己捉兔子呢？"于是，有些猎狗离开了猎人，自己去捉兔子。

猎人意识到猎狗正在流失，并且那些流失的猎狗像野狗一般和自己的猎狗抢兔子，情况变得越来越糟，猎人抓到一条野狗，问它到底野狗比猎狗强在哪里。野狗说："猎狗吃的是骨头，吐出来的是肉啊！"于是猎人进行了改革，使得每条猎狗除基本骨头外，可获得其所猎兔肉总量的 $n\%$，而且随着服务时间加长、贡献变大，该比例还可递增，并有权分享猎人总兔肉的 $m\%$。就这样，猎狗们与猎人一起努力，将野狗们逼得叫苦连天，纷纷强烈要求重归猎狗队伍。

阅读以上材料，回答问题：

1. 概括描述本案例中的管理系统。
2. 描述本案例中猎狗和猎人各自的管理目标。
3. 概括猎人对猎狗的管理机制。

同步实训

认识管理工作

实训目的

分析身边的组织生活，认识管理工作。

活动安排

1. 学生收集、归纳身边的管理情境或事例，如宿舍管理、班级管理等。
2. 分析管理者（宿舍长、班长）的工作，以及管理工作内容，提出对管理工作的认识。
3. 分小组用 PPT 展示。

教师注意事项

1. 由生活事例、企业经营事例导入对管理工作特点的认识。
2. 提供一些生活事例或企业管理案例，组织学生讨论。
3. 组织其他相应的学习资源。

资源（时间）

1 课时、参考书籍、案例、网页。

评 价 标 准

表 现 要 求	是否适用	已达要求	未达要求
小组活动中，外在表现（参与度、讨论发言积极程度）			
小组活动中，对概念的认识与把握的准确程度			
小组活动中，角色扮演的精准度			
小组活动中，文案、PPT 制作的完整与适用程度			

拓展实训

认识企业管理工作

实训目的

通过接触企业实际，认识企业管理工作。

活动安排

1. 学生参观实训基地企业，了解企业管理情况。

2. 分别从人员、资金、物资等管理工作中选出一个方面，分组进行素材采集，并写出管理机制分析报告，制作PPT，分小组展示，教师点评。

教师注意事项

1. 由生活事例、企业经营事例导入对管理机制的认识。

2. 提供一些企业管理机制案例，组织学生讨论。

3. 组织其他相应的学习资源。

资源（时间）

1课时、参考书籍、案例、网页。

评价标准

表现要求	是否适用	已达要求	未达要求
小组活动中，外在表现（参与度、讨论发言积极程度）			
小组活动中，对概念的认识与把握的准确程度			
小组活动中，角色扮演的精准度或担当任务的完成度			
小组活动中，文案、PPT制作的完整与适用程度			

学生自我总结

通过完成单元1，我能够做如下总结。

一、主要知识

本单元的主要知识：
1.
2.

二、主要技能

本单元的主要技能：
1.
2.

三、主要原理

我认为，管理机制的基本原理是： 1. 2.

四、相关知识与技能

我在完成本单元中做如下总结。 1. 组织出现的原因有： 2. 管理的必然性包括： 3. 管理的科学性与艺术性是指：

五、成果检验

我完成本单元的成果如下。 1. 从任务描述中获得的信息有： 2. 学到的知识或技能有： 3. 自悟的知识或技能有： 4. 我对管理职业工作的看法是：

单元 2

管理思想认知

学习目标

1. 知识目标

• 能认识古典管理理论。

• 能认识现代管理理论发展的背景。

• 能认识当代管理理论的动态。

2. 技能目标

• 能举例说明古典管理理论的实践意义。

• 能概括运用经典管理理论。

• 能从管理思想角度认识管理实践。

• 能对现实管理问题进行理论分析。

学习任务

作为一名基层管理人员，应该了解前人的管理经验和管理思想。在漫长的发展过程中，人类积累了大量的管理实践经验，并形成了一些宝贵的管理思想。这些管理思想指导着管理实践，并在实践中不断完善，形成了较为完整的管理理论。了解管理理论的产生与发展，以及现代管理理论的主要内容，使管理认识由感性向理性转变，可为从事管理实践活动打好理论基础。

根据一般管理职业工作的活动顺序、职业教育学习规律和能力分担原则，本单元可以分解为以下子任务。

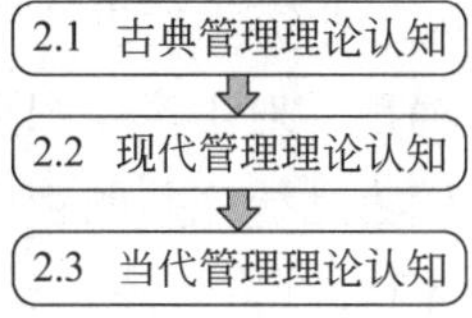

管理故事

我们的第2个故事要从司空见惯的切苹果讲起。日常生活中，我们在切苹果时，一般总是从蒂处下刀，一分为二。如果有一天你突发奇想，把苹果拦腰横切，就会发现苹果切面中间有一个清晰的五角形图案。这让人不免感叹，吃了多年的苹果，我们却从来没发现过苹果里面竟然会有鲜为人知的秘密。

日本有一家企业生产圆珠笔，但是销路不好。其原因在于圆珠笔芯中的油墨还没有使用完，笔芯上的圆珠就坏了。这是一个致命的质量问题。厂家找了许多专家对笔芯中的圆珠质量进行攻关，设法进行改进，虽然做了很多努力，但效果不是十分理想。最后这家企业的一个工人成功地解决了这个问题。办法很简单，即把笔杆截去了一段。这样，没等“圆珠”报废，油已用完了。这个办法简单得不可思议，却十分可行。

上海曾经有一家手帕厂生产的锦缎白手帕销售受阻，库存积压20万条。按照习惯思维，手帕是用来擦手、揩汗的。但销售人员换了一种思维方式，认为手帕除了实用的功能，应该还有美化功能，而市场上没有一家手帕厂是以美化功能进行定位的。这个发现让他们欣喜不已，他们对这20万条手帕重新进行加工，在上面印上图案，配上说明书，重新投放市场，结果大受欢迎，这批滞销的手帕成了畅销商品，一售而空。

【管理感悟】 如果一个人长期受习惯思维的影响，对事物的判断往往大同小异。如果能够突破局限，往往会产生惊人的创新能力。一个企业的发展离不开创新能力，而创新的源泉，实质上就是在前人基础上突破自我，突破常规和思维定式。

2.1 古典管理理论认知

任务提示：管理学思想学习的第一课，学习者应首先认识古典管理理论的内容，在此基础上认识管理活动，并能够初步了解其内容与要求；理解管理活动对组织，特别是对企业的意义与作用。

自从有了人类的集体劳动，就自然而然地存在管理问题。在长期的探索实践中，人类积累了大量的管理实践经验，并形成了管理的各种观念、主张与知识。早在春秋战国时期，就产生过儒家、道家、法家等思想流派，其中涉及关于管理哲学的争论。

19 世纪末 20 世纪初，在西方大工业突飞猛进的背景下，科学技术与社会生产力也得到了快速发展。大型企业的不断涌现，对生产组织形式的变革提出新的要求，科学管理理论应运而生。至此，人类社会较为系统完整的管理理论正式诞生。

从科学管理理论诞生开始，我们可以将管理思想和管理理论的发展过程大致分为三个阶段：古典管理理论阶段（20 世纪初到 20 世纪 30 年代行为科学学派出现前）、现代管理理论阶段（20 世纪 30 年代到 20 世纪 80 年代，主要指行为科学学派及管理理论丛林阶段）和当代管理理论阶段（20 世纪 80 年代至今）。

科学管理理论产生的背景

古典管理理论主要包括泰勒的科学管理理论、法约尔的一般管理理论和韦伯的行政组织理论。

2.1.1 泰勒的科学管理理论

19 世纪末 20 世纪初，科学管理理论在美国形成。科学管理的创始人——弗雷德里克·温斯洛·泰勒（Frederick Winslow Taylor，1856—1915）是美国古典管理学家，被西方管理界誉为“科学管理之父”。

1. 科学管理理论提出的背景

科学管理理论出现的时代，美国“南北战争”结束不久，工业得到了迅猛发展，涌现出许多资本雄厚的大型企业，但劳动力缺乏。当时，企业主普遍依靠经验进行管理，由此形成一个突出的矛盾，资本家不知道工人一天到底能干多少活，但总嫌工人干活少，工资多。于是，就一味延长劳动时间、增加劳动强度。而工人也不能确切知道自己一天到底能干多少活，但总认为自己干活多，工资少。二者相争导致生产效率低下、劳资关系紧张。这些情况引起了许多管理人员和技术人员的重视，他们试图运用当时的科学技术去解决这些问题。

2. 科学管理理论的要点

1911 年，泰勒出版了著名的《科学管理原理》一书，全面地叙述了他的管理思想和理论，概括起来主要有以下三个观点。

（1）科学管理的中心问题是提高劳动生产率。他认为，最高的工作效率是雇主和雇员达到共同富裕的基础，应将较高的工资与较低的劳动成本统一起来，作为管理制度的基础。可见，提高劳动生产率是科学管理理论的出发点和基础。

（2）达到最高工作效率的重要手段是科学的管理方法。泰勒认为管理是一门科学，为了提高工作效率必须制定明确的规定、条例和标准，必须用科学化、制度化的管理代替旧的经验管理。

（3）实施科学管理要求精神上的彻底变革。泰勒认为科学管理是一场重大的精神变革，他要求工人要树立对工作、对同事、对雇主负责的观念，要求管理人员改变对同事、对工人的态度，增强责任观念。通过这种变革，可以使管理者和工人“双方都把注意力从盈利的分派转移到增加盈利数量上来”。

A. 通过以上三个观点，可以判定泰勒所持的立场是什么？

B. 他站在资本家的立场，没有为工人兄弟们代言。

根据以上观点，泰勒在对生产现场研究的基础上，提出以下管理制度。

（1）科学制定工作定额。按自然科学原理，确定完成每一道工序的最快速度。选择熟练工人，对每一道工序所需要的时间进行测量，再考虑必要的休息时间和其他延误时间，据此确定一个工人一天所必须完成的工作量。

（2）科学挑选与培训工人。根据不同的体质和禀赋来挑选和培训工人，如身强力壮的就分配他干重活，而不分配去干精细的活，这样挑选和培训出来的工人就都是一流的。这样，才能做到工人的能力与工作相匹配。

（3）实行差别计件工资制度。根据工人是否完成工作定额而采取“差别计件工资制”，超额完成生产任务的，单件的工资额就越高，收入也就越高。

（4）管理智能与作业职能分离。每个管理者只承担一种或两种管理职能。这样，工人只负责一线操作的同时，管理者的职责比较明确，实现了管理职能的专门化。

（5）实行例外原则。企业的高级管理人员应该把一般的日常事务授权给下级管理人员去处理，而自己只保留对例外事项（重要事项）的决策和监督权。

管理实务2-1 铁锹实验

实验中，泰勒到现场观察工人劳动过程，运用秒表和量具来计算工人铲煤的效率和铁锹大小的关系。泰勒研究发现每锹负荷 21 磅时效率最高，因此，设计出铲煤效率最高的铁锹尺寸，以及铲煤时的规范动作，并打制出大小12种规格的铁锹。每次劳动时，准备一些不同的铁锹，每种铁锹只适合铲特定的物料，这不仅使工人的每锹负荷都达到了21磅，而且是为了让不同的铁锹适合不同的情况，从而提高了劳动效率。为此，他还建立了一间大库房，里面存放各种规格的铁锹，每个的负重都是21磅。将不同的工具分给不同的工人，就要进行事先的计划，要有人对这项工作专门负责，需要增加管理人员，但是尽管这样，工厂也是受益很大。据说，这一项变革可为工厂每年节约8万美元。

评析：泰勒将实验的手段引进经营管理领域，实验过程非常精细、标准化。铁锹实验为他的科学管理思想奠定了坚实的基础，使管理成了一门真正的科学，这对以后管理学理论的成熟和发展起到了非常大的推动作用。

3. 对科学管理理论的评价

（1）泰勒提倡用科学操作代替传统的个人经验，这是管理理论上的重大进步，也为管理实践开创了新的局面，科学管理方法和科学操作程序使生产效率得到极大的提高。

（2）管理职能与执行职能的分离，使管理理论的创立和发展有了实践基础。泰勒提出管理工作也要分工，促使企业中开始有一些人专门从事管理工作，这为管理理论的发展打下了实践基础。

（3）泰勒把人看成纯粹的“经济人”，制定的标准作业方法、标准作业时间和标准工作量，是一般人难以忍受和完成的，强调科学管理会产生资本家、工人双方的“精神变革”论。可见，其站在资本家的立场。

泰勒的科学管理原理

重要信息2-1　科学管理之父——泰勒

1856年，弗雷德里克·温斯洛·泰勒出生于美国费城杰曼顿一个富有的律师家庭。在接受中学教育后，泰勒进入埃克塞特市菲利普斯·埃克塞特专科学校学习。1874年，他考入哈佛大学法律系，不久，因眼疾辍学。1878年，泰勒进入米德维尔工厂，从一名学徒工做起，先后被提拔为车间管理员、技师、小组长、工长、设计室主任和总工程师。在这家工厂的经历使他了解工人们普遍怠工的原因，他感到缺乏有效的管理手段是提高生产率的严重障碍。为此，泰勒开始探索科学的管理方法和理论。

泰勒从“车床前的工人”开始，重点研究企业内部具体工作的效率。他不断在工厂进行试验，系统研究和分析工人的操作方法和动作所花费的时间，逐渐形成其管理体系——科学管理。泰勒在他的主要著作《科学管理原理》中阐述了科学管理理论，使人们认识到了管理是一门建立在明确的法规、条文和原则之上的科学。泰勒的科学管理主要有两大贡献：一是管理要走向科学；二是劳资双方的精神革命。

2.1.2 法约尔的一般管理理论

1916年，法国人亨利·法约尔（Henri Fayol，1841—1925）出版《一般管理与工业管理》一书，阐述了其管理理论。此书成为经典管理文献之一，法约尔也被后人尊称为“现代经营管理理论之父”。

1. 一般管理理论的提出背景

现代经营之父
——法约尔

法约尔出生在法国，与泰勒是同时代人。他19岁毕业于法国圣艾蒂安国立矿业学院，同年被聘任为采矿工程师，25岁担任矿井经理，31岁担任煤矿总经理，任职达30余年，积累了大量实践管理经验。

如果说泰勒的研究是从“车床前的工人”开始的，那么，法约尔的研究则是从“办公桌前的总经理”出发的。他以企业整体作为研究对象，区分了经营和管理，指出管理理论是指“有关管理的、得到普遍承认的理论，是经过普遍经验检验并得到论证的一套有关原则、标准、方法、程序等内容的完整体系”，因而，他的理论被称作一般管理理论。

A. 从管理理论来看，法约尔与泰勒相比有什么不同？

B. 与泰勒相比，法约尔的理论会更加系统、综合，更具有普遍性。

2. 一般管理理论的要点

（1）概括了企业经营职能。法约尔认为，要经营好一个企业，不仅要改善生产现场的管理，而且应当注意改善有关企业经营的六个方面的职能：①技术职能，即设计、制造。②经营职能，即进行采购、销售和交换。③财务职能，即确定资金来源和使用计划。④安全职能，即保证员工劳动安全及设备使用安全。⑤会计职能，即编制财产目录，进行成本统计。⑥管理职能，包括计划、组织、指挥、协调、控制。

（2）提出了管理职能。法约尔首先把管理活动划分为计划、组织、指挥、协调与控制五大职能，并对这五大管理职能进行了详细的分析和研究。因而，法约尔是最早提出管理职能的人。

（3）总结了管理的一般原则。法约尔提出了管理人员解决问题时应遵循的14条一般管理原则，如表 2-1 所示。

表 2-1 法约尔提出的 14 条一般管理原则

原　则	解　释
分工	应该通过分工来提高管理工作的效率
权力与责任	要贯彻权力与责任相符的原则，就应该有有效的奖励和惩罚制度
纪律	纪律是一个企业兴旺发达的关键，没有纪律，任何一个企业都不能兴旺繁荣
统一指挥	一个下级人员只能接受一个上级的命令
统一领导	一个下级只能有一个直接上级
个人利益服从整体利益	组织的利益要高于工人或小集体的利益
公平合理的报酬制度	对所有雇员应按劳付酬，并且要公平合理，具有激励作用
集中	权力要相对集中，因为所有的重要决策总是由少数人在最高管理层次上做出的
层次结构	组织内部应有明确的等级链，以保证组织命令的统一和信息传递的畅通
秩序	人员和物品都应处在正确的位置上，做到“各有其位、各得其所”
平等	管理者应友善而平等地对待下属
人员稳定	高级雇员要相对稳定，以免影响工作的稳定性与连续性
主动性	鼓励雇员发表意见和主动地工作
团结精神	加强组织内部的融合与统一

3. 一般管理理论的评价

（1）法约尔的管理思想具有较强的系统性和理论性。法约尔在管理的范畴、管理组织理论、管理原则等方面提出了新的观点，为管理理论的发展奠定了基础。在他所开创的一般管理理论基础上，出现了后来的管理过程学派。

（2）法约尔管理理论具有一定的局限性。法约尔管理理论的不足之处是管理原则缺乏弹性，以致有时让管理人员无法完全遵守。

2.1.3 韦伯的行政组织理论

行政组织理论由德国古典管理学派代表人马克斯·韦伯（Max Weber，1864—1920）提出。马克斯·韦伯与泰勒、法约尔是同时代人，是德国著名的社会学家。在其著作《社会组织与经济组织》一书中，韦伯将行政组织体系结构划分为 3 层，相当于现在人们还广泛应用的高级管理阶层、中级管理阶层和低级管理阶层。韦伯也因此被称为“组织理论之父”。

1. 行政组织理论提出的背景

19 世纪，官僚制（组织中由受过训练的专职人员组成的行政管理机构）盛行于欧洲，此时，正是德国企业从小规模世袭管理到大规模专业管理转变的关键时期。韦伯从事实出发，把人类行为规律性地服从于一套规则作为社会学分析的基础，提出官僚组织理论，为社会发展提供了一种高效率、合乎理性的管理体制，被称作行政组织管理理论，也称为“科层制”或“官僚制”。这一理论对工业化以来各种不同类型组织产生了广泛而深远的影响，成为现代大型组织广泛采用的一种组织管理方式。

2. 行政组织理论的主要内容

官僚制既是一种组织结构，又是一种管理体制。韦伯明确而系统地指出理想的组织应以合理合法的权力为基础，没有某种形式的权力，任何组织都不能达到自己的目标。权力包括 3 种类型：法定的权力、传统的权力和超凡的权力。行政组织中除了最高领导外，每一个官员都应该按照一定的准则任命和行使职能。每一职位根据其任职资格，经公开考试合格予以录用人员，务求人尽其才。对组织成员进行合理分工并明确其工作范围及职责，然后通过技术培训来提高工作效率。韦伯理想的行政组织体系如图 2-1 所示。

官僚制

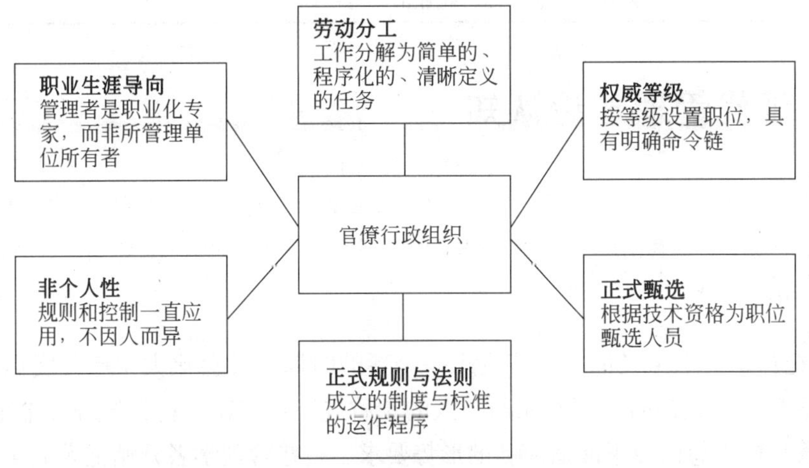

图2-1 韦伯理想的官僚行政组织体系

A. 这里的“官僚”是贬义的说法吗？

B. 这里的“官僚”是指受过训练的专职人员组成的行政管理机构。

3. 行政组织理论的评价

（1）韦伯的理论将个人与权力相分离，是理性精神、合理化精神的体现，适合工业革命后成立的大型企业组织的需要。所提出的科学管理体系是一种制度化、法律化、程序化和专业化的组织理论，阐明了官僚制与社会化大生产之间的必然联系，突破了妨碍现代组织管理中以等级门第为标准的家长制管理形式，促进了管理方式的转变。

（2）韦伯的行政管理体制即官僚制也存在难以克服的缺陷。如忽视了组织管理中人的主体作用，偏重于从静态角度分析组织结构和组织管理，忽视了组织之间、个人与组织之间、个人之间的相互作用；过分强调法规对组织管理的决定作用，以及人对法规的从属性。

课堂测评

测评要素	表现要求	已达要求	未达要求
知识点	能掌握科学管理理论的含义		
技能点	能初步认识一般管理理论的意义		
任务内容整体认识程度	能概述古典管理理论与企业管理的关系		
与职业实践相联系程度	能描述社会经济发展对管理理论的影响		
其他	能描述与其他课程、职业活动等的联系		

2.2 现代管理理论认知

任务提示：管理学思想学习的第二课，学习者首先认识现代管理理论的内容，在此基础上认识管理活动，并能够初步了解其内容与要求；理解管理活动对组织，特别是对企业的意义与作用。

20 世纪初，资本主义世界经济进入一个新的时期，社会化大生产程度提高，新兴工业不断涌现。与此同时，资本家与工人的矛盾进一步加剧。古典管理理论重物轻人、强调严格管理的思想已经不能适应新的形势要求。一些管理学者开始把人类学、社会学、心理学研究成果运用到企业管理中,20 世纪 20 年代开始形成行为科学管理理论。“二战”后，随着世界经济的恢复，管理理论引起了人们普遍的重视，出现了许多管理理论学派，被称为管理的“热带丛林”。

2.2.1 行为科学管理理论

行为科学管理理论始于 20 世纪 20 年代中至 30 年代初梅奥的霍桑实验，该项研究的结果表明，工人的工作动机和行为并不仅仅为金钱收入等物质利益所驱使，他们不是“经济人”而是“社会人”，有社会性的需要。梅奥因此建立了人际关系理论，行为科学也走上了管理学研究的舞台。1949 年，在美国芝加哥召开的一次跨学科会议上首先提出行为科学这一名称。1953 年，正式把这门综合性学科定名为“行为科学”。

1. 霍桑实验

埃尔顿·梅奥（Elton Mayo，1880—1949）是美国哈佛大学心理学教授，曾参与并指导了1924—1932年在芝加哥西方电气公司霍桑工厂进行的实验工作。这项实验被管理学界称为“霍桑实验”。实验结果表明，生产率提高的原因不在于工作条件的变化，而在于人的因素；生产不仅有物理、生理因素的影响，更受社会环境、社会心理因素的影响。所以，管理者在管理中必须重视人的因素。

重要信息2-2　霍桑实验

霍桑实验分为四个阶段。

（1）照明实验。将工人分为两组：一组为“实验组”，先后改变工场照明度，让工人在不同的照明强度下工作；另一组为“控制组”工人在照明度不变的条件下工作。实验结果是，照明只是影响工人生产效率的一项微不足道的因素。

（2）福利实验。经过两年多的实验发现，不管福利待遇如何改变（包括工资支付办法的改变、优惠措施的增减、休息时间的增减等），都不影响产量的持续上升，甚至工人自己对生产效率提高的原因也说不清楚。

（3）访谈实验。在上述实验的基础上，进一步开展了全公司范围的调查与访问，涉及两万人次，发现所得结论与上述实验所得结论相同，即“任何一位员工的工作绩效，都受到其他人的影响”。

（4）接线工作室实验。研究发现，即使实行计件工资制度，但当员工达到他们自认为是“过得去”的产量时，就会自动松懈。经深入了解，原来班组内部有一种默契，担心老板把工作标准再度提高，甚至导致一部分工人失业。由此得出劳动生产率主要取决于非正式群体规范和士气的结论。

2. 人际关系理论

根据“霍桑实验”的结果，梅奥于1933年出版了《工业文明中人的问题》一书，提出了与古典管理理论完全不同的新观点，创立了人际关系理论。

（1）工人是“社会人”，而不是“经济人”。早期科学管理理论把人看作仅仅追求金钱的“经济人”。而梅奥认为，工人除了追求经济利益外，还追求人与人之间的友情、归属感、安全感等。因此，除了改善工作条件、提高报酬外，还应该从社会、心理等方面来鼓励员工。

（2）工人的士气是决定生产效率的一个重要因素。科学管理理论认为，生产效率取决于作业方法和作业条件。霍桑实验表明，生产效率提升主要取决于工人的工作士气，而士气提高取决于社会因素，特别是人际关系对员工的满足程度，即工作是否被上司、同伴、社会所承认。满足度越高，工人的士气就越高，从而生产效率也就越高。

（3）企业中存在“非正式组织”。梅奥认为，除了正式组织外，还存在非正式组织，并对生产率有很大的影响。正式组织是指为了实现企业目标而担当明确职能的机构，非正式组织形成的原因有很多，有共同兴趣爱好关系、亲戚朋友关系、工作关系等。

A. 管理理论怎样才能生存下来，发展下去？

B. 管理理论只有在具备良好的解释现实、预期未来的能力时，才会生存下来、发展下去。

3. 马斯洛的需求层次论

亚伯拉罕·哈罗德·马斯洛（Abraham Harold Maslow，1908—1970）是美国社会心理学家、人格理论家和比较心理学家，在 1943 年出版《人类动机的理论》一书中提出了需要层次论。马斯洛需求层次理论把需求分成生理需求、安全需求、社会需求、尊重需求和自我实现需求五类，依次由较低层次到较高层次，如图 2-2 所示。

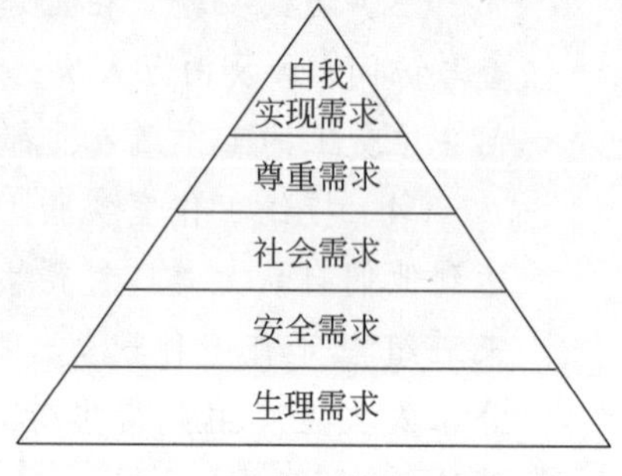

图2-2　马斯洛需求层次理论

马斯洛需求层次理论在一定程度上反映了人类行为和心理活动的共同规律，如人的需要一般由低到高发展，低层次的需求大多与物质有关，高层次的需求多与精神有关。低层次的需求相对易于满足，满足的需求就不再是行为的激励力量。这对企业管理者如何有效地调动人的积极性有启发作用。

4. X-Y理论

X-Y 理论由美国心理学家道格拉斯·麦格雷戈（Douglas M. McGregor，1906—1964）于 1960 年在其所著的《企业中人的方面》一书中提出，是传统管理方法对人性的假定，用来分析人们工作的源动力。

X 理论中，麦格雷戈把人工作的目的假设为仅仅为获得经济报酬。此时，人类本性懒惰、自私，对多数人必须采用强制办法乃至惩罚、威胁，即“胡萝卜加大棒”，才能使他们为达到组织目标而努力；Y 理论中，假设个人目标与组织目标相一致。此时，一般人本性是善良的、勤劳的，多数人愿意对工作负责，寻求发挥能力的机会，组织应尽可能把职工工作安排得富有意义，并具挑战性。

X-Y 理论提出的管理活动中要充分调动人的积极性、主动性和创造性，实现个人目标与组织目标一体化等思想以及参与管理、丰富工作内容等方法，对现代管理理论的发展和管理水平的提高具有重要的借鉴意义。

2.2.2 管理理论的热带丛林

第二次世界大战之后，工业生产和科学技术迅速发展，企业的规模进一步扩大，生产自动化程度、社会化程度进一步提高，许多复杂产品和现代化工程需要组织大规模的分工协作才能完成。这些都对企业经营管理提出了许多新的要求，企业经营管理原有的理论和方法有些不能适应新形势的需要。因此，管理科学异军突起，出现了许多管理理论学派，如表 2-2 所示。

表 2-2 不同学派的管理理论

学派	代表人物	基本思想	主要观点
管理过程学派	哈罗德·孔茨、西里尔·奥唐奈等	把管理理论、管理者职能与工作过程联系起来，从理论上概括出一些管理的基本原理、原则和职能	①管理是一个过程，即让别人或同别人一起实现既定目标的过程。②管理是由一些基本步骤（如计划、组织、控制等职能）所组成的独特过程
经验学派	彼得·德鲁克、欧内斯特·戴尔等	关注管理者的实践经验，成功的组织管理者的经验和做法是最值得借鉴的	①主张通过分析管理者的实际管理经验或案例来研究管理学问题。②在分析管理人员经验的基础上，总结出管理职责。③提出了目标管理等现代理念
社会系统学派	切斯特·巴纳德	组织是一个由许多子系统形成的系统，而这个系统又是环境大系统中的一个分系统	①组织是一个系统。②组织都具备三要素：协作的意愿、共同的目标和成员间的信息沟通。③组织效力和效率是组织发展的两项重要原则。④管理者权威来源于下级的接受程度。⑤经理人职能是通过信息沟通来协调组织成员的协作活动
数理学派（管理科学学派）	布莱克特和伯法等人	注重定量技术，将管理作为数学模式或过程加以处理	①管理全过程（计划、组织、控制）的工作是一个合乎逻辑的过程。②把管理看成一个类似于工程技术、可以精确计划和严格控制的过程，因此也被称为技术学派
决策理论学派	赫伯特·西蒙	管理的本质是决策。用管理人的模式替代传统的经纪人模式	①管理就是决策。②决策分为程序化决策和非程序化决策。③决策中要注意运用定量技术的同时，也要重视心理因素、人际关系等
权变理论学派	卢桑思	把一个组织看作社会系统中的分系统，要求组织各方面的活动适应外部环境的要求	①企业组织是社会大系统中的一个开放型子系统，受环境影响。②组织活动是在不断变动的条件下趋向组织目标的过程。③管理的功效体现在管理活动和组织的各要素相互作用的过程中

哈罗德·孔茨（Harold Koontz，1908—1984）在 1961 年 12 月的《管理学会杂志》指出，管理理论已出现一种众说纷纭、莫衷一是的乱局。不难看出，不同流派的专家学

者总是站在自己的角度，对管理理论提出看法。从这个意义上讲，许多管理理论的科学价值，以及能否对实际管理人员起指导作用还有待实践检验。

重要信息2-3　　管理丛林中的游侠——孔茨

哈罗德·孔茨出生于美国俄亥俄州的芬雷，是当代著名的管理学家之一，管理过程学派的主要代表人物。他把管理提升到一个艺术的高度，被称为"穿梭在管理丛林中的游侠"。

1961年12月，孔茨在美国《管理学杂志》上发表了"管理理论的丛林"一文，认为当时各类科学家对管理理论有着浓厚的兴趣，但因他们的研究条件、掌握的材料、观察的角度及研究的方法的不同，必然产生并形成不同的管理思路，他当时把管理理论研究者划分为六个主要学派。

1980年，孔茨又在《管理学会评论》上发表"再论管理理论的丛林"一文，指出经过近二十年的时间，管理理论的丛林不但存在，而且更加茂密，至少产生了11个学派。孔茨把管理学派异彩纷呈的现象称为"管理理论的丛林"，这很形象。细细品味"管理理论的丛林"，慢慢体会名家流派的经典思想，绝对是一种能够带来满足感与成就感的心灵享受。

课堂测评

测评要素	表现要求	已达要求	未达要求
知识点	能掌握现代管理理论的内容		
技能点	能初步认识现代管理理论的现实意义		
任务内容整体认识程度	能概述现代管理理论与经济发展现实的关系		
与职业实践相联系程度	能描述现代管理理论对当今企业管理的启示		
其他	能描述与其他课程、职业活动等的联系		

2.3 当代管理理论认知

任务提示：管理学思想学习的第三课，学习者首先认识当代管理理论的内容，在此基础上认识管理活动，并能够初步了解其内容与要求；理解管理活动对组织，特别是对企业的意义与作用。

20世纪七八十年代以来，管理世界新观念、新思想层出不穷，当代新管理理论正在实现着管理思想史上的一次新的革命性变革，主要表现为从过程管理向战略管理转变、从产品的市场管理向价值管理转变、从行为管理向文化管理转变。比较典型的理论有战略管理思想、企业再造理论、学习型组织理论等。

2.3.1 战略管理思想

美国管理学家伊戈尔·安索夫（Igor Ansoff，1918—2002）1965年出版了《企业战略论》，被认为是第一本关于企业战略的著作，是现代战略管理理论的研究起点。他本人也被称作“战略管理的鼻祖”。

1. 战略管理思想产生的背景

20世纪70年代前后，世界进入科技、信息、经济全面飞速发展时期，竞争加剧，风险日益增加。企业所处的技术、市场、社会、政治、经济环境都在发生着深刻的变化。在美国，以1973年的石油危机为代表，企业经济环境变化表现为突发性、科技竞争日益激烈、企业兼并有增无减。在这种新的竞争环境下，许多管理学家深切地感到，企业要获得持续的生存和发展必须从长远、战略的高度思考问题。于是，出现了较为系统的战略管理理论，著名的有安索夫的战略管理思想、波特的竞争战略观点。

2. 战略管理思想的要点

（1）安索夫的战略管理思想。安索夫认为，经营战略是企业为了适应外部环境，对目前和将来要从事的经营活动而进行的战略决策。企业生存是由环境、战略和组织三者决定的，只有当这三者协调一致、相互适应时，才能有效地提高企业的效益。

与传统经营管理理念不同，战略管理是面向未来，动态地、连续地完成从决策到实现的过程，即战略管理注重的是动态的管理，是决策与实施并重的管理。

（2）波特的竞争战略观点。美国哈佛大学商学院教授迈克尔·波特（Michael Porter，1947— ）于1980年出版《竞争策略》一书，提出了分析产业环境的结构化方法。波特认为，企业在竞争中要考虑的因素主要有五种力量，即新竞争者的加入、代用品的威胁、买方讨价还价的力量、供应商讨价还价的力量、现有竞争者的对抗力。这五种力量的合力就是企业的竞争能力和盈利能力。在与五种竞争力量的抗争中，有三类成功型战略思想可以选择，即总成本领先战略、差异化战略、专一化战略。

迈克尔·波特因对世界管理思想界的贡献被商业管理界公认为“竞争战略之父”。

管理实务2-2　海尔的战略管理

（1）名牌战略（1984—1991）。1984年开始，海尔通过专心于冰箱的生产、营销和服务，在国内创立了海尔的名牌形象。海尔先后提出了“有缺陷的产品就是废品”“用户永远是对的”“先卖信誉，后卖产品”“无搬动服务”等理念。

（2）多元化战略（1991—1998）。1992年，海尔通过兼并、收购、合资、合作等手段，迅速由单一的冰箱产品领域进入冷柜、空调、洗衣机等白色家电领域；1997 年，又以数字彩电为切入点，从白色家电领域进入黑色家电领域；1998 年，海尔还涉足国外称为米色家电领域的计算机行业。

（3）国际化战略（1998—2005）。1998 年，海尔提出了创国际名牌的战略。海尔集团认为企业国际化的标志有三点：市场国际化、营销国际化、产品国际化。海尔坚持打海尔品牌并出口，创造性地提出与应用了“先难后易”“三个三分之一”的国际化战略。

（4）全球化品牌战略（2005—2012）。互联网时代经济进一步全球化，企业的战略是将全球的资源为我所用，创造本土化主流品牌。在此过程中，海尔整合全球的研发、制造、营销资源，创立全球化品牌，驱动自身发展的全球化。

（5）网络化战略（2012—2019）。2018 年 2 月 27 日，“海尔 COSMO Plat 国家级工业互联网＋智能制造集成应用示范平台发布会”在青岛召开，会上正式宣布海尔 COSMO Plat 获批“基于工业互联网的智能制造集成应用示范平台”，成为全国首家国家级工业互联网示范平台。

评析：2019 年 9 月 1 日，2019 中国企业 500 强发布，海尔集团公司位列第 79 位；2020 年 1 月 19 日，工信部公布 2019 年（第 18 届）中国软件业务收入前百家企业名单，青岛海尔股份有限公司位列第 2 位。海尔作为家电龙头企业，管理者高瞻远瞩，制定实施了一系列经营管理战略。

2.3.2 企业再造理论

企业再造也译为“公司再造”，简单来讲，就是以工作流程为中心，重新设计企业的经营、管理及运作方式。1993 年，美国麻省理工学院教授迈克·哈默（M. Hammer，1948—2008）与詹姆斯·钱皮（J.Champy）合著《再造企业——管理革命的宣言书》一书，正式提出了企业再造的定义，是指“为了飞越性地改善成本、质量、服务、速度等重大的现代企业的运营基准，对工作流程（business process）进行根本性重新思考并彻底改革”。也就是说，为了能够适应新的世界竞争环境，企业必须摒弃已成惯例的运营模式和工作方法，以工作流程为中心，重新设计企业的经营、管理及运营方式。

1. 企业再造理论提出的背景

20 世纪 70 年代以来，信息技术革命使企业的经营环境和运作方式发生了很大的变化，而西方国家经济的长期低增长又使市场竞争日益激烈。有管理专家用 3C 理论阐述了这种全新的挑战，即顾客（customer），买卖双方关系中的主导权转向顾客；竞争（competition），技术进步使竞争的方式和手段不断发展，美国企业面临日本、欧洲企业的竞争威胁；变化（change），市场需求日趋多变，产品寿命周期的单位已由“年”趋于“月”。因此，在大量生产、大量消费的环境下发展起来的企业经营管理模式已无法适应快速变化的市场。

2. 企业再造理论的要点

企业“再造”就是重新设计和安排企业的整个生产、服务和经营过程，使之合理化。在具体实施过程中，可以按以下程序进行。

（1）分析原有流程。根据企业现行的作业程序，绘制细致、明了的作业流程图，从中找出现行作业流程存在的问题。

（2）设计新的流程改进方案。为了设计更加科学、合理的作业流程，必须群策群力、集思广益、鼓励创新。对提出的多个流程改进方案，还要从成本、效益、技术条件和风险程度等方面进行评估，选取可行性强的方案。

（3）制订与流程改进方案相配套的组织结构、人力资源配置和业务规范等方面的改进规划，形成系统的企业再造方案。

（4）组织实施与持续改善。实施企业再造方案必须精心组织、谨慎推进，既要态度坚定、克服阻力，又要积极宣传、形成共识，以保证企业再造的顺利进行。

管理实务2-3　浙江医疗卫生服务流程再造

（2019 年 11 月 15 日《中国青年报》消息）近日，国家卫生健康委员会组织“媒体工作坊”活动，赴浙江深度调研医疗卫生服务领域“最多跑一次”改革。

医疗卫生服务领域“最多跑一次”工作主要包含以下十方面内容：看病少排队；付费更便捷；检查少跑腿；住院更省心；便民惠民服务更贴心；急救更快速；配药更方便；母子健康服务更温馨；转诊更顺畅；“互联网 + 医疗健康”服务更普及。

浙江省卫生健康委员会宣传处处长林莉表示，依托“互联网 + 医疗健康”的便利，医疗卫生服务领域的“最多跑一次”改革与信息化有着密切关系。改革以省健康医疗大数据中心、省市县三级全民健康信息平台、网上预约诊疗服务平台等建设为重点，进一步打破系统内各条线上的信息孤岛，加强与人力社保等部门的数据共享。同时，在公共卫生、家庭医生签约、药品供应保障、医疗保障结算等领域推出一系列“互联网 + 医疗健康”应用新服务、新业态，方便群众看病就医。

评析：运用信息化技术，浙江大学医学院附属第一医院也已经在门诊、诊疗、住院、员工管理等环节实现流程再造，并在人工智能和临床、科研结合方面进行了一系列探索，以人为本，聚焦体验，打造医疗服务新生态。

2.3.3 学习型组织理论

美国学者彼得·圣吉（Peter M. Senge，1947— ）在1990年出版的《第五项修炼》一书中提出学习型组织管理理论，该书问世后不久，便以其革命性的创新获得了1992年世界企业学会最高荣誉的开拓者奖。同年，美国《商业周刊》将该书作者彼得·圣吉推崇为“当代最杰出的新管理大师”。

1. 学习型组织理论提出的背景

20世纪90年代以来，随着知识经济时代的到来，信息与知识成为企业重要的战略资源。企业普遍认识到持续变革已经成为组织的常态，特别是在市场变幻不定的环境下，只有那些能不断创造知识、广布知识于组织中，并快速吸收新科技、推出新产品的企业才能获得成功。由此可见，企业的竞争优势取决于一个企业的学习能力，并将所学知识迅速转化为行动的能力。因此，学习型组织理论应运而生。

2. 学习型组织理论的要点

彼得·圣吉在《第五项修炼》中提出，在学习型组织中有五项新的技能，即“五项修炼”。

（1）自我超越。组织成员应能深刻了解自我，客观地观察现实，并全心投入工作，实现创造和超越。

（2）改善心智模式。要求组织成员能有善于改变传统的认识问题的方式和方法，要用新的眼光看待世界。

（3）建立共同愿景。共同愿景是指一个组织中各个成员发自内心的共同目标。通过努力学习，使组织拥有一种能够凝聚并坚持实现共同的愿望的能力。

（4）团队学习。通过团队学习，不仅团体整体产生出色的成果，个别成员成长的速度也比其他的学习方式更快。建议团队学习中采用“深度会谈”和“讨论”的方式。

（5）系统思考。企业和人类的其他活动一样，也是一种系统，也都受到细微且息息相关的行动牵连，彼此影响着，因此必须进行系统思考修炼。

管理实务2-4 华为的学习型组织

创立于1987年的华为公司，历经30多年，从小公司成长为行业“领头羊”，这显然是组织学习与创新学习的结果。

华为提倡员工终身学习，华为员工自进入华为的第一天，就被告知学习的重要性。公司管理层之所以提倡终身学习，是因为这种学习观念的树立，有利于在公司内部形成一种良好的学习氛围，促使企业各部门、各组织不断地自我完善。任正非在这方面以身作则，为华为员工树立了一个很好的榜样，不管工作再怎么忙碌，他都要挤出一定的时间来学习。

除提倡终身学习外，华为还极力倡导全员学习，不仅基层一线员工需要学习，中层干部和高层更需要学习。华为启动国际化道路之后，开拓海外市场遇到的第一支“拦路虎”是语言问题——很多外派技术人员外语水平不过关，不能顺畅地和客户进行沟通。在这种情况下，华为管理层发起了全员学习外语活动，要求所有技术人员必须学习好外语，能够和客户流畅地进行沟通。那时候有一些老员工的外语水平很差，学起来很吃力，但是却每天坚持练习，甚至自费聘请外教提升自己的外语水平。正是在这种全员学习的氛围中，华为人能够流畅地和国外客户进行沟通，为之后开拓国际市场奠定了坚实的基础。

华为在提倡终身学习和全员学习之外，还全力推动“全过程学习”。全过程学习是指学习必须贯穿企业组织系统运行的整个过程。一个企业想要成为学习型企业，就必须在自身运行的准备、计划、推行阶段同步推动员工学习，将学习渗透到企业运行的方方面面，让每一个流程都充满学习的氛围。

评析： 对一个企业而言，只有不断学习才能紧跟时代潮流，才能在管理、产品研发、营销等方面处于行业领先位置。而推动企业不断前进的力量则是人，企业的学习最终还是建立在员工学习的基础上。

2.3.4 企业文化与跨文化管理

1981 年 7 月，美国哈佛大学教育研究院的教授泰伦斯·迪尔和麦肯锡咨询公司顾问艾伦·肯尼迪写成了《企业文化——企业生存的习俗和礼仪》一书，这本书较为完整地指出了企业文化理论及其作用，成为论述企业文化的经典之作。

重要名词2-1 企业文化

企业文化（corporate culture）或称组织文化（organizational culture），是一个组织由价值观、信念、仪式、符号、处事方式等组成的其特有的文化形象。企业文化集中体现了一个企业经营管理的核心主张，以及由此产生的组织行为。

1. 企业文化与跨文化管理提出的背景

20 世纪 80 年代，世界经济形势发生了巨大的变化，跨国公司的快速发展导致了日益庞大的组织规模和多元化的员工结构，使西方管理学者对传统管理理论进行了深入的思考。特别是日本在短短的 20 多年时间内，一跃成为美国的主要市场竞争对手，不得不使人对这一现象进行深刻的反思。许多学者通过实地考察对比研究，得出了一个共同结论：在一些成功的企业里，起决定作用的不是严格的规章制度、计算机或管理技术，而是企业文化，所有这些企业都有一种富有影响力的企业文化。

2. 企业文化的要点

（1）经营哲学。经营哲学也称企业哲学，是一个企业特有的从事生产经营和管理活动的方法论原则。它是指导企业行为的基础。

（2）价值观念。所谓价值观念，是人们基于某种功利性或道义性的追求而对个人、组织本身的存在、行为和行为结果进行评价的基本观点。

（3）企业精神。企业精神是指企业基于自身特定的性质、任务、宗旨、时代要求和发展方向，经过精心培养而形成的企业成员群体的精神风貌。

（4）企业道德。企业道德是指调整本企业与其他企业之间、企业与顾客之间、企业内部职工之间关系的行为规范的总和。

（5）团体意识。团体即组织，团体意识是指组织成员的集体观念。团体意识是企业内部凝聚力形成的重要心理因素。

（6）企业形象。企业形象是企业通过外部特征和经营实力表现出来的，被消费者和公众所认同的企业总体印象。

（7）企业制度。企业制度是在生产经营实践活动中所形成的，对人的行为带有强制性，并能保障一定权利的各种规定。

重要名词2-2　跨文化管理

跨文化管理又称为“交叉文化管理”（cross cultural management），是指通过克服不同异质文化之间的差异，在此基础之上重新塑造企业的独特文化，最终打造卓有绩效的管理行为。

3. 跨文化管理的要点

（1）本土化。根据“思维全球化和行动当地化”原则来进行跨文化的管理，雇用大量当地员工，借助其熟悉当地的风俗习惯、市场动态以及其政府的各项法规的优势。

（2）文化相容。在国外的子公司中不以母国的文化作为主体文化。这样母国文化和东道国文化之间虽然存在巨大的文化差异，但却并不互相排斥，反而互为补充。

（3）文化创新。将母公司的企业文化与国外分公司当地的文化进行有效的整合，通过各种渠道促进不同的文化相互了解、适应、融合，从而在母公司文化和当地文化的基础之上构建一种新型的企业文化。

（4）文化规避。当母国的文化与东道国的文化之间存在巨大的不同时，应特别注意在双方文化的重大不同之处进行规避，不要在这些“敏感地带”造成彼此间文化的冲突。

（5）文化渗透。凭借母国强大的经济实力所形成的文化优势，对公司的当地员工进行逐步的文化渗透，使母国文化在不知不觉中深入人心。

（6）借助第三方文化。母国文化和东道国文化之间差异较大时，借助比较中性、与母国的文化已达成一定程度共识的第三方文化对设在东道国的子公司进行控制管理。

课堂测评

测评要素	表现要求	已达要求	未达要求
知识点	能掌握当代管理理论的内容		
技能点	能初步认识当代管理理论的现实意义		
任务内容整体认识程度	能概述当代管理理论与经济发展现实的关系		
与职业实践相联系程度	能描述当代管理理论给企业管理活动的启示		
其他	能描述与其他课程、职业活动等的联系		

单元2小结

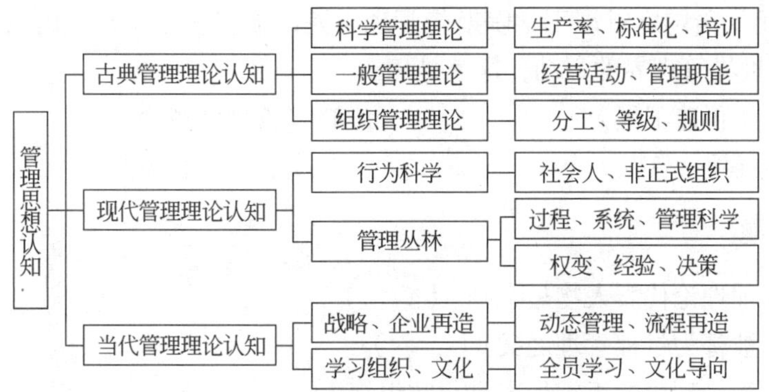

教学做一体化训练

重要名词

企业文化　跨文化管理

课后自测

一、选择题

1. 由于管理的广泛性和复杂性，对管理所下定义也各异。法约尔认为（　　）。

A. 管理就是要确切地知道要别人干什么

B. 管理就是实行计划、组织、指挥、协调和控制

C. 管理就是决策

D. 管理就是用最经济的方法工作

2. 梅奥等人通过霍桑实验得出结论，人们的生产效率不仅受到物理的、生理的因素的影响，而且还受到社会环境、社会心理因素的影响。由此创立了（　　）。

A. 行为科学学说　B. 人文关系学说　C. 人际关系学说　D. 科学管理理论

3. 科学管理理论是古典管理理论之一，科学管理的中心问题是（　　）。

A. 提高劳动生产率　　B. 提高工人的劳动积极性

C. 找到科学的作业方法　　D. 做好分工

4. 韦伯认为，任何组织都必须具有其作为基础的某种形式的（　　）。

A. 管理　　B. 制度　　C. 权力　　D. 职责

5. 提出 14 条管理原则的是（　　）。

A. 泰勒　　B. 法约尔　　C. 韦伯　　D. 巴纳德

6. 企业在长期的生产经营和管理活动中创造的具有本企业特色的精神文化和物质文化就是（　　）。

A. 企业精神　　B. 企业价值观　　C. 企业文化　　D. 企业理想

7. 1990 年，美国麻省理工学院斯隆管理学院的彼得·圣吉教授出版了一本享誉世界之作，引起世界管理界的轰动，这就是（　　）。

A.《企业再造工程》　　B.《管理的革命》

C.《第五项修炼》　　D.《企业文化》

二、判断题

1. 古典管理理论代表人物是泰勒。（　　）
2. 法约尔被誉为过程管理之父。（　　）
3. 韦伯认为，理想的组织形态是行政组织。（　　）
4. 梅奥提倡在管理中依赖传统经验。（　　）
5. 权变理论认为，不存在无条件适用于一切组织的最好的管理方法。（　　）
6. 战略管理思想更加关注静态管理。（　　）
7. 企业再造理论倡导充分发挥管理的科学性与艺术性。（　　）

三、简答题

1. 简述泰勒科学管理思想的要点及现实意义。
2. 简述法约尔管理过程理论的主要内容。
3. 简述组织管理理论体系的特点。
4. 人际关系说的基本观点是什么？
5. 试概括评价古典管理理论。
6. 当代管理理论有哪些新发展？

四、案例分析题

厂长的管理经验

在一个企业管理经验交流会上，有两个厂的厂长分别论述了他们各自对如何进行有效管理的看法。

A 厂长认为，企业首要的是员工，只有员工们都把企业当成自己的家，都把个人的命运与企业的命运紧密联系在一起，才能充分发挥他们的智慧和力量为企业服务。因此，管理者有什么问题都应该与员工协商解决；平时要十分注意对员工的需求进行分析，有针对性地给员工提供学习、娱乐的机会和条件；每月的黑板上应公布当月过生日的员工的姓名，并祝他们生日快乐；如果哪位员工生儿育女了，厂里派车接送，厂长亲自送上贺礼。在 A 厂长眼里，员工们都普遍地把企业当成自己的家，全心全意地为企业服务，工厂才会日益兴旺发达。

B 厂长则认为，只有实行严格的管理才能保证为实现企业目标所必须开展的各项活动的顺利进行。因此，企业要制订严格的规章制度和岗位责任制，建立严密的控制体系；注重上岗培训；实行计件工资制等。在 B 厂长眼里，员工们都非常注意遵守规章制度，努力完成工作任务，工厂才能迅速发展。

阅读以上材料，回答问题：

1. 概括描述两位厂长的管理策略。

2. 请评价这两种策略。

当代管理理论讨论

实训目的

通过对著名企业管理实践的分析，认识当代管理理论的作用。

活动安排

1. 学生分组，通过网络收集、归纳著名企业，如海尔、联想等企业文化建设的管理情境或事例（可以查找海尔跨文化管理实例）。

2. 分析这些企业文化的外在体现、基本构成及表现，以及在管理中的作用情况，归纳出对企业文化的认识，并将活动成果做成 PPT 展示交流。

教师注意事项

1. 由生活事例、企业经营事例导入对企业文化含义及职能的认识。

2. 提供一些生活事例或企业管理案例，组织学生讨论。

3. 组织其他相应学习资源。

资源（时间）

1 课时、参考书籍、案例、网页。

评 价 标 准

表 现 要 求	是否适用	已达要求	未达要求
小组活动中，外在表现（参与度、讨论发言积极程度）			
小组活动中，对概念的认识与把握的准确程度			
小组活动中，角色扮演的精准度			
小组活动中，文案、PPT 制作的完整与适用程度			

拓展实训

认识企业管理工作

实训目的

接触企业管理实际或模拟管理情境，认识管理理论在实践中的运用。

活动安排

1. 组织学生参观实训基地企业，了解企业管理情况，认识其管理思想。

2. 替代管理情境：某公司营销部有一名年轻员工，因为竞聘某职位失利，因而出现上班迟到、不按照规范操作、与同事吵架等情形。如果你是营销部经理或班组长，你将如何对其进行管理。（提示：从泰勒、梅奥管理论的不同角度设计管理对策或方案）。

3. 分组写出管理对策，制作 PPT，分小组展示，教师点评。

教师注意事项

1. 由生活事例、企业经营事例导入对管理机制的认识。

2. 提供一些企业管理机制案例，组织学生讨论。

3. 组织其他相应学习资源。

资源（时间）

1 课时、参考书籍、案例、网页。

评 价 标 准

表 现 要 求	是否适用	已达要求	未达要求
小组活动中，外在表现（参与度、讨论发言积极程度）			
小组活动中，对概念的认识与把握的准确程度			
小组活动中，角色扮演的精准度或担当任务的完成度			
小组活动中，文案、PPT 制作的完整与适用程度			

学生自我总结

通过完成单元2，我能够做如下总结。

一、主要知识

本单元的主要知识：
1.
2.

二、主要技能

本单元的主要技能：
1.
2.

三、主要原理

我认为，管理思想变迁的主要原因是：
1.
2.

四、相关知识与技能

我在完成本单元中学习了以下内容。
1. 古典管理理论出现的原因有：
2. 现代管理理论出现的必然性包括：
3. 当代管理理论发展的趋势是：

五、成果检验

我完成本单元的成果如下。
1. 完成本任务的意义有：
2. 学到的知识或技能有：
3. 自悟的知识或技能有：
4. 我对管理理论发展的看法是：

单元 3

计划与决策

学习目标

1. 知识目标

- 能认识计划的含义和作用。
- 能认识决策的含义、分类。
- 能认识目标管理的概念与程序。

2. 技能目标

- 能概括分析管理问题。
- 能编写工作计划书。
- 能理解决策程序与方法。
- 能初步树立目标管理意识。

学习任务

与制订学习计划一样，在管理活动中，计划是根据对组织外部环境与内部条件的分析，提出在未来一定时期内要达到的组织目标；决策则是对组织活动方向、内容以及方式做出选择。做好计划与决策工作的第一步是认识计划及其作用，认识决策的含义及其分类。在此基础上，作为一种职业学习，认识管理职业活动中计划的先导意义与决策的现实意义，界定管理问题，提出解决办法。作为重要的管理职能，计划与决策工作在组织管理中发挥着重要作用。

根据一般管理职业工作活动顺序、职业教育学习规律和能力分担原则，本单元可以分解为以下子任务。

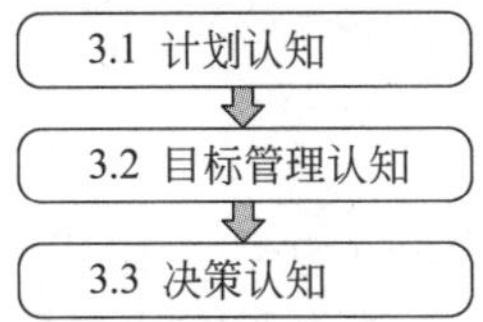

管理故事

“凡事预则立，不预则废”，意思是说，不论做什么事，事先有准备就可能获得成功，不然就会失败。这句话强调了做事之前应该先制订一份切实可行的计划的重要性。

哈佛大学有一个非常著名的关于目标对人生影响的跟踪调查。调查对象是一群智力、学历、环境等条件差不多的年轻人，第一次调查发现：27% 的人没有目标，60% 的人目标模糊，10% 的人有清晰但比较短期的目标，只有 3% 的人有清晰且长期的目标。

20 年后，通过跟踪调查发现，那些 3% 有清晰目标的学生几乎都成了社会各界的顶尖成功人士，他们中不乏白手创业者、行业领袖、社会精英。那些占 10% 有清晰短期目标者，大都生活在社会的中上层。他们的共同特点是那些短期目标不断被达成、生活状态稳步上升、成为各行各业的不可缺的专业人士，如医生、律师、工程师、高级主管等。60% 的目标模糊者几乎都生活在社会的中下层面，他们能安稳地生活与工作，但没有什么特别的成绩。剩下 27% 的是 20 年来都没有目标的人群，他们几乎都生活在社会的底层，常常失业，靠社会救济，并且大部分时间都在抱怨他人、抱怨社会、抱怨世界。

【管理感悟】 对一个企业来讲，计划工作是全部管理职能中最基本的职能，它与其他四个职能有密切的联系。因为计划工作既包括选定组织和部门的目标，又包括确定实现这些目标的途径。管理人员围绕计划规定的目标从事组织工作、人员配备、指导与领导以及控制工作等活动，以达到预定的目标。为使组织中各种活动能够有节奏地进行，必须有严密的统一的计划。从提高组织的经济效益来说，计划工作也是十分重要的。

3.1 计划认知

任务提示：计划与决策学习的第一课，学习者首先认识计划的含义，在此基础上认识计划工作活动，并能够初步了解其内容与要求；理解计划职能对组织，特别是对企业的意义与作用。

在日常生活中常常提到“计划”一词，如学习计划、健康计划、人生计划、市场营销计划、暑期社会实践活动计划等。那么，什么是计划？计划又是怎样的？

3.1.1 计划的解读

1916年，古典管理学派代表亨利·法约尔在其《一般管理与工业管理》一书中首次提出了著名的企业管理五项职能。同时，在阐述计划职能时，他运用了一句经典的格言：“管理应当预见未来！”这句话提醒人们，在企业管理中应重视计划工作。

1. 计划的概念

提到“计划”一词，一般有两层含义，即可以将其分别理解为名词和动词。

（1）计划的名词解释。从名词角度理解，计划是指用文字和指标等形式所表述的组织以及组织内不同部门和不同成员，在未来一定时期内关于行动方向、内容和方式安排的管理性文件。这里强调的是计划的表现形式。

（2）计划的动词解释。从动词角度理解，计划是指根据组织外部环境与内部条件的分析，提出在未来一定时期内要达到的组织目标以及实现目标的方案途径的工作过程。这里强调的是计划工作，即制订计划的过程。

重要名词3-1　计划

计划是指根据社会需要与组织自身情况，通过计划的编制、执行和检查，确定组织在一定时期内的奋斗目标，有效地利用组织的人力、物力、财力等资源，协调安排好组织的各项活动，以取得最佳的经济效益和社会效益。

从以上解释看，计划还有广义与狭义之分。广义的计划是指编制计划、执行计划和检查计划执行情况三个紧密衔接的工作过程；狭义的计划是指编制计划。

对于计划，我们还可以作进一步的理解。一般可以把计划工作的内容简要概括为六个方面，即What（做什么）——计划的目标、任务与要求；Why（为什么做）——计划的意义、重要性；When（何时做）——计划的时间、进度安排；Where（何地做）——

计划的实施场所、范围；Who（何人做）——计划执行的人员安排；How（如何做）——计划执行的方法、途径，被称为“5W1H”。

2. 计划的性质

组织制订计划的根本目的在于保证管理目标的实现。从事计划工作并使之有效地发挥作用，就必须把握计划的性质。

（1）计划的目的性。组织制订任何一个计划及其辅助计划都是为了实现其总目标或一定时期的目标服务的。没有计划，一个组织就不可能实现其目标。因而，计划的目的性非常明显。

（2）计划的首位性。在组织的管理中,计划是进行其他管理职能的基础或前提条件，即计划在前，行动在后。计划具有首位性的原因，还在于计划影响和贯穿于组织、领导、协调和控制等各项管理职能中。因此，计划职能居于各项管理职能的首位。

课堂讨论

A. 许多成语故事中都提到了把计划放在首位，有哪些呢？

B. 未雨绸缪；工欲善其事，必先利其器；曲突徙薪；防微杜渐等。

（3）计划的普遍性。在一般组织中，计划工作涉及每一位管理者及其员工。一个组织的总体目标确定以后，各级管理人员必须根据自己的工作职责、范围与特点，制订相应的分目标、分计划，以保证组织目标的实现。这些不同层次的计划有机结合在一起，形成了一个计划系统，每一位组织成员都受到其影响。因而，计划具有普遍性。

（4）计划的效率性。计划工作的效率主要体现在时效性和经济性两个方面。时效性是指正确选择制订与实施计划的时机与时间；经济性是指组织计划应该以最小的资源投入获得尽可能多的产出。只有在合理的代价下实现目标，这样的计划才是有效率的。

（5）计划的创新性。计划工作总是针对需要解决的新问题和可能发生的新变化、新机会而做的，因而它是一个创造性的管理过程。正如一项新产品开发的成功在于创新一样，成功的计划也依赖于创新。

重要信息3-1　　计划的作用

管理实践中，计划是管理过程的中心环节，在管理活动中具有特殊重要的地位和作用。

（1）计划是实施管理活动的依据。计划为各种复杂的管理活动确定了数据、尺度和标准，它不仅为管理活动指明方向，还为管理活动提供依据。

（2）计划是明确工作目标的参照。计划制订的目标为各级员工指明了组织发展方向，也使组织各成员能够在明确的目标下统一思想，将自己的行动对准既定目标。

（3）计划是降低风险、掌握主动的手段。在计划制订过程中，组织管理者可以通过科学预测，尽可能地把握未来的各种可能性和变化趋势，从而有效规避各种风险，促进组织目标的实现。

（4）计划是合理配置资源、提高效率的途径。通过计划工作，使组织各种资源在数量、时间、空间上得到科学合理的安排，提升了利用效率，减少了浪费。

3.1.2 计划的类型

计划的种类很多，可以按不同的标准进行分类，主要包括以下几类。

1. 按时间划分，可以分为长期计划、中期计划和短期计划

（1）长期计划。长期计划又称为规划，时间一般在 5 年以上。大都由高层管理者制订，规定组织的总体目标和达到目标的方法。

（2）中期计划。中期计划介于长期计划和短期计划之间，时间一般为 1~5 年。大都由中层管理者制订，比长期计划详细一些。

（3）短期计划。短期计划是针对未来较短时间内所做的工作安排，时间一般不超过 1 年。多由基层管理者制订，与中期计划相比，内容更详细，更具操作性。

2. 按重要性划分，可以分为战略计划和行动计划

（1）战略计划。战略计划是指着眼于组织整体目标和方向的计划，通常由高层管理者制订，是组织较长时期内的宏伟蓝图，如学院整体发展计划。

（2）行动计划。行动计划也称作业计划，是指针对组织内部具体工作问题，在较小范围内和较短时间内实施的计划，通常由基层管理者制订，如设备的维护计划等。

课堂感悟

根据时间、重要性的划分，也反映出计划制订者（管理者）的差别，主要体现在哪些方面呢？（类型、技能素质要求）

3. 按对象划分，可以分为综合计划、部门计划和项目计划

（1）综合计划。综合计划是具有多个目标和多个方面内容的计划。究其对象而言，涉及组织内部的多个方面，如企业年度经营计划。

（2）部门计划。部门计划是组织内部具体部门的工作计划，是为了达成组织目标中的部门目标而制订的，如企业人力资源计划。

（3）项目计划。项目计划是组织为特定活动制订的计划，如企业新产品开发计划。

4. 按表现形式划分，可以分为目的或使命、目标、战略、政策、程序和规则、方案、预算

（1）目的或使命。组织的目的或使命是指组织机构的抱负、价值观和存在的意义。如大学的使命是教书育人、科学研究。

（2）目标。组织目标是指各项活动的目的和结果，也是管理活动所要达成的目标。

（3）战略。战略是为了达到组织总目标而采取的行动和利用资源的总计划。

（4）政策。政策是指在决策或处理问题时用来指导或沟通决策思想与行动的规定。

（5）程序和规则。程序是指处理未来活动的一种必需方法的计划。它详细列出必须完成某类活动的切实方式，并按时间顺序对必要的活动进行排列。规则是处理某些事项的准则或制度，是最简单形式的计划。

（6）方案。方案是一个综合的计划，它包括目标、政策、程序、规则、任务分配、要采取的步骤、要使用的资源以及为完成既定行动方针所需要的其他因素。

（7）预算。预算是一份用数字表示预期结果的报表。预算通常是为计划服务的，其本身可能也是一项计划。

3.1.3 计划的编制

任何计划工作都要遵循一定的程序或步骤。在管理实践中，有些小型计划比较简单，有的大型计划较为复杂，但是，管理人员在编制计划时，其工作步骤都是相似的，基本程序依次包括以下内容。

1. 分析环境

在制订计划之前，管理者首先要考虑组织面临的各种环境因素，这里的环境因素包括组织内部环境与组织外部环境。通过对组织环境的分析，预测其未来可能出现的变化，在此基础上，正确认识组织的优势、劣势及所处的地位、组织利用机会的能力、不确定因素对组织可能产生的影响程度等。最终，使计划制订人员能够清晰而完整地认识组织发展的机会，并确定可行性目标。

确切地讲，这项工作并非制订计划的正式过程，但它是整个计划工作的起点。管理者只有通过环境分析、估量发展机会，才能为组织发展确立切实可行的目标。

课堂讨论

A. 制订计划之前，需要进行环境分析，有大环境与任务环境，分别指什么呢？

B. 大环境：经济、政治、社会、技术、法律；任务环境：主要指产（行）业环境。

2. 确定目标

制订计划的第二步是在认识机会的基础上，为整个组织及其所属部门确定目标。目标是指期望达到的成果，它为组织整体、各部门和各成员指明了方向，描绘了组织未来的状况，并且作为标准可用来衡量实际的绩效。计划的主要任务，就是将组织目标进行层层分解，以便落实到各个部门、各个活动环节，形成组织的目标结构，包括目标的时间结构和空间结构。

3. 确定前提条件

计划工作的前提条件是指计划工作的假设条件，也就是计划实施时的预期环境。负责计划工作的人员对计划前提了解得越细越透彻，并能始终如一地运用它，则计划工作也将做得越协调。

确定计划的前提条件主要通过预测进行。按照组织的内外环境，可以将计划工作的前提条件分为外部前提条件和内部前提条件；还可以按照可控程度，将计划工作前提条件分为不可控的、部分可控的和可控的三种前提条件。外部前提条件大多为不可控的和部分可控的，而内部前提条件大多数是可控的。不可控的前提条件越多，不确定性越大，预测工作的难度就越大，对计划制订人员的素质要求就越高。

管理实务3-1　福特公司的新车计划

1957年，福特汽车公司开始生产“埃德塞尔”牌新汽车，计划与通用汽车公司和克莱斯勒汽车公司在较高价格的汽车市场进行竞争。为了激起公众对新汽车的兴趣，在“埃德塞尔”实际问世前一年就大力进行了广告宣传。根据福特公司一位高级经理所说，在第一年中，计划是生产20万辆。但在两年后，也就是在实际生产了11万辆“埃德塞尔”之后，福特公司无可奈何地宣布，它犯了一个代价昂贵的错误。在花了2.5亿美元进入市场之后，“埃德塞尔”在问世两年内估计还亏损了2亿多美元。

其实，福特公司计划向高端市场发展时，实际上已经失去了很大一部分传统市场。另外，“埃德塞尔”计划是在经济衰退时期较高价格汽车市场收缩的情况下实施的，同时，日本经济型小汽车正开始赢得顾客的赞许。更为关键的是，推向市场的“埃德塞尔”的车型和性能没有达到其他同样价格汽车的标准。

评析：管理者在制订计划时，一定要详细分析所面临的环境，确定切实可行的目标，同时，应准确预测计划实施的前提条件，尽量减少不可控因素对计划的影响。

4. 拟订备选方案

编制计划的第四个步骤是拟订备选的行动方案。计划的前提条件确定之后，管理人员应该拟订多种可行的计划方案，用来评价抉择。“条条道路通罗马”，实现某一目标的方案和途径往往是多样的。编制计划时，更加常见的不是寻找更多的可供选择的方案，而是减少可供选择方案的数量，以便可以分析确定最有希望的方案。

5. 评价备选方案

评价备选方案就是要根据计划目标和前提，权衡各种因素，比较每个方案的优缺点，对其做出评价。有的方案看起来可能是最有利可图的，但是需要投入大量现金，而回收资金很慢；有的方案看起来可能获利较少，但是风险较小；有的方案目前看短期没有多大的利益，但可能更适合公司的长远目标。这就要求管理人员根据组织目标并结合自己的经验，对方案做出判断。

管理实务3-2　嫦娥三号的软着陆

2013 年 12 月 2 日 1 时 30 分，“嫦娥三号”从西昌卫星发射中心成功发射。稳稳当当地在月球表面实现“软”着陆是一个难题。一般软着陆方式卫星降落伞式、缓冲气垫式和火箭反推式三类选择。

然而，月球上是真空状态，降落伞不能用，气垫也会极度膨胀。唯一的选择就是整个的降落的过程完全用着陆器底下的发动机往反方向，即在底下往上推，减缓着陆器的下降速度。研究人员通过多次测试，做出计划：“嫦娥三号”下降到 100 米高度的时候悬停，运用其智能，观察月球表面，看到特别平缓的地方，才会决定下降。此时，软着陆发动机降开始工作，经过周密计算，用多大的能量，发动机点火多少时间，慢慢让它降下来，最后到达距月面 4 米高的地方，把所有的发动机关掉，就是自由落体了，当然能确保着陆器上所携带的东西以及月球车能够完整、完好、安全地降落在月球表面。

评析：“嫦娥三号”在月球表面软着陆仅仅是浩大的探月工程中的一个环节，但是，这里已经包含着航天人员无数次周密的计算、测试，把各种因素都考虑到，最终制订出切实可行的计划，才使五星红旗亮相月球。

6. 选择方案

在对备选方案比较评价的基础上，管理人员根据组织目标选定一个最合理、最满意的方案。这是计划流程中的关键一步，也是做出决策的实质性阶段。可能遇到的情况是，有时会发现同时有两个以上可取方案。在这种情况下，必须确定首先采取哪个方案，而将其他方案也进行细化和完善，作为后备方案。

7. 制订派生计划

派生计划是指总计划下面的分计划、子计划，其基本作用是支持总计划的落实。只有在完成派生计划的基础上，才可能完成总计划。拟订派生计划时，要使有关部门和人员了解组织的总体计划目标、计划前提、主要政策、抉择理由，掌握总体计划的指导思想和内容，协调并保证各派生计划的方向一致。

8. 编制预算

计划工作的最后一步是把计划转变成预算，使计划数字化。编制预算，一方面是使计划的指标体系更加明确，另一方面是使企业更易于对计划执行过程进行控制。定性的计划往往在可比性、可控性和进行奖惩方面比较困难，而定量的计划则具有较硬的约束。

重要信息3-2　　计划书的内容与构成

不同类型的计划，计划书格式会有所不同，但是，一些基本的结构与内容是共同的。

工作计划的内容一般包括：①组织内外环境（背景）分析；②确定工作目标（任务）；③制订行动（工作）方案，包括工作任务、要求、方法、途径、措施等；④资源配置，包括人、财、物、时间要求等。

工作计划的主要构成包括：①封面，包括标题、编制人、编制时间；②序言，包括计划概要、目录；③正文，包括环境或问题分析、行动目标、工作方案、资源配置等；④附件，包括计划指标体系、进度表，以及其他相关资料。

课堂测评

测评要素	表现要求	已达要求	未达要求
知识点	能掌握计划的含义		
技能点	能初步认识计划编写的主要技能要求		
任务内容整体认识程度	能概述计划职能与管理职能的关系		
与职业实践相联系程度	能描述计划对组织的实践意义		
其他	能描述与其他课程、职业活动等的联系		

3.2 目标管理认知

任务提示：计划与决策学习的第二课，学习者认识目标管理的含义，在此基础上认识目标管理工作活动，并能够初步了解其内容与要求；理解目标管理工作对组织计划实施，特别是对企业的意义与作用。

在计划中多次提到了“目标”一词。这里的目标是指部门或整个组织所期望的成果、要解决的问题，是计划的核心要素。要进行科学的计划工作，必须正确地制定目标。

那么，什么是目标管理呢？从组织的角度看，目标管理又意味着什么呢？目标管理与计划的关系又是怎样的呢？

3.2.1 目标管理的含义

目标管理（management by objective，MBO）是在科学管理与行为科学理论基础之上形成的一套管理制度。1954 年，美国著名管理学家彼得·德鲁克（Peter Drucker）在其著名著作《管理实践》中最先提出了“目标管理和自我控制”的主张。德鲁克认为，有了目标才能确定每个人的工作，“企业的使命和任务，必须转化为目标”，如果一个领域没有目标，这个领域的工作必然被忽视。

目标管理提出以后，在美国迅速流行，并很快为日本、西欧国家的企业效仿。我国企业于 20 世纪 80 年代开始引进目标管理法，并取得较好的成效。

1. 目标管理

目标管理思想认为，管理者应该通过目标对下级进行管理，当企业最高管理层确定了组织目标后，必须对其进行有效分解，转变成各个部门以及每个人的分目标，管理者根据分目标的完成情况对下级进行考核、评价和奖惩。

重要名词3-2　目标管理

目标管理是指组织中的上级和下级一起协商，根据组织的使命确定一定时期内组织的总目标，并由此决定上、下级的责任和分目标，并把这些目标作为组织经营、评估和奖励每个单位和个人贡献标准的一种程序或过程。

从其含义可知，目标管理打破了传统计划、决策职能中确定目标时单一的“自上而下”的转化方式，采用了“自下而上”和“自上而下”相结合的方式。目标管理不是用目标控制、约束，而是用它来激励下级。目标管理的核心就是目标，它清楚地表明了每个人、每个具体岗位为了共同目标和企业的战略应该怎样去做或如何去做。它通过一系列的程序与方法把企业中每一个人的努力和奋斗目标都联系在一起，从而使企业能够有效运作。

显然，在目标管理中，制定目标时，既充分考虑到员工的需求，又让员工参与了制定过程，使企业目标能够被组织员工广泛知晓与理解。这样，目标就成为鼓舞员工奋斗的武器，实现过程也就有了员工充分的支持。

2. 目标管理的特点

目标管理指导思想上是以Y理论为基础的，即认为在目标明确的条件下，人们能够对自己负责，具体方法上则是泰勒科学管理的进一步发展。因此，我们也不难理解，彼得·德鲁克在其《管理实践》中还最先提出“人力资源”的概念，初步形成了完整的“对人的管理”的思想。

与传统管理方式相比，目标管理具有以下鲜明特点。

（1）重视人的因素，强调自我管理。目标管理强调管理者与被管理者共同参与，把个人需求与企业目标结合起来。这一制度下，上、下级之间是平等、尊重、依赖、支持的关系，下级在承诺目标和被授权之后是自觉、自主和自治的，即“自我控制的管理”，替代了传统意义上“压制性的管理”。

（2）建立目标体系，提升管理效率。目标管理中，通过专门设计，将企业整体目标逐级分解，转换为各单位、各员工的分目标。从企业目标到经营单位目标，再到部门目标，最后到个人目标。在目标分解过程中，权、责、利三者明确，相互对应。这些目标方向一致，环环相扣，相互配合，形成协调统一的目标体系，从而达到整体协调，提高了管理效率。

（3）绩效反馈，重视成果。目标管理以制定目标为起点，以目标完成情况的考核为终结。工作成果是评定目标完成程度的标准，也是人事考核和奖评的依据，成为评价管理工作绩效的唯一标志，所以又被称为成果管理、责任制。至于完成目标的具体过程、途径和方法，上级并不过多干预。所以，在目标管理制度下，监督的成分很少，而控制目标实现的能力却很强。

课堂讨论

A. 我国许多企业借鉴了目标管理的理论，你知道比较典型的做法有哪些吗？

B. 责任制，在此基础上引申为干部任期目标责任制、承包责任制等。

3.2.2 目标管理的程序

目标管理的具体做法分三个阶段：第一阶段为目标的设立与分解；第二阶段为目标的实施与控制；第三阶段为目标的考核与评定。

1. 目标的设立与分解

企业实行目标管理，首先要制定总目标。总目标体现了企业在一定时期内各项工作的努力方向和管理目的。要求企业高层在认真分析企业所处环境和任务，积极发动员工参与，在广泛听取广大员工意见的基础上，制定出企业的总体目标。

在总目标的基础上，与企业内各部门、员工广泛协商，进行目标分解，把企业的总目标分解成各部门的分目标和个人目标，形成企业目标管理的目标体系。目标分解时要做到上下充分协商、符合企业实际、明确、具体、有重点、有挑战性。

管理实务3-3　分解的马拉松目标

山田本一是日本著名的马拉松运动员。他曾在1984年和1987年的国际马拉松比赛中，两次夺得世界冠军。记者问他凭什么取得如此惊人的成绩，山田本一总是回答："凭智慧战胜对手！"

山田本一在自传中这样写道："每次比赛之前，我都要乘车把比赛的路线仔细地看一遍，并把沿途比较醒目的标志画下来，比如第一个标志是银行；第二个标志是一棵古怪的大树；第三个标志是一座高楼……这样一直画到赛程的结束。比赛开始后，我就以最快的速度奋力地向第一个目标冲去，到达第一个目标后，我又以同样的速度向第二个目标冲去。40多千米的赛程被我分解成几个小目标，跑起来就轻松多了。如果我把目标定在终点线的旗帜上，结果当我跑到十几千米的时候就疲惫不堪了，因为我被前面那段遥远的路吓到了。"

评析：目标是需要分解的，最终目标是宏大的、引领方向的目标，而绩效目标就是一个具体的、有明确衡量标准的目标。当目标被清晰地分解了，目标的激励作用就会显现。

2. 目标的实施与控制

目标的实施与控制是企业实行目标管理的核心内容，是组织或个人完成目标的阶段。在这一阶段，企业要为目标的实现创造良好的工作环境，保证企业在目标责任明确的前提下形成团结互助的工作氛围。这就要求企业管理层逐级授权，充分发挥职工自我控制的能力，同时将管理层的充分信任与完善的自检制度相结合，保证企业具有进行自我控制调整的积极性和制度保障。另外，目标实施中一定要定期检查进度，保证信息及反馈渠道的畅通，以便及时发现问题、采取措施，必要时适当修正目标。

3. 目标的考核与评定

目标成果的考核与评价工作有以下要求：①要坚持标准，严格考核，采用科学方法，上下结合，使考核结果有说服力。②实事求是，重在总结。考核、评定工作，不仅是肯定成绩、区分功过，更是分析总结、改进工作。③奖惩结合，鼓励为主。奖惩分明，才能鼓励先进、鞭策后进，因此考核评定必须有奖有罚。对先进给予肯定表扬，对后进重在帮助分析原因，制定改进措施。

管理实务3-4　无法实现的目标

2020年1月初，某电子产品制造有限公司的王总在深圳市的一次管理技能培训中学习到一些目标管理的方法与程序。他对这种理论印象非常深刻。因此，他决定在公司内部实施这种管理方法。

首先他需要为公司的各部门制定工作目标。王总认为：由于各部门的目标决定了整个公司的业绩，因此应该由他本人为他们确定较高目标。于是，他将2020年各部门的目标在2019年各部门的生产数量基础上提高了60%。同时，把目标下发给各个部门的负责人，要求他们如期完成，并以口头通知的形式说明在计划完成后，他要组织人员亲自核对落实情况，按照目标的要求进行考核和奖惩。但是他没有想到的是中层经理在收到任务书的第二天，就集体反映表示无法接受这些目标，致使目标管理方案无法顺利实施。王总感到很困惑，为什么这么好的管理手段在他这个小公司却无法实施呢？

评析：王总的总目标不明确，只是增加各个部门的任务量；制定目标过程中，未能和下级进行协商，得不到下级的认同。任务通知与奖惩规定停留在口头上，易引发争议。显然，王总并未真正领会目标管理的实质。

3.2.3　目标管理的评价

目标管理作为一种管理方式与其他管理方式一样有其优点与不足，这是一个企业在运用目标管理方式之前应有的基本认识。

1. 目标管理的优点

（1）提升了管理水平。目标管理是一种比较科学有效的管理方法，在运用中往往能够取得立竿见影的效果，如市场份额的提高、成本的控制、利润的扩大等。目标管理使各项活动的目的非常明确，避免了形式主义。

（2）优化了组织结构。目标作为一个体系，规定了各层次的分目标和任务。在允许的范围内，组织机构要按照实现目标的要求来设置和调整，各个职位也应当围绕所期望的成果来建立，这就会使组织结构更趋合理与有效。

（3）明确了工作职责。目标管理使企业各级主管及成员都明确了组织的总目标、部门的分工与合作及各自的任务，从而让各级管理者和工作人员工作职责更加明确，不再只是执行指标任务和等待指导，而成为专心致志于自己目标的人。

（4）提高了控制效果。通过参与目标拟定，员工“自我控制”意识进一步增强。通过目标管理过程中的经常性检查、对比，进一步提高了控制效果。

2. 目标管理的缺点

（1）目标制定困难。在现实中，企业许多岗位工作的目标难以具体、量化，如企业年度利润目标，是各部门、员工共同合作的成果，这种合作中很难确定你已做多少，他应做多少，因此可度量的目标确定也就十分困难。

（2）目标修正不易。在目标管理过程中，如果环境发生了重大变化，上级部门的目标已经修改，下级各部门的目标也必须相应修改。然而，由于目标是经过多方磋商确定的，进行修改需费时费力。

课 堂 测 评

测 评 要 素	表 现 要 求	已 达 要 求	未 达 要 求
知识点	能掌握目标管理的含义		
技能点	能初步认识目标管理的主要工作内容		
任务内容整体认识程度	能概述目标管理与计划的关系		
与职业实践相联系程度	能描述目标管理对组织的实践意义		
其他	能描述与其他课程、职业活动等的联系		

3.3 决策认知

任务提示： 计划与决策学习的第三课，学习者首先认识决策的含义，在此基础上认识决策工作活动，并能够初步了解其内容与要求；理解决策工作对组织，特别是对企业的意义与作用。

在我们日常生活中，常常也会面临决策，如毕业后是参加工作，还是继续升本、考研。对组织管理者来讲，决策是工作的核心，管理工作过程中每一个环节都有决策的影子。那么，什么是决策？作为一种管理职能的构成要素，决策又是怎样的？

3.3.1 决策的含义

诺贝尔经济学奖获得者、经济组织决策管理大师、美国著名管理学家赫伯特·亚历山大·西蒙（Herbert Alexander Simon，1916—2001）认为：“决策是管理的心脏，管理是由一系列决策组成的，管理就是决策。”这句话简明扼要地说明了决策在组织管理人员日常工作中的重要作用。

1. 决策

简单来讲，决策就是做出决定的意思，即对需要解决的问题或处理的事情做出决定。决策有广义与狭义之分，广义的决策是指一个包括提出问题、确立目标、设计和选择方案的过程；狭义的决策是指从几种备选的行动方案中作出最终抉择，由决策者拍板定案。显然，作为基层管理者，更侧重于决策的狭义解释。

重要名词3-3　决策

决策是管理者为实现组织目标，在调研分析的基础上，提出解决问题和实现目标的各种可行方案，并依据评定准则和标准，在多种备选方案中，运用科学理论和方法，从中选择合理方案并付诸实施的管理过程。

2. 决策的意义

行为学派代表人物之一、美国著名管理学家亨利·西斯克认为，决策是计划过程中的一项活动，决策是包含在计划中的。从基层管理者的角度来讲，更多的决策也是在计划实施中进行的。决策的重要意义主要体现在以下方面。

（1）决策是计划职能的核心。计划确定组织未来的发展方向、步骤、规模、发展的具体方法等问题，其中，最为核心的职能就是进行决策。

（2）决策关系到工作目标能否实现。决策的核心内容是对未来行动方案做出抉择，决策的失误必然导致经营管理行为的失败。

3.3.2　决策的类型

现代组织活动的复杂性、多样性，决定了管理决策有多种不同的类型。下面以企业为例，说明决策的分类。

1. 按决策层次划分

（1）战略决策。战略决策是指关系到组织未来生存发展的全局性、长远性重大决策。这类决策旨在提高企业的经营效能，使企业的经营活动与外部环境的变化相适应。战略决策一般由企业高层管理者做出，具有全局性、长期性和竞争性的特点。

（2）管理决策。管理决策是指为实施战略决策，在人、财、物等方面做出的战术性安排。这类决策旨在提高企业的管理效能。管理决策一般由企业中层管理者做出，具有局部性、中期性和战术性的特点。

（3）业务决策。业务决策是指在日常生产经营活动中旨在提高工作效率的决策。这类决策一般由企业基层管理者做出，具有操作性、短期性和日常性的特点。

管理实务3-5　决策成就“尿布大王”

20世纪40年代中后期，日本尼西奇公司仅有30余名职工，主要生产雨衣、游泳帽、卫生带、尿布等橡胶制品，因订货不足，经营不稳，企业有朝不保夕之感。公司董事长多川博从人口普查中得知，日本每年大约出生250万名婴儿，如果每名婴儿用两条尿布，一年就需要500万条，这是一个相当可观的市场。于是，多川博决心放弃尿布以外的产品，把尼西奇公司变成尿布专业公司。经过几年努力，终于创立名牌，成为“尿布大王”。资本仅1亿日元，年销售额却高达70亿日元。

评析：经营决策成功还可以使企业避免倒闭的危险，转败为胜。如果企业长期只靠一种产品打天下，势必潜藏着停产倒闭的危险，因为市场是多变的，人们的需要也是多变的，这就要求企业家为适应市场的需要而决定开发新产品。

2. 按决策问题的重复程度划分

（1）程序化决策。程序化决策又称常规决策，是指对经常重复出现的问题，运用一定的经验、程序和方法来处理的决策，一般用来解决业务问题。如企业中的订货工作的组织管理、不合格产品的处理等就属此类决策。

（2）非程序化决策。非程序化决策是指所解决的问题不是经常出现的，还没有取得处理的经验，完全要靠决策者的判断和信念来解决。如企业中的改扩建决策、新产品开发决策、开辟新的销售市场、商品流通渠道调整、选择新的促销方式等就属此类。

3. 按决策分析的方法划分

（1）确定型决策。确定性决策是指决策的条件或自然状态是明确的，一个方案只有一种结果，从而易于凭结果来判断方案的优劣而进行的决策。这类决策是一种肯定状态下的决策，决策者对决策问题的条件、性质、后果都有充分了解，各个备选的方案只能有一种结果。其关键在于选择肯定状态下的最佳方案。

（2）风险型决策。风险型决策是指在决策过程中提出几个备选方案，每个方案执行下去会有几种不同结果，其发生的概率也可测算，在这样条件下的决策，就是风险型决策。此类型决策中，不论选择哪种方案，都存在一定的风险性。

（3）不确定型决策。不确定型决策是指在决策过程中提出几个备选方案，每个方案有几种不同的结果可以知道，但每一结果发生的概率无法知道。在这样条件下，决策就是不确定型的决策。

A. 我国某著名房地产企业投入巨额资金拟进入新能源汽车生产领域，这属于哪种决策？

B. 如果真出现了，那就属于不确定型决策。

4. 按决策者的不同划分

（1）个人决策。个人决策是由企业领导者凭借个人的智慧、经验及所掌握的信息进行的决策。决策速度快、效率高是其特点，适用于常规事务及紧迫性问题的决策。最大的缺点是带有主观和片面性，因此，对全局性重大问题不宜采用个人决策。

（2）集体决策。集体决策包括会议机构决策和上下相结合决策。会议机构决策是通过董事会、经理扩大会、职工代表大会等权力机构集体成员共同做出的决策。上下相结合决策则是领导机构与下属相关机构结合、领导与群众相结合形成的决策。集体决策的优点是能充分发挥集团智慧，集思广益，决策慎重，从而保证决策的正确性、有效性；缺点是决策过程较复杂，耗时较多。集体决策适宜制定长远规划、全局性的决策。

管理实务3-6　三星决策战苹果

苹果手机是智能手机领域的先锋，强大的品牌力量以及核心用户的忠诚度，都不是三星能模仿的。三星管理层认为，只有避开与苹果在其优势领域的正面冲突，才能逐渐从智能手机市场的众多竞争者中脱颖而出，与苹果形成分庭抗礼之势。

于是，在当前的手机市场，三星不仅有千元内的传统手机，也有旗舰机和更高端的商务至尊手机。三星针对不同人群，开发出不同类型的产品，高中低端多线作战的产品组合策略将三星手机战线拉得很宽，市场可以覆盖极广的范围，这样灵活多变的“机海战术”让所有竞争对手感受到巨大的压力。

多款入门机型的低价产品抓住了用户的需求，同时，顶级机型有多种款式也成为三星明显的优势。而其屏幕尺寸各异的手机产品在最大限度地发挥每款设备优势的同时，既极好地满足了市场需求，也有效降低了过于依赖单一产品的经营风险。

评析：三星的这种独特战略决策是其强力反击苹果的核心武器，多产品线、不同价位、不同特性的产品吸引着不同的消费人群。

3.3.3　决策的程序

管理决策是一个动态的系统反馈过程，如图 3-1 所示。

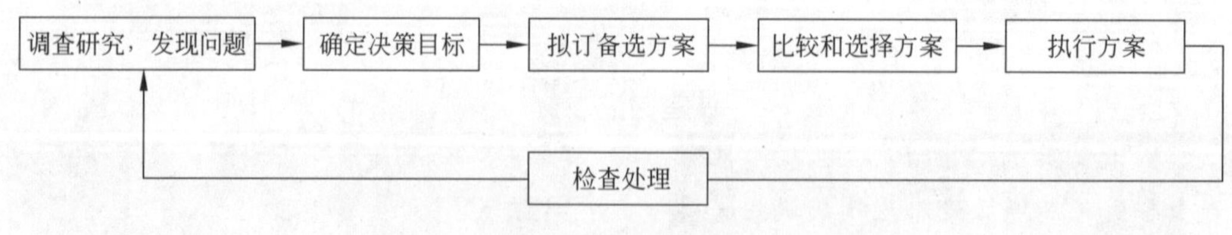

图3-1　决策的程序

1. 调查研究，发现问题

决策的目的是解决问题，因此发现和确定需要解决的问题就成为决策的起点。如果什么问题都不存在，那就没有必要作决策。管理者首先应该在深入调查研究的基础上，明确遇到了什么问题。所谓问题，就是理论状况与实践状况之间的差距，需要做出决策予以解决。这里的问题，可以是消极的，如解决一个麻烦或故障；也可以是积极的，如把握一次发展的机会。

在找准问题的基础上，还应该进一步分析问题产生的原因。寻找问题的原因可以采用连续追问的办法，要不断地追问“这个问题的原因是什么？”“这个原因的原因又是什么？”，一步一步地追问下去，直到找出根本原因。对决策问题的准确把握，有助于提高决策工作的效率，并确保决策方案的质量。

2. 确定决策目标

决策目标是指在一定的环境和条件下，根据预测，希望得到的结果。目标的确定十分重要，同样的问题，由于目标不同，可采用的决策方案也会大不相同。目标的确定，要根据所要解决问题的性质，经过调查和研究，掌握系统准确的统计数据和事实，然后进行由表及里、去伪存真的整理分析，根据对组织总目标及各种目标的综合平衡，结合组织的价值准则进行确定，并力求做到：①目标具体化、数量化；②各目标之间保持一致性；③分清主次，抓好主要目标；④明确决策目标的约束条件。

3. 拟定备选方案

拟定备选方案，即提出两个或两个以上的可行方案供比较和选择。决策过程中要尽量将各种可能实现预期目标的方案都设计出来，避免遗漏那些可能成为最好决策的方案。当然，备选方案的提出既要确保足够的数量，更要注意方案的质量。应当集思广益，拟定出尽可能多的富有创造性的解决问题的方案，这样最终决策的质量才会有切实的保证。

4. 比较和选择方案

比较和选择方案，即对拟订的多个备选方案进行分析评价，从中选出一个最满意的方案。这个最满意的方案并不一定是最优方案，只要能依据决策准则的要求实现预期目标，决策就是合理的、理性的。具体来说，合理的决策必须具备三个条件：①决策结果符合预定目标的要求；②决策方案实施所带来的效果大于所需付出的代价，即有合理的费用效果比或成本收益比；③妥善处理决策方案的正面效果与负面效果、收益性与风险性的关系。决策方案选择的具体方法有经验判断法、数学分析法和试验法三类。

5. 执行方案

方案的执行是决策过程中至关重要的一步。在方案选定以后，就可制订实施方案的具体措施和步骤。通常而言，执行过程应做好以下工作。

（1）制定相应的措施，保证方案的正确执行。

（2）确保有关决策方案的各项内容都为所有的人充分接受和彻底了解。

（3）运用目标管理方法把决策目标层层分解，落实到每一个执行单位和个人。

（4）建立重要工作报告制度，以便随时了解方案进展情况，及时调整行动。

6. 检查处理

一个大规模决策方案的执行通常需要较长的时间，在这段时间中，情况可能会发生变化，必须通过定期的检查评价，及时掌握决策执行的进度，将有关信息反馈给决策机构。决策者依据反馈的信息，及时跟踪决策实施情况，对局部与既定目标相偏离的应采取纠正措施，以保证既定目标实现；对客观条件发生重大变化原决策目标确实无法实现的，则要重新找出问题，确定新的目标，重新制订可行的决策方案并进行评估和选择。

有效决策的标准

3.3.4 决策的方法

决策的方法有很多，大致可分为两大类，即定性决策法和定量决策法。

1. 定性决策法

常用的定性决策法主要有以下几种。

重要名词3-4　定性决策法与定量决策法

定性决策法又称主观决策法，是指在决策中充分发挥专家集体智慧、能力和经验，在系统调查研究分析基础上，根据掌握的情况与资料进行决策的方法，也称决策“软”方法。

定量决策法是指运用数学模型及计算机手段，在对决策问题进行量化分析的基础上进行决策的方法，也称决策“硬”方法。

（1）头脑风暴法。头脑风暴法又称畅谈会法，是由美国人亚历山大·奥斯本提出的。具体做法是邀请专家、内行，针对组织内某一个问题，让大家开动脑筋，畅所欲言地发表个人意见，充分发挥个人和集体的创造性，经过互相启发，产生连锁反应，集思广益，而后进行决策的方法。这一方法有以下要求：①各自发表意见，对别人的建议不作任何评价。②建议不必深思熟虑，越多越好。③鼓励独立思考，奇思妙想。④鼓励互相启发、联想、综合与完善。

（2）德尔菲法。德尔菲法又称专家意见法，是指采用匿名方式通过多轮次征求专家们的意见，专家之间不得互相讨论，不发生横向联系，组织决策小组对每一轮的意见都进行汇总整理，作为参照资料再发给每一个专家，供他们分析判断，提出新的意见。如此反复，专家的意见渐趋一致，最后得出结论，作为决策的结果。

（3）名义小组法。在集体决策中，彼此意见分歧较大时，管理者先选择一些对要解决的问题有研究或有经验的人作为小组成员，并向他们提供有关决策问题的信息。小组成员独立地思考，提出决策建议，并尽可能详细地将自己提出的备选方案写成文字资料。然后召集会议，让小组成员陈述自己的方案。在此基础上，小组成员对全部备选方案投票，产生大家最赞同的方案，并形成对其他方案的意见，提交管理者作为决策参考。

（4）电子会议法。最新的定性决策法是将名义小组法与计算机信息技术相结合的电子会议法。它可以分为局部会议与远程会议两种新式。局部会议是将参与者集中在一个会议室，每人桌上有一台与中心计算机相连的终端机，他们把意见和方案输入终端，然后投影到大屏幕上，大家就各个方案充分展开讨论，最终形成一致意见；远程会议形式多样，包括远程电话会议、网络会议、视频会议等，腾讯会议、阿里钉钉等软件平台就可以实现。

2. 定量决策法

定量决策法一般分为确定型决策、风险型决策和不确定型决策三类。

（1）确定型决策方法。这种决策的自然状态是完全稳定而又明确的，即由于每一个方案的结果都是已知的，决策者可以依照计算结果选择方案，做出理想而精准的决策。确定型决策的方法一般有线性规划等数学模型法、盈亏平衡分析法、边际利润法等。这里主要介绍盈亏平衡分析法。

重要名词3-5　盈亏平衡分析法

盈亏平衡分析法又称量本利分析法，是通过对产品产量或销量、成本、利润之间关系的分析，来研究生产、经营一种产品达到不盈不亏时的产量或收入的一种决策方法。不盈不亏的平衡点称为盈亏平衡点。

如图 3-2 所示，随着产量的增加，总成本与销售额相应增加，当到达平衡点 A 时，总成本等于销售额，即成本等于收入，此时不盈利也不亏损，此点对应的产量 Q 即为平衡点产量；销售额 R 即为平衡点销售额。同时，以 A 点为界线点，形成亏损和盈利两个区域。

图 3-2 中的总成本是由固定成本和可变成本构成的。按照以平衡点产量 Q 或平衡点销售额 R 作为分析依据，可将盈亏平衡分析法划分为盈亏平衡点产量（销量）法和盈亏平衡点销售额法。

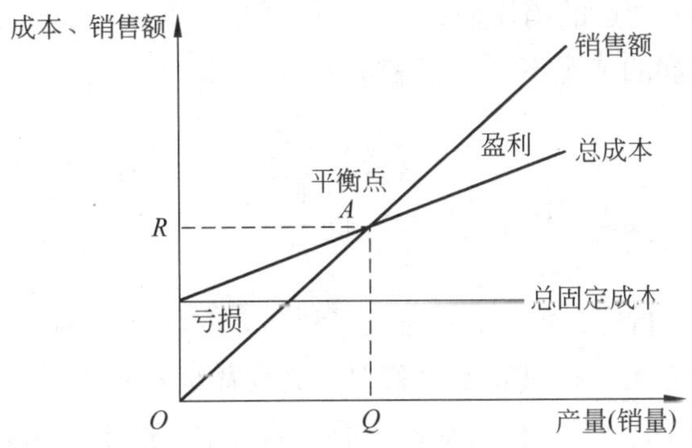

图3-2　盈亏平衡分析图

盈亏平衡点产量（销量）法,即以盈亏平衡点产量或销量作为依据进行分析的方法。其基本公式为

$$Q=\frac{C}{P-V}$$

式中，Q 为盈亏平衡点产量（销量）；C 为总固定成本；P 为单位产品价格；V 为单位可变成本。

当要获得一定的目标利润时，其公式为：

$$Q=\frac{C+B}{P-V}$$

式中，B 为预期的目标利润额；Q 为实现目标利润 B 时的产量或销量。

例 3-1 某公司生产某种学习用电子产品，其总固定成本为 400000 元，单位产品可变成本为 900 元；产品销价为 1300 元，该公司的盈亏平衡点产量应为多少？如果要实现利润 50000 元时，其产量应为多少？

解：

$$Q=\frac{C}{P-V}=\frac{400000}{1300-900}=1000（件）$$

即当生产数量为 1000 件时，公司处于盈亏平衡点上。

$$Q=\frac{C+B}{P-V}=\frac{400000+50000}{1300-900}=1125（件）$$

即当产量为 1125 件时，公司可获得 50000 元的利润。

盈亏平衡点销售额法，即以盈亏平衡点销售额作为依据进行分析的方法。其基本公式为

$$R=\frac{C}{1-\frac{V}{P}}$$

式中，R 为盈亏平衡点的销售额；V 为单位可变成本；P 为产品的价格。

当要获得一定利润的情况下，公式表示为

$$R=\frac{C+B}{1-\frac{V}{P}}$$

式中，B 为预期的目标利润额；R 为获得利润 B 时的销售额。

（2）风险型决策方法。在风险型决策中，决策者对未来可能出现哪种情况无法事先确定，但根据资料和历史情况，其出现各种情况的概率及产生的结果可以大致估计出来。因此在依据不同概率所拟订的多个决策方案中，不论选择哪一种方案，都要承担一定的

风险。风险型决策常用的方法有期望收益决策法、决策树分析法，这里主要介绍决策树分析法。

重要名词3-6　决策树分析法

决策树分析法就是以图解方式分别计算各个方案在不同自然状态下的损益值，通过综合损益值的比较，做出决策。这种方法比较直观、形象化，便于决策者考虑和权衡各种方案的得失，对分析较为复杂的问题尤为适用。

例 3–2　某公司计划未来 3 年生产某种换代学习用电子产品，需要预测生产批量。据公司营销人员预测，这种电子产品的市场状况出现的概率是：畅销为 0.3；一般为 0.5；滞销为 0.2。生产批量数据如表 3-1 所示，求可取得最大经济效益的方案。

表 3-1　各方案损益值表　　单位：万元

方案 \ 状态	畅销（0.3）	一般（0.5）	滞销（0.2）
大批量	40	30	–10
中批量	30	20	8
小批量	20	18	14

根据表 3-1 中的数据，计算各种方案的期望值。

大批量生产期望值为 [40×0.3+30×0.5+（−10）×0.2]×3＝75（万元）

中批量生产期望值为 [30×0.3+20×0.5+8×0.2]×3＝61.8（万元）

小批量生产期望值为 [20×0.3+18×0.5+14×0.2]×3＝53.4（万元）

绘制决策树图，如图 3-3 所示。图中方框称为决策节点，表示做出决策。由决策点引出的直线称为方案枝，每一枝条代表一个方案，并与状态节点连接。状态节点以圆圈表示，它表示选择某一方案后可能出现的情况及其后果。由状态节点引出的直线称为概率枝，每一枝条代表一种自然状态，要在概率枝上简要地说明自然状态的内容和其出现的概率。概率枝的右端写上该方案在该自然状态下的损益值。

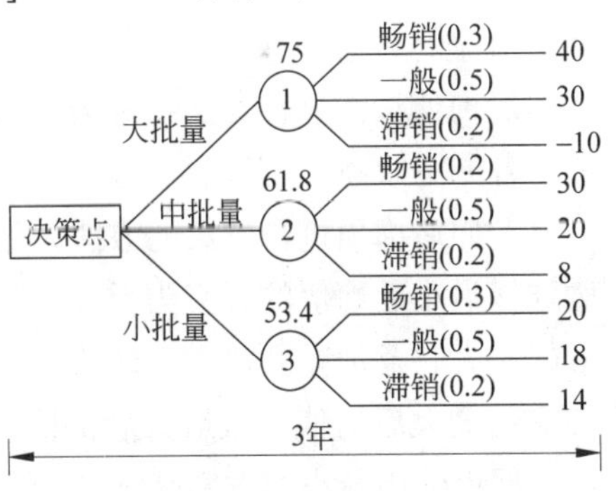

图3-3　决策树图

通过比较，大批量生产期望值最大（75 万元），所以，经过决策分析，公司会选择这一方案。

（3）不确定型决策方法。在不确定型决策中，决策者可能不知道有多少种自然状态，即便知道，也不能知道每种自然状态发生的概率。常用的不确定型决策方法有小中取大法、大中取大法和后悔值法等。下面通过举例来介绍这些方法。

例 3–3　某企业打算生产某产品。根据市场预测，产品销路有三种情况：畅销、一般和滞销。生产该产品有三种方案：A 为改进生产线；B 为新建生产线；C 为与其他企业合作。据估计，在各方案的不同状态下的收益值见表 3-2。问企业应选择哪一个方案？

表 3-2 各方案在不同状态下的收益值 单位：万元

自然状态 / 方案 收益值	畅销	一般	滞销
A：改进生产线	180	120	-40
B：新建生产线	240	100	-80
C：与其他企业合作	100	70	16

小中取大法。这种方法也称作悲观决策法。决策者认为未来会出现最差的自然状态，因此，从最差的结果中选择最好的。具体决策程序是：先从每个方案中选出一个最小收益值。即 A 方案的最小收益为 -40 万元；B 方案的最小收益为 -80 万元；C 方案的最小收益为 16 万元。通过比较，从中选出一个最大收益值的方案作为决策方案。本例中最大收益值为 16 万元，对应的方案是 C。

大中取大法。这种方法也称乐观决策法。采用这种方法的决策者对未来持有乐观看法，认为未来会出现最好的自然状态，因此不论采用哪种方案，都能获取该方案的最大收益。其决策程序是：首先计算各方案在不同状态下的收益，并找出各方案所带来的最大收益。本例中，各方案中的最佳状态下的最大收益值分别为 180 万元、240 万元、100 万元。通过比较，选出最大收益值的方案作为决策方案。本例中最大收益值为 240 万元，对应的方案是 B。

后悔值法。这种方法又称为大中取小法。后悔值是指在某一自然状态下的最大收益值与各方案收益值之差。

按照后悔值进行决策的方法，先要找出各个方案的最大后悔值，然后从最大后悔值中选择最小后悔值的方案为最优方案。采用这种方法进行决策的程序：首先用自然状态下的最大收益值减去该方案的收益值，求得各方案后悔值，如表 3-3 所示。找出每一种方案的最大后悔值，从最大后悔值中选择后悔值最小的方案作为所要的方案。本例中，最大后悔值中最小的方案是 A。

表 3-3 各方案在自然状态下的后悔值 单位：万元

自然状态 / 方案 后悔值	畅　销	一　般	滞　销	最大后悔值
A 方案	240-180=60	120-120=0	16-（-40）=56	60
B 方案	240-240=0	120-100=20	16-（-80）=96	96
C 方案	240-100=140	120-70=50	16-16=0	140

课堂测评

测评要素	表现要求	已达要求	未达要求
知识点	能掌握管理的含义		
技能点	能初步认识管理职能包含的主要工作内容		
任务内容整体认识程度	能概述管理职能与管理活动过程的关系		
与职业实践相联系程度	能描述管理对组织的实践意义		
其他	能描述与其他课程、职业活动等的联系		

单元3小结

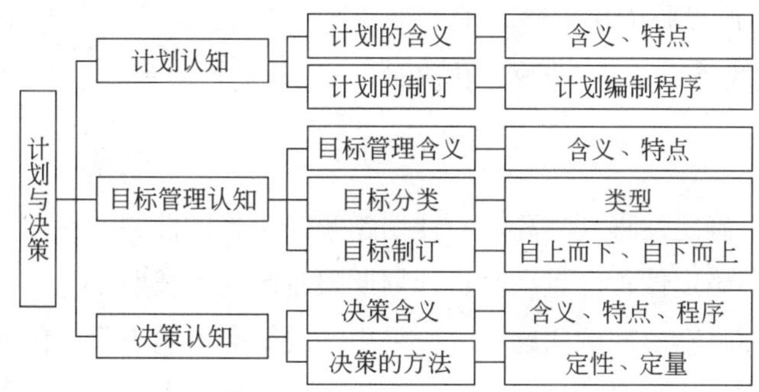

教学做一体化训练

重要名词

计划　目标管理　决策　定量决策法　定性决策法　量本利分析　决策树法

课后自测

一、选择题

1. 狭义的计划是指（　　）。
   A. 执行计划　B. 制订计划　C. 计划准备　D. 检查计划
2. 下列涉及计划工作基本特征的说法错误的是（　　）。
   A. 计划工作普遍存在　B. 计划工作居首要地位
   C. 计划是一种无意识形态　D. 计划工作要讲究效率
3. 计划工作的核心是（　　）。
   A. 组织　B. 决策　C. 预测　D. 领导

4. 战略性计划一般由（　　）负责制订。

A. 董事会　B. 高层管理人员　C. 中层管理人员　D. 基层管理人员

5. 年度计划一般属于（　　）计划。

A. 生产　B. 长期　C. 中期　D. 短期

6. 首先把目标管理作为一套完整的管理思想提出的是（　　）。

A. 泰勒　B. 梅奥　C. 赫伯特·西蒙　D. 彼得·德鲁克

7. 按所涉及的范围和重要程度决策可分为（　　）。

A. 程序化决策和非程序化决策　B. 战略、战术和业务决策

C. 确定型、风险型和不确定型决策　D. 群体决策和个体决策

8. 进行决策时，未来状况全部确定，但其结果不能肯定的决策属于（　　）。

A. 确定型决策　B. 风险型决策　C. 不确定型决策　D. 定性决策

9. 高层管理者所面临的决策倾向于（　　）。

A. 程序化决策　B. 非程序化决策　C. 战略性决策　D. 作业性决策

二、判断题

1. 当环境的不确定性程度越高时，计划越倾向于具体性的。（　　）
2. 当环境的不确定性程度越高时，计划期限越倾向于长期。（　　）
3. 当管理者面临新出现的问题时，所采用的决策类型属于程序化决策。（　　）
4. 管理者面临的决策多数是完全程序化的或完全非程序化的。（　　）
5. 一般而言，群体决策较个人决策具有更高的决策效率。（　　）
6. 目标管理中所强调的自主管理是指下属自主制定目标。（　　）
7. 目标管理主张目标的设定必须是参与式的。（　　）

三、简答题

1. 什么是计划？
2. 计划有哪些作用？
3. 一份计划书包括哪些内容与构成？
4. 决策有哪些特点？
5. 决策有哪些类型？
6. 目标管理的含义是什么？它有哪些优缺点？

四、案例分析题

李佳面临的决策

李佳最近受委派担任西部地区一家有360间客房的高级酒店的总经理。作为

东南沿海经济发达地区一家连锁酒店的副总，因其专业背景和敬业精神，被公司委以重任，总公司希望她能够运用其成功的经验带动西部地区这家酒店的发展。

这家酒店四年前开业，开业后曾以服务优良和富有传统特色而闻名。两年后店方的主管部门频繁替换总经理，已换了七任，其中包括从境外请的三家酒店管理公司。当李佳就任时，该店服务质量已大大下降，与过去名声不相称。客人抱怨越来越多；老客户的续订率日趋下降；客人对服务人员的冷漠、缺乏礼貌与三言两语的草率回答、不规范的服务时常投诉。

第一个月，李佳走遍饭店各部门，了解情况，尽量同员工接触交谈。她发现员工更衣室乱七八糟，地板肮脏不堪，卫生间无肥皂、毛巾，马桶坐圈丢失，房门破损。其他员工区也同样杂乱无章，墙壁的油漆、灰泥严重剥落。员工食堂的伙食差，厨具变形、不洁，食堂灯光暗淡。她完全可以设想，服务员将美味可口的食物送进套房后，只能回到一个肮脏的“地牢”里去而产生的心理落差。

她惊异地发现，这家运作了几年的高星级饭店竟然没有一套适合本店的管理模式；对中高层管理者开业来没有做过一次系统的培训；上司指挥下属很费劲，有时还要看下属的脸色行事，因为下属认为你今天在台上，明天就不一定还在。

李佳向人事部门了解员工录用情况，发现员工只要填一张申请表就立即安排工作。为了节省劳动力成本，从乡镇招了不少临时工，也用了一些下岗“大嫂”，可岗前培训只有半天，甚至有的没有进行岗前培训。除了顶头上司的评语外，没有工作评估。原来打算在人事部办公室外设立的布告栏从未设立过，重要人事布告没有固定张贴场所。骨干员工已流失不少，有些部门经理正在寻找合适单位。

李佳还发现酒店存在严重语言障碍，影响与客人的交流。在近1000名员工中，一线服务员有1/3不能讲英语，员工之间相识而不知其部门和名字者甚多。

此外，她发现前台工作人员从未去过本店的客房，更不要说以客人身份在里面度过一夜，他们怎能热情地向潜在客人介绍客房的特色呢？同样，酒店的6个餐厅经理只在本餐厅就餐，不了解其他餐厅的情况，也不了解其他饭店的餐饮经营情况。酒店的15个部门经理也同样不了解其他部门在干什么。信息不灵和缺乏协调使部门间问题成堆，而客人则首当其冲受到影响。

阅读以上材料，回答问题：

1. 李佳面临着什么样的管理问题？她该做出什么样的决策？

2. 从决策程序的角度，李佳该怎样做？

3. 从决策分类的角度看，李佳的决策属于哪一类型？

同步实训

认识计划工作

实训目的

通过对身边的组织或学习生活分析，认识计划编写工作。

活动安排

1. 学生分组收集、归纳身边的管理情境或事例，讨论制订不同计划，如学期学习计划、考取资格证书计划、校外兼职计划、班级活动计划、学生社团活动计划等。

2. 分析计划编制的过程，如怎样入手、考虑了哪些因素、形成了哪些备选方案、最终选定了什么方案等。归纳出对计划工作的认识，并将活动成果做成 PPT 展示交流。

教师注意事项

1. 由生活事例、企业经营事例导入对计划含义及职能的认识。
2. 提供一些生活事例或企业管理案例，组织学生讨论。
3. 组织寻找其他相应学习资源。

资源（时间）

1 课时、参考书籍、案例、网页。

评 价 标 准

表 现 要 求	是否适用	已达要求	未达要求
小组活动中，外在表现（参与度、讨论发言积极程度）			
小组活动中，对概念的认识与把握的准确程度			
小组活动中，角色扮演的精准度			
小组活动中，文案、PPT 制作的完整与适用程度			

拓展实训

认识企业计划工作

实训目的

通过接触企业实际，认识企业计划工作。

活动安排

1. 学生参观实训基地企业，了解企业计划管理情况。

2. 分别从人员、资金、物资等计划管理工作中选出一个方面，分组进行素材采集，并写出管理计划分析报告，制作PPT，分小组展示，教师点评。

教师注意事项

1. 由生活事例、企业经营事例导入对计划工作的认识。

2. 提供一些企业管理制订计划案例，组织学生讨论。

3. 组织其他相应学习资源。

资源（时间）

1课时、参考书籍、案例、网页。

评 价 标 准

表 现 要 求	是否适用	已达要求	未达要求
小组活动中，外在表现（参与度、讨论发言积极程度）			
小组活动中，对概念的认识与把握的准确程度			
小组活动中，角色扮演的精准度或担当任务的完成度			
小组活动中，文案、PPT制作的完整与适用程度			

学生自我总结

通过完成单元3，我能够做如下总结。

一、主要知识

本单元的主要知识： 1. 2.

二、主要技能

本单元的主要技能： 1. 2.

三、主要原理

我认为，计划具有首位性是因为： 1. 2.

四、相关知识与技能

我在完成本单元中学习了以下内容。

1. 计划的解释有：

2. 决策的意义有：

3. 目标管理的特点：

五、成果检验

我完成本单元的成果如下。

1. 完成本任务的意义有：

2. 学到的知识或技能有：

3. 自悟的知识或技能有：

4. 我对计划与决策工作的看法是：

单元 4

组织认知

学习目标

1. 知识目标

- 能认识组织及组织工作的含义。
- 能认识组织设计的含义与内容。
- 能认识组织结构形式。
- 能认识组织运行管理的主要内容。

2. 技能目标

- 能运用组织设计原则进行部门划分。
- 能比较分析组织结构形式。
- 能对组织运行活动有初步认识。

学习任务

组织的目标、计划制订以后，核心任务就是通过合理、高效的组织结构与体制，使它们变为现实。作为管理的载体和重要职能之一，基层管理人员应该在认识组织的含义、组织设计内容的基础上，掌握组织的结构形式及组织管理的主要内容。通过组织设计，确定所要完成的任务、由谁来完成，以及管理协调这些任务。人类的生存与发展离不开组织，组织已经成为一种社会现象。学习者应在此基础上，从整体认识组织，理解管理学中的组织职能，特别是能够运用理论知识分析组织结构形式、组织运行现象。

根据一般管理职业工作活动顺序、职业教育学习规律与能力分担原则，本单元可以分解为以下子任务。

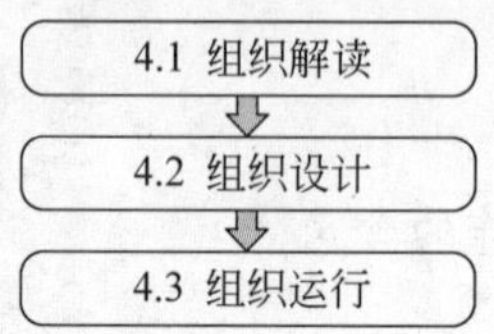

管理故事

我们的这个故事要从大家熟知的中央电视台《动物世界》栏目讲起。随着主持人赵忠祥娓娓动听的解说，电视画面切换到广袤的非洲大草原上，三只瘦弱的小野狗正与一只高大的斑马进行一场生死搏斗。

乍一看，三只弱小的狗几乎不是大斑马的对手。但实际情况是，一只小狗咬住斑马的尾巴，任凭斑马的尾巴如何甩动，也死死咬住不放；一只小狗咬住斑马的耳朵，任凭斑马如何摇头，也绝不松口；一只稍显强壮的小狗咬住斑马的一条腿，任凭斑马如何踢弹，一点也不敢懈怠。经过长时间的搏斗，在三只小狗的齐心攻击下，“庞然大物”斑马终于体力不支瘫倒在地，成为三只小狗的饕餮大餐。

由于自然法则的存在，草原上的血腥故事经年累月地重复着。但是，动物世界有序的分工与协作却是值得人们深思的。

【管理感悟】 在组织设计中，管理者一个很重要的职能就是科学分工，根据实际动态对人员进行最佳配置。只有每个员工都明确自己的岗位职责，才不会产生推诿、扯皮等不良现象。相反，如果队伍中有人滥竽充数，就会导致组织工作效率整体下降。同理，一个企业的成功是离不开有效的组织设计和有限资源的良好配置，更离不开员工之间的相互协作，这就是组织职能的体现。

4.1 组织解读

任务提示： 组织设计的第一课，学习者应该首先认识组织的含义、组织工作的特点与原则，在此基础上理解组织与计划、决策的关系，结合自己日常生活中的组织活动状况，认识组织职能及组织工作的意义。

在人类社会漫长的发展过程中，人们群体活动的主要形式就是组织。在现代社会，我们每个人的生活、学习、工作、娱乐等都与组织关系密切。我们耳熟能详的社会组织包括各类工商企业、大中专学校、医院、政府机构等。此外，在国际事务中，还有世界贸易组织、亚太经合组织、上海合作组织等。

4.1.1 组织的含义

从管理职能的角度看，计划与决策工作重点解决了“组织要做哪些工作”和“要把工作做成什么样”的问题；通过组织工作则重点解决了“组织怎样去做这些工作”的问题。所以，组织既是管理工作的载体，也是重要的管理职能之一。

1. 组织的概念

提到组织，一般有两层含义，一种是动词，即指为了有效实现共同目标，确定组织成员、任务及各项活动之间的关系，对组织资源进行合理配置的过程。这里的组织是管理的一种职能；另一种是名词，是指按照一定的宗旨和目标建立起来的集体，如企业、学校、医院、各级政府部门、各个党派和政治团体等，这些都是组织。

从以上解释可以看出，管理者的组织职能主要包括设计并建立组织结构、设计并建立职权制度体系、进行人员配备、组织的协调与变革等。名词角度的狭义组织是专门就人群而言，通常运用于社会管理中。这是我们学习的重点。

重要名词4-1　组织

从管理职能看，组织是指为了有效实现既定目标而建立组织结构，配备人员，使组织协调运行的一系列活动。从名词角度讲，组织有广义和狭义之分。广义的组织是指由诸多要素按照一定方式相互联系起来的系统。狭义的组织就是指人们为实现一定的目标，互相协作结合而成的集体或团体，如党团组织、工会组织、企业、军事组织等。

2. 组织的特点

从名词的角度看，组织具有以下特点。

（1）有明确的目标。一个社会组织必须具备具体、明确的目标，并能够为全体成员所接受，这是社会组织存在的依据。没有目标就不是组织，而仅仅是一个人群。

（2）有确定的分工。组织成员通过专业化分工与协调，确定了若干岗位及与之相应的职责，每位成员专门从事某项职能工作。

（3）有确定的秩序。通过一些明确的规章制度，组织成员之间形成了一定的权利与责任对等的正式关系，保证了组织内部秩序。

管理实务4-1　　水泊梁山的组织特点

很多人都看过《水浒传》，易中天教授在《百家讲坛》中曾经介绍过梁山的组织特点。梁山是以兄弟关系为基本框架的社会组织，在晁盖时代，“梁山组织”虽然有分工，但组织规范服从于众兄弟的“快活”。作为组织领袖，晁盖既没有明确的主张，也缺乏长远的行动规划，用圈子来管理组织，结果就是“自己人”越来越少。

晁盖是“梁山组织”的创建者，他智取生辰纲、梁山夺泊，奠定了“梁山组织”的根基。宋江才是“梁山组织”辉煌事业的创造者，与晁盖没有明确的“组织大旗”不同，宋江始终拥有鲜明的政治主张，其宗旨非常明确，就是“替天行道”，这面大旗的树立为社会成员进行组织识别和社会区分提供了基础。在工作上，宋江让卢俊义和自己管理军队，吴用等人出谋划策，柴进、李应掌管钱粮。“梁山组织”分工调配组织有序，文武相得益彰，可谓人尽其才，才尽其用，充分激发了整体合力。

评析：如何进行有效的组织管理是很多企业管理人员需要思考的问题。作为企业，必须有明确的目标，建立健全管理机构，合理配备人员，制定各项规章制度，才能实现预定目标。

A. 一个随意聚集的人群不能称作组织，只有具备明确的特点……

B. 明确的目标、分工、秩序。

4.1.2　组织的类型

根据不同划分标准，组织可以分为以下类型。

1. 按组织的规模划分，有小型组织、中型组织和大型组织

在现实的企业组织中，就有小型企业、中型企业和大型企业；同是医疗机构，也有个体诊所、小型专科医院和大型综合性医院；同是行政组织，有小单位、中等单位和大

单位。按这个标准进行分类具有普遍性，不论哪类组织都可以这样划分。

2. 按组织的社会职能分类，有文化组织、经济组织和政治组织

文化组织包括各类学校、研究机关、艺术团体、图书馆、艺术馆、博物馆、展览馆、纪念馆、报刊出版单位、影视电台机关等，一般属于非营利组织。经济组织是一种专门追求社会物质财富的社会组织，它存在于生产、交换、分配、消费等不同领域，工厂、工商企业、银行、保险公司等社会组织都属于经济组织。政治组织是一种为了某个阶级的政治利益服务的社会组织，国家的立法机关、司法机关、行政机关、政党、监狱、军队等都属于政治组织。

3. 按组织内部是否有正式分工关系分类，有正式组织和非正式组织

由霍桑实验以及巴纳德等人的研究成果可知，组织有正式组织和非正式组织之分。如果一个社会组织内部存在着正式的任务安排、人员分工和正式的组织制度，那么，它就属于正式组织。如政府机关、军队、学校、工商企业等，都属于正式组织。但是，任何正式组织中都必然伴随着非正式组织。非正式组织是在组织成员之间感情相投的基础上，由现实观点、爱好、兴趣、习惯、志向等一致而自发形成的结伙关系。这是一种事实上存在的社会组织，这种组织现在正日益受到重视。在一个正式组织的管理活动中，应特别注意非正式组织的影响作用。

A. 非正式组织建立在组织成员之间什么关系基础之上？

B. 建立在感情或志趣相投基础之上。

4.1.3 组织工作

人类由于受到生理的、心理的和社会的种种限制，为了达到某种目的必须进行合作，而合作之所以能有更高的效率、能更有效地实现某种目标，在多数情况下是由于有了组织结构的缘故。因此，分工与合作是组织职能的两大主题，组织职能的目的是设计和维持一种有助于有效集体活动的组织结构，实现组织目标与计划。

重要名词4-2 组织工作

组织工作作为一种管理职能，是指根据组织目标和计划的需要设置部门、岗位，为每个岗位配备相应人员，明确各部门和岗位的职责、职权和相互之间的关系，以使组织协调运行的一系列活动。

组织工作中，设计、建立并维持一种科学、合理的组织结构，是为成功实现组织目标、计划而采取行动的一个连续过程，这一过程主要包括以下工作任务。

1. 制定组织目标，分解业务工作

组织工作的第一步就是在系统分析组织外部环境和内部条件的基础上，提出科学合理的总目标及子目标。进一步分析为实现总目标和子目标需要哪些基本的业务工作或活动，并将相同或相似的工作进行归类划分。

2. 工作设计与部门划分

根据业务的性质、业务量的大小进行工作设计与部门划分，在总体业务活动程序优化的基础上，把性质相同或相近的管理业务工作划归由适当的单位和部门负责。

3. 人员配备

根据工作的性质、内容和方法，确定从事这项工作所需要的条件和任职资格，依据任职条件和资格，挑选、配备人员，并明确其职务、职权和职责。

管理实务4-2　　不拉马的士兵

一位年轻的炮兵军官上任后，到下属部队视察操练情况，发现有几个部队操练时有一个共同的情况：在操练中，总有一个士兵自始至终站在大炮的炮筒下，纹丝不动。经过询问，得到的答案是：操练条例就是这样规定的。原来，条例依据的是古时候马拉大炮时代的规则，当时站在炮筒下的士兵的任务是拉住马的缰绳，防止大炮发射后因后坐力产生的距离偏差，减少再次瞄准的时间。现在大炮不再需要这一角色了。但条例没有及时调整，出现了“不拉马的士兵”。这位军官的发现使他受到了国防部的表彰。

评析：管理工作的重要内容之一就是按照工作性质、任职条件，确定人员配备。企业是发展的，管理者应当根据工作实际变动情况对人员数量和分工及时做出相应调整。否则，队伍中就会出现“不拉马的士兵”。

4. 明确各类人员权责利

授予执行有关各项业务工作或活动的各类人员从事业务活动的职权。管理人员通过这一过程来消除人们在工作或职责方面的矛盾和冲突，建立起一种适合组织成员互相配合的组织结构。

管理实务4-3　　职位的尴尬

小王最近总是遭遇尴尬，作为管理部主任的他，发现自己另一个上司——人事行政部经理与他貌合神离。小王所在的企业是一个典型的家族式企业，人事行政部经理是老板的舅舅，但对公司的后勤总务、保安消防及人事管理事务等均是一窍不通。于是，老板成立了一个管理部，这个管理部由老板直管，并

让小王担任主管，主要负责老板亲手交办事务的跟踪，负责对各部门事务稽查与督察。但是，如果真的如此，也许就没什么问题了。问题是老板还特别让小王兼任人事行政部的主管，负责人事行政部的老板舅舅做不了也管不到的事。于是，一方面，小王需经常要向自己的顶头上司——老板舅舅下达公司的指令；另一方面，小王却要夹起尾巴在老板舅舅的管辖下开展人事行政工作，角色的尴尬也就由此产生了。

评析：这种管理模式背离了"统一领导、统一指挥"的基本原则，任何时候都不能多头指挥，这不仅是管理的铁律，也是组织设计的基本原则。

5. 协调配合

通过明确规定各单位、各部门之间进行业务活动所必需的责、权、利，以及相互关系，把各部门、岗位上下左右有机地组合起来，建立一个能够即时沟通协调、高效运作的管理组织系统。

6. 反馈修正

在组织运行过程中，根据出现的新问题、新情况，对原有组织结构适时进行修正，使其不断完善。

重要信息4-1　组织工作的作用

组织工作的作用主要体现在以下几方面。

（1）通过组织工作协调组织内的各种关系。组织工作是保证分工协作的基础，通过组织工作，使组织内成员明确自己的位置，以及与组织其他成员间的关系，从而保证组织目标的实现。

（2）通过组织工作发挥组织的功能。良好的组织工作能够充分发挥组织的功能，使组织内每一个成员充分认识到自己工作的重要性，尽职尽责地完成任务，从而提高组织的效率和效益，促进组织的发展。

（3）通过组织工作促进组织的变革。组织要适应外界环境的变化，必须不断地进行调整和改革。通过组织工作，可以及时调整并改善组织自身的结构，使其更加合理，效率更高，适应客观环境的发展与变化。

课堂测评

测评要素	表现要求	已达要求	未达要求
知识点	能掌握组织的含义		
技能点	能初步认识组织职能包含的主要工作内容		

续表

测评要素	表现要求	已达要求	未达要求
任务内容整体认识程度	能概述组织职能与管理活动过程的关系		
与职业实践相联系程度	能描述组织工作的实践意义		
其他	能描述与其他课程、职业活动等的联系		

4.2 组织设计

任务提示：组织认知的第二课，学习者应该在认识组织职能的基础上，理解组织设计的任务以及内容，结合自己日常生活中的组织生活情况，认识组织结构的基本形式及其优缺点。

一个组织的目标、计划制订出来之后，紧接着就是通过努力使其成为现实。这就要求管理者按照组织目标与计划的要求，设计出科学、有效的组织结构与制度，以便合理配置有限的资源，促进组织目标的实现。简单来讲，就是设计组织的框架结构。

4.2.1 组织设计的任务

组织设计是一个动态的工作过程，包含众多的工作内容。进行组织设计，要根据组织设计的内在规律性有步骤地进行，才能取得良好效果。

组织设计的任务是设计清晰的组织结构，规划和设计组织中各部门的职能和职权，确定组织中职能职权、参谋职权、直线职权的活动范围并编制职务说明书。

1. 组织结构设计

以企业为例，组织结构设计是以企业组织结构为核心的组织系统的整体设计工作。它是企业总体设计的重要组成部分，也是企业管理的基本前提。

组织结构是一个组织的骨骼系统，健全的组织结构可以是组织的人、财、物、信息等资源要素之间形成良好的配比，并能协调组织内部关系，充分发挥各级人员的积极性，实现组织目标。

重要名词4-3　组织结构

组织结构就是组织的框架体系。具体来讲，就是组织内的全体成员为实现组织目标，在管理工作中进行分工协作，通过职务、职责、职权及相互关系构成的结构体系。

（1）组织结构设计的时机。组织结构设计可能出现的三种情况：①新建的企业需要进行组织结构设计；②原有组织结构出现较大的问题或企业的目标发生变化，需要重新评价和设计原有组织结构；③组织结构需要进行局部的调整和完善。

（2）组织结构设计的影响因素。组织结构设计的影响因素主要包括：①组织目标与任务；②组织所处环境；③组织战略及其发展阶段；④生产技术条件；⑤组织规模；⑥人员结构与素质。

（3）组织结构设计的内容。组织结构设计主要包括横向设计与纵向设计。组织横向设计主要解决职权如何划分、部门如何确立的问题，反映了组织中的分工合作关系；组织纵向设计主要解决管理层次如何划分的问题，反映了组织中的领导隶属关系。

因此，要进行组织结构的设计，首先要正确处理职权划分、部门设计、层次设计三个问题。

A. 为什么说设计组织结构就像是在编织一张奇异的网？

B. 通过横向、纵向设计，使组织的人与事得到有机结合。

2. 管理幅度与管理层次设计

由于受个人精力、知识、经验条件的限制，一名管理者的管理幅度与管理层次都应该控制在一定水平范围内，才能够保证管理工作的有效性。所以，管理幅度与管理层次也是组织设计的重要任务之一。

重要名词4-4　管理幅度与管理层次

管理幅度又称管理宽度，是指在组织内部一名管理者所能直接管理或控制的下级人员的数量。管理幅度的大小，实际反映着上级管理者直接控制和协调的业务活动量的多少。管理层次又称组织层次，是指组织内部从最高层到最低层管理组织的等级。管理层次说明了组织内部纵向的分工关系，各层次承担不同的管理职能。

（1）管理幅度与管理层次的关系。管理幅度与管理层次是影响组织结构的两个决定性因素。幅度构成组织的横向结构，层次构成组织的纵向结构，水平与垂直相结合构成组织的整体结构。在组织条件不变的情况下，管理幅度与管理层次通常呈反比例关系，即管理幅度宽，则管理层次少，反之亦然。其中，起主导作用的是管理幅度，即管理幅度的大小决定管理层次的多少。在管理实践中，采用较小管理幅度时，就会呈现较多管理层次，被称为“瘦长型”组织，相反，采用较大管理幅度时，管理层次相对较少，被称为“扁平化”组织。

（2）管理幅度设计。管理幅度设计应遵循既要有效控制，又要提高效率的原则。管理幅度设计应考虑的因素主要包括：①管理工作的性质，如复杂性、相似性等。②管理人员与下级自身素质。③下级人员职权明确程度。④计划和控制的明确性及其难易程度。⑤信息沟通的效率和效果。⑥组织的变革速度。⑦组织外部环境。

（3）管理层次设计。从一定意义上来讲，管理层次本身带有一定的副作用。如管理人员增加、管理费用上升、沟通协调变得更加困难等。管理层次设计应考虑的因素主要包括纵向职能分工、有效管理幅度、管理效率等。

以企业为例，管理层次设计的主要步骤包括：①按照企业的纵向职能分工，确定基本的管理层次。②按照有效管理幅度推算具体的管理层次。③按照提高组织效率的要求，确定具体的管理层次。④按照组织的不同部分的特点，对管理层次做局部调整。

课堂讨论

A. 管理幅度与层次设计中，哪一个起着主导作用？

B. 管理幅度起主导作用，其大小影响着组织的管理层级。

3. 集权与分权设计

组织设计的另一个重要任务是集权与分权的设计，或者说，如何在组织设计中将集权与分权有效地结合。

重要名词4-5　集权与分权

集权与分权是指职权在不同管理层之间的分配与授予。集权是指较多的权力和较重要的权力集中在组织的高层管理者手里；分权则是指较多的权力和较重要的权力分配给较低层次的管理者。

（1）集权和分权的相对性。集权与分权是相对的。绝对的集权意味着组织中的全部权力集中在一个主管手中，组织活动的所有决策均由其做出。这在现代社会经济组织中显然是不可能的。而绝对的分权则意味着全部权力分散在各个管理部门，没有任何集中的权力，显然，在这种情况下，一个统一的组织也不复存在。所以，在现实社会中的组织，可能是集权成分多一些，也可能是分权成分多一些。在组织设计中，需要考虑的重点是，哪些权力宜于集中，哪些权力宜于分散，在什么样的情况下集权的成分应多一些，何时又需要较多的分权。

（2）集权与分权的优缺点。集权的优点在于有利于组织实现统一指挥、协调工作和更为有效的控制。集权的缺点在于加重了上层管理者的负担，同时易产生官僚主义；不能充分调动下级的积极性与创造性；缺乏弹性与灵活性，难以适应外部环境。分权的优缺点则正好与集权相反。在现代组织管理活动中，总的趋势是组织职权分权化。

（3）集权与分权的设计。集权与分权设计的关键在于所集中或分散的权力的类型与大小。在通常情况下，决策权比执行权更为重要，人事权、财权比一般业务权更为重要；最终决定权比参谋权、建议权、过程管理权更为重要。管理者应根据组织目标的需要，综合上述影响因素，合理地确定集权与分权的权力类型与大小，实现组织职权的科学配置。

管理实务4-4　家乐福的集权之痛

作为大卖场模式的鼻祖、欧洲第一大零售商，家乐福在1995年就进入中国，并将大卖场这一模式引入国内，早年在国内曾一度风光无限。2010年，家乐福总部开始“集权运动”，导致华东地区多名店长、区域经理、采购总监相继离职，而家乐福也尝到了“集权”改革的切肤之痛。

进入中国内地市场20多年来，“单打”形式赋予了家乐福店长更多的权力。这种优势一度让家乐福获得了高于竞争对手的单店盈利能力。然而，也出现了门店贪污、产品质量危机等问题，让家乐福的形象严重受损。于是，一场“集权”改革的大幕由此拉开——设立以城市为单位的CCU（城市采购中心），把门店原有的采购、促销、费用谈判权收到CCU，让CCU负责当地供应链管理。这场改革让店长失去权力，而且所有事宜要通过总部审批。在这种情况下，店长作为家乐福中国体系里的权力中心人物，唯有选择离去。

评析：随着国内交通运输等硬件基础设施的逐步完善，企业规模的不断扩大，家乐福需要找到“分权”与“集权”之间的平衡点，寻找一种更完善的管理模式，既不失去单店作战的灵活性，又能剔除体制弊端。唯有这样，家乐福才能走得更远。

4. 部门划分设计

在组织设计中，企业还应该将完成组织目标所必须开展的各项活动，按照一定的方式加以归并组合，以形成便于管理的单位或部门。这一工作也被称作部门化。部门划分的目的是确定组织中各项任务的分配以及责任的归属，以求分工合理、职责分明，以有效实现组织目标。

重要名词4-6　部门划分

部门划分是指把组织内部的工作与人员划分成若干管理单元，并且组建设立相应的机构或单位的管理活动。

（1）部门划分的时机。组织初创时期，也会进行简单的部门划分。随着组织的发展，职能越来越多，分工越来越细。这时，高层管理者需要反复考虑应设置多少个管理部门、每个职能部门的职责权限是什么。为了增强竞争力，一些企业也会定期或不定期调整部门的划分。显然，部门划分也是组织设计的一个重要任务。

（2）部门划分的原则。部门划分应遵循的原则包括：①有效实现组织目标原则，即部门划分必须以有利于组织目标的实现为初衷或出发点。②专业化原则。按专业化进行分工，将相似职能、产品或服务、业务归集到一个部门。③满足社会心理需要原则。按照现代工作设计原理，既要进行合理分工，又要适当扩展工作内容，使员工感到工作内容丰富充实，具有一定挑战性，从而满足心理需求，激发其工作热情。

（3）部门划分的方法。按划分标志不同，有六种划分部门的方法，如表 4-1 所示。

表 4-1 部门划分的主要方法

划分标准	解　　释	特　　征	适用范围
按人数划分	按照人数的多少来划分部门	只考虑人力因素；部门内人员在同一管理者领导下从事同样的工作	企业基层组织使用较多，如每个班组人数的确定
按时间划分	将人员按照时间进行分组，实行轮换班作业	满足不间断工作要求，保证工作的连续性	常用于基层组织划分。如按早、中、晚三班制进行生产活动的部门
按职能划分	以工作或任务的相似性为基础来划分部门	优点：体现了分工和专业化要求，有利于培养和训练专门人才；缺点：各部门横向协调差，对环境变化适应慢	常用于管理或服务部门
按产品划分	按产品或产品系列来划分部门	优点：能使多元化经营与专业化相结合，促进内部竞争，增强外部环境适应能力；缺点：加重了高层管理者在协调和控制方面的负担，管理费用也会随之增加	常用于制造、销售和服务等业务部门。
按区域划分	将某个地区或区域的业务工作集中起来，委派一位管理者负责	优点：因地制宜，取得地方化经营的优势效益；缺点：需要更多的具有全面管理能力的人员；增加了高层主管对各部门控制的困难，地区之间不易协调	地域分布较广泛的企业的生产经营业务部门
按服务对象划分	根据服务对象的需要，在分类的基础上划分部门	优点：能够为顾客提供更有针对性的服务；缺点：加大了成本，增加了部门之间协调的难度	服务对象差异较大的企业业务部门

管理实务4-5　　联想的组织结构调整

2019 年 1 月 7 日晚，联想集团执行副总裁兼中国区总裁刘军发布内部邮件，宣布联想中国区进行组织结构调整，新设立三大事业部：大客户事业部、中小企业事业部和消费事业部。这是联想时隔 8 个月后的又一次结构调整。

自 2017 年提出“日出东方”战略以来，联想开启了中国区战略转型之路。经过一年多的努力，中国区整体业务重回增长，在“以客户关系为中心”转型上，推动了诸多变革。与此同时，围绕直达客户关系，从客户需求出发，各种 SIoT（Smart Internet of Things，智能物联）技术、产品、服务和解决方案层出不穷，跨界厂商不断扩展生态产业链，联想要加大客户转型的力度，建立更加以客户为中心的组织及运作模式。并为此，进行三大组织调整，聚焦“大客户、中小企业客户及消费客户”三大客户群。

评析：联想集团每年一次的大调整，或许是因为发展过程中遇到的阻碍，又或许是顺应时代的潮流，的确取得了一些成效，但也留下一些缺憾。对一家大规模跨国企业来说，关键在于留住客户，只有产品品质不断提高、创新亮点层出不穷，这些框架上的改变才能锦上添花。

职权类型

4.2.2 组织结构的形式

在管理实践活动中，通过组织机构、职位、职责、职权以及它们之间相互关系的设计，就形成了不同类型的组织结构。组织结构形式主要包括以下类型。

1. 直线制

直线制又称单线型组织结构，是一种最古老、最简单的组织结构类型。其特点是组织系统职权从组织上层“流向”组织基层，上下级关系是直线关系，即命令与服从的关系。优点：①结构简单，命令统一；②责权明确；③联系便捷，易于适应环境变化；④管理成本低。缺点：①有违专业化分工的原则；②权力过分集中，易导致权力的滥用；③只适用于规模较小，生产技术比较简单的企业，如图 4-1 所示。

2. 职能制

职能制组织结构又称多线型组织结构。其特点是采用按职能分工实行专业化的管理办法来代替直线型的全能管理者，各职能部门在分管业务范围内直接指挥下属。优点：①管理工作分工较细；②由于吸收专家参与管理，可减轻上层管理者的负担。缺点：①多头领导，不利于组织的集中领导和统一指挥；②各职能机构往往不能很好地配合；③过分强调专业化。

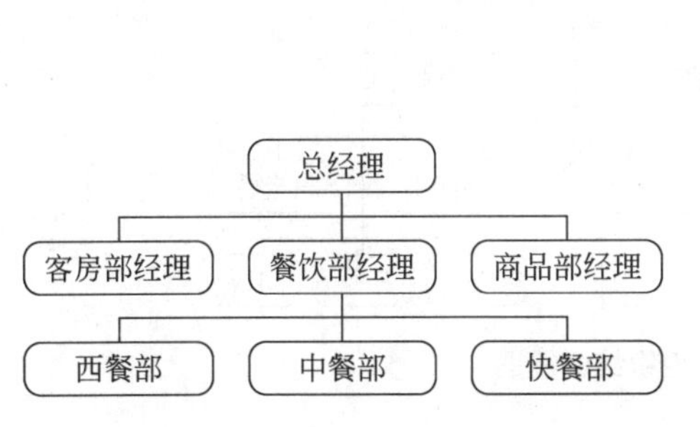

图4-1 直线制组织结构简图

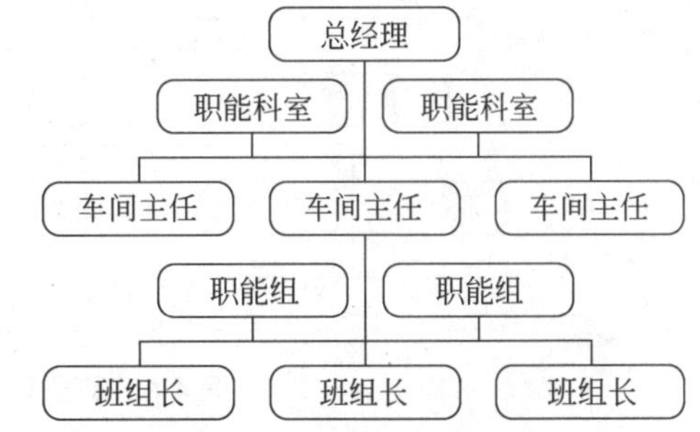

图4-2 职能制组织结构简图

3. 直线—职能制

直线—职能型组织结构又称直线—参谋型组织结构。其特点是吸收了上述两种结构的优点，设置两套系统，一套是直线指挥系统，另一套是参谋系统。优点：①直线主管人员有相应的职能机构和人员作为参谋和助手，能进行更为有效的管理；②可满足现代组织活动所需的统一指挥和实行严格责任制的要求。缺点：①部门间沟通少，协调工作较多；②直线领导和职能部门之间容易发生职权冲突；③整个组织的适应性较差，反应不灵敏。

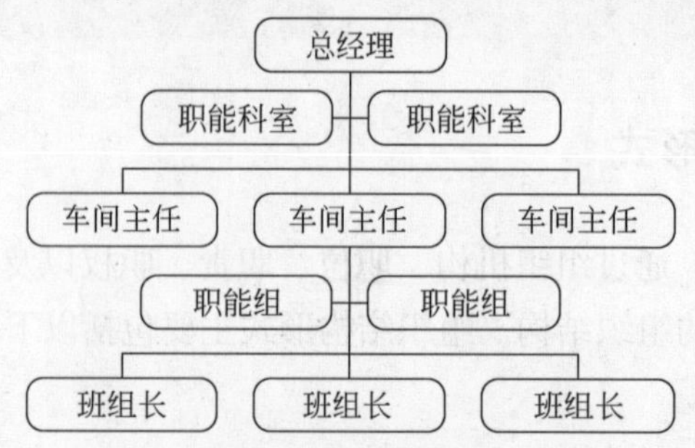

图4-3 直线—职能制组织结构简图

4. 事业部制

事业部制组织结构又称分部制组织结构。其特点是在高层管理者之下，按地区或特征设置若干分部，实行“集中政策，分散经营”的集中领导下的分权管理，每一个事业部就是一个独立核算、自负盈亏的利润责任中心。优点：①有利于高层管理者集中精力搞好全局及战略决策；②有利于发挥事业部管理的主动权。缺点：①职能机构重叠；②分权不当容易导致各分部闹独立，损伤组织整体利益；③各分部横向联系和协调较难。

事业部制适用于规模大、有满足不同市场需求的多产品（服务）的现代企业，如图 4-4 所示。

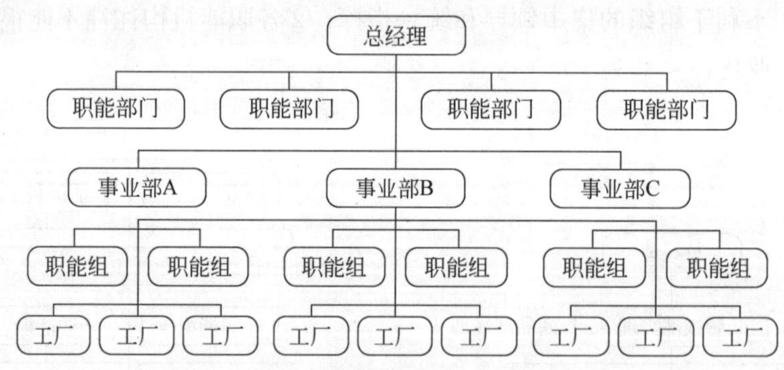

图4-4 事业部制组织结构简图

5. 矩阵制

矩阵制是指既有按职能划分的垂直领导系统，又有按产品或工程（项目）划分的横向领导关系的组织结构类型。其特点表现在围绕某项专门任务成立跨职能部门的专门机构，组织结构形式是固定的，人员却是变动的，需要谁，谁就来，任务完成后就可以离开。优点：①机动、灵活；②任务清楚、目的明确；③方便沟通，激发工作热情；④加强了部门之间的配合和信息交流。缺点：①成员接受双重领导，破坏了统一指挥制度；②工作出现差错时，不易分清领导责任。

矩阵结构适用于一些变动性较大的组织或涉及面广的、临时性的、复杂的重大工作任务，如图 4-5 所示。

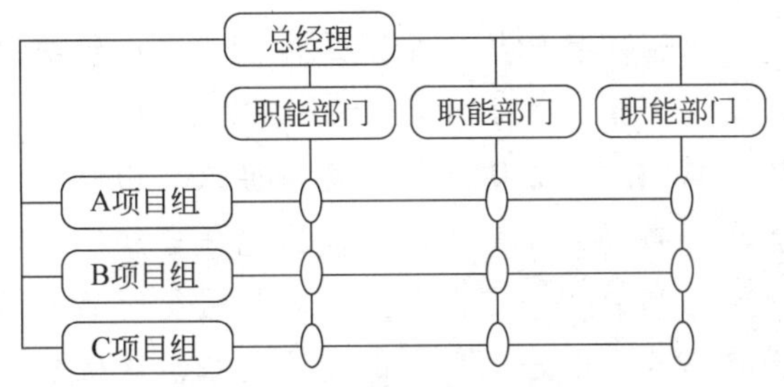

图4-5 矩阵制组织结构简图

6. 项目制

项目制又称跨职能团队，是指围绕一个项目或任务的需要，不同职能人员组成项目团队，专门从事该项目工作的一种组织结构形式。其特点表现在每个项目如同一个公司，完成某一个项目的所必需的人、财、物都被完全分配给这个项目，项目经理对他所负责的项目拥有完全的权力。优点：①领导统一、任务专一；②目标明确，适应性强，可以迅速、有效地对市场和客户需求做出反应。缺点：稳定性不高，资源利用率较低，如图 4-6 所示。

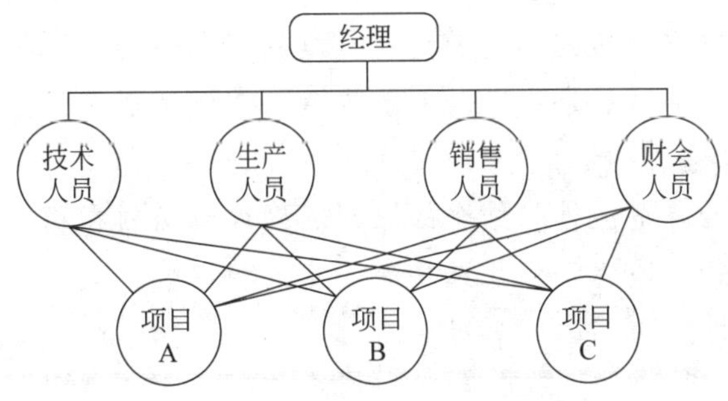

图4-6 项目制组织结构简图

7. 其他组织结构

随着信息技术的发展，互联网渗透到企业经营管理的许多方面，企业的组织结构也出现了新的变化。如通用电气公司总裁杰克·韦尔奇创造了“无边界型组织”这一概念，指的是边界灵活、信息、资源、观念、思维能够自由流动的组织形态。其中，重要的形式就是虚拟组织，即利用一定的信息、通信技术特别是国际互联网将成员联系起来，具有虚拟的组织结构、虚拟的构成人员、虚拟的办公场所以及虚拟的核心能力的组织。另外，通过互联网的开发，将企业所面临的众多分散的信息资源加以整合利用，通过一个界面观察到很多不同的系统，从而实现迅速而准确的决策。这样，又形成了网络组织。

重要信息4-2　　组织设计的原则

组织设计的原则主要体现在以下几方面。

（1）目标统一原则。目标统一原则是指在建立组织结构时，要有明确的目标，并使各部门、员工的目标与组织的总体目标相一致。

（2）分工协作原则。分工协作原则是指组织结构应能反映为实现组织目标所必需的各项任务和工作分工，以及这些任务和工作之间的协调，组织的运行才能精干、高效。一方面要合理划分组织内部各职能部门的工作范围，另一方面要明确专业分工之间的相互关系，这样才有利于从组织上保证目标的实现。

（3）有效管理幅度原则。管理幅度又称管理宽度，是指一个主管人员直接有效指挥下属人员的数量。管理幅度原则是指组织中的主管人员直接管辖的下属的人数应是适当的，这样才能保证组织的有效运行。

（4）最少层次原则。管理层次是组织结构中纵向管理系统所划分的等级数量。管理最少层次原则是指在保证组织合理有效运转的前提下，应尽量减少管理层次。

（5）责权对应原则。为保证组织结构有序和组织工作有效进行，在组织结构的设计过程中，职位的职权和职责要对等一致。

（6）集权与分权相结合的原则。在组织工作中必须正确处理好集权与分权的关系，以保证组织的有效运行。集权应以不妨碍下属履行职责，有利于调动积极性为宜；分权应以下级能够正常履行职责，上级对下级的管理不致失控为准。

（7）稳定性与适应性相结合的原则。管理者必须在稳定与动态变化之间寻求一种平衡，既保证组织结构有一定的稳定性，又使组织有一定的发展弹性和适应性。

课堂测评

测评要素	表现要求	已达要求	未达要求
知识点	能掌握组织设计的含义		
技能点	能初步认识组织设计的主要工作内容		
任务内容整体认识程度	能概述组织设计与管理活动过程的关系		
与职业实践相联系程度	能描述组织结构设计的实践意义		
其他	能描述与其他课程、职业活动等的联系		

4.3 组织运行

任务提示：组织认知的第三课，学习者应该在认识组织设计与组织结构的基础上，理解组织运行的任务以及内容，结合自己日常生活中的组织生活情况，认识组织运行的主要内容与要求。

简单来讲，组织运行就是使已建立的组织架构行动起来。组织运行包括组织工作设计与安排、组织制度的建立、组织冲突的协调、组织文化建设等。组织运行的目标要看是否提高了效率，促进了发展。

4.3.1 工作设计与安排

组织机构建立之后，首先要进行员工赋职，即将工作任务分配给各个部门、岗位与职务，在这一过程中，核心内容是工作设计。通过科学的工作设计、合理的工作安排，组织活动才能运作起来。

1. 工作设计

工作设计主要是组织向其员工分配工作任务和职责的方式，工作设计是否得当对于激发员工的积极性、增强员工的满意感以及提高工作绩效都有重大影响。工作设计是在工作分析的信息基础上，研究和分析工作如何做以促进组织目标的实现，以及如何调动员工的工作积极性。

重要名词4-7　　工作设计

工作设计是指根据组织需要，并兼顾个人的需要，规定每个岗位的任务、责任、权力以及与组织中其他岗位关系的过程。它是把工作的内容、工作的资格条件和报酬结合起来，目的是满足员工和组织的需要。

在工作设计中，使职工对工作满意、起激励作用的是工作内容中的若干核心要素。这些要素从本质上改变了职工的岗位工作，使工作真正成为丰富多彩、富有吸引力的活动。这些因素主要包括以下内容。

（1）工作的广度，即工作的多样性。工作设计得过于单一，员工容易感到枯燥和厌烦，因此设计工作时，尽量使工作多样化，使员工在完成任务的过程中能进行不同的活动，保持对工作的兴趣。

（2）工作的深度。设计的工作应具有从易到难的一定层次，对员工工作的技能提出不同程度的要求，从而增加工作的挑战性，激发员工的创造力和克服困难的能力。

（3）工作的完整性。保证工作的完整性能使员工有成就感，即使是流水作业中的一个简单程序，也要是全过程，让员工见到自己的工作成果，感受到自己工作的意义。

（4）工作的自主性。适当的自主权力能增加员工的工作责任感，使员工感到自己受到信任和重视，认识到自己工作的重要，使员工工作的责任心增强，工作的热情提高。

（5）工作的反馈性。工作的反馈包括两方面的信息：一是同事及上级对自己工作意见的反馈，如对自己工作能力、工作态度的评价等；二是工作本身的反馈，如工作的质量、数量、效率等。工作反馈信息使员工对自己的工作效果有个全面的认识，能正确引导和激励员工，有利于在工作中精益求精。

现代工作设计的基本要领，就在于结合具体情况，将上述五个核心要素灵活运用于职工的岗位工作中，使工作更富有激励性。

课堂讨论

A. 与传统认识相比，现代工作设计充分考虑了人的哪些因素？

B. 考虑到员工在工作过程中的感受、兴趣和需求的满足，使工作变得富有吸引力。

管理实务4-6　麦当劳的工作设计

截至2017年年底，全球有超过37000家麦当劳餐厅，每天为100多个国家和地区的6900万名顾客提供高品质的食品与服务。麦当劳曾经为一个词所困扰——McJob（麦工），它是由McDonald和Job两个词演变而成的，意为低收入、没前途的工作，很大程度上对企业形象、商业利益都构成了影响。为此，麦当劳在工作设计方面做了大量工作。

首先，最基层的员工需要的是鼓励和认可。为此，公司在工作氛围的打造、比赛项目设置与奖励方面做了改进。2003年，符永和还在麦当劳勤工俭学，通过全明星比赛赢得去雅典奥运村麦当劳服务一个月的机会；2004年刚刚拿到毕业证书便登上了去雅典的飞机；2011年，符永和已经是一名餐厅经理，他的下一个目标是营运督导。其次，有志于晋升的中低管理人员更看重的是发展空间。麦当劳在多个公开场合表示，50%的管理员工从内部晋升，而大部分的管理层都从最基层的工种做起。最后，高管们需要更大的吸引力。这时跨国经营管理的机会则正中下怀。作为中国区的高管，陈麒亦和麦当劳（中国）有限公司首席执行官曾启山均来自新加坡。

评析：通过工作氛围营造、激励手段的运用，改变了低收入、没前途的工作形象，使工作真正成为丰富多彩、富有吸引力的活动。

2. 工作安排

工作安排是指将各项具体业务工作分配给各个部门、岗位的活动。工作安排最基本的依据就是按业务工作的类似性分配任务，这就需要对业务工作进行分类，把从事类似业务工作的人集中到一个部门，从而实现职务专业化。同时，分派责任时也应考虑彼此联系密切的程度。有时根据工作需要，也可能将多种性质的业务工作集中到一个部门中来，但这些必须是有密切联系的，以便能最有效地进行工作。同时，要向各个岗位授予履行职责所需要的权力，并实现权责对等。在进行工作安排时，一定要注意下列问题。

（1）减少重复。把生产、经营及管理方面的同类问题，同时分派给不同机构，使他们都有解决问题的权力和责任，这就会发生职责上的重复，造成相互“扯皮”。如果有的特殊问题的确需要几个部门协作才能解决，那么，将该职责授予这几个部门的同时，必须明确划清各自的权限和职责范围，并确定牵头部门。

（2）防止遗漏。某项基本的例行工作，任何机构都没有把它列为自己的工作职责，这就发生了职责的遗漏，造成有事无人管现象。对于例外工作，当多次发生后应及时委派给有关部门列为例行职责。

（3）避免不当。这是指将某项职责委派给了不适于完成这一职责的部门。因此，应将工作交给能最有效解决这一问题的工作部门。

4.3.2 管理制度制定与执行

进行工作设计与安排后，必须通过建立规范的组织管理制度体系将上述职能与职权明确化、制度化。制度体系是指组织为有效实现目标，对组织的活动及其成员的行为进行规范、制约与协调，而制定的兼具稳定性与强制力的规定、规程、方法与标准体系。

1. 管理制度的制定

以企业为例，管理制度主要包括专项管理制度和部门（岗位）责任制。

（1）企业专项管理制度的制定。这是指在企业生产经营过程中，对各项专业管理工作的范围、内容、程序、方法、标准等所做的制度规定。通过企业专项管理制度的制定与实施，明确工作程序、方法与应达到的标准，规范与制约各项管理活动与行为，以保证各项管理工作的科学化与效率化。企业专项管理制度主要包括企业的人事制度、生产管理制度、民主管理制度等一切规章制度。

企业的专业管理制度的内容一般主要包括：①该项管理工作的目的、地位与意义；②做好该项工作的指导方针与原则；③开展该项管理工作的依据和采集信息的渠道；④该项管理工作的范围与内容；⑤管理工作的具体程序、方法与手段；⑥该项管理工作完成的时限与要求达到的标准；⑦该项管理工作的主管部门、承担者与相关部门；⑧该项管理与其他专项管理之间的关系与联系方式等。

（2）部门（岗位）责任制。这是指对工作部门或工作岗位（个人）的工作责任与奖惩所做的规定。部门（岗位）责任制主要包括各部门或工作岗位（个人）的工作范围、工作目标与任务、职责与职权、工作标准、工作绩效与奖惩等。责任制可分为部门责任制和岗位责任制。前者主要规定各职能部门或生产经营单位的工作范围、目标、权限、协作关系等，以保证实行科学有序的管理。后者主要是规定岗位（主要指个人）的职责、工作程序与方法、达到的标准以及相应的奖惩等，以保质保量地完成工作任务。

2. 管理制度的执行

组织制度规范在执行过程中应注意以下几方面。

（1）维护制度的权威性。在实施管理制度过程中，要严格保证制度能够公正、公平、公开地实施，制度面前不能出现特殊化。在组织内部形成人人遵守制度、维护制度、监督制度实施的良好氛围，保证制度的严肃性和权威性不受侵害。

（2）明确责任，狠抓落实，严格执行。组织制度规范的生命就在于执行。再好的制度，如果束之高阁，也是毫无意义的。贯彻执行制度规范，必须有严格的责任制作保证，并狠抓落实，严格执行。

（3）增强创新意识，防止制度僵化。在具体工作实践过程中必须依法办事，保证规章制度的严肃性；同时，一定要结合具体情况，灵活而创造性地执行制度，注重规章制度的实效。

（4）加强考核与监督。制度规范工作的重点在落实，而落实的关键在于考核与监督。执行制度规范，只停留在号召与要求上是远远不够的，而是要做好制度的贯彻落实，实行严格的监督，进行科学的考核。

（5）加大奖惩力度。制度与规范的执行总是有这样或那样的困难，特别是可能涉及利益冲突。因此，必须有较大力度的奖惩加以推进与保证，并放大制度规范的作用。

4.3.3 组织文化建设

组织发展到一定阶段，要想保持其旺盛的生命力和竞争力，单靠制度管理是难以保证管理效率的，必须采用文化管理手段。组织文化既是组织发展的动力，更是管理的工具，文化管理是管理的最高层次。在一个富有凝聚力的组织文化中，组织价值观念深入人心，员工把组织当成自己的家，愿意为了组织目标共同努力，贡献自己的力量，使员工和组织融为一体。

1. 组织文化

在现代管理学里，组织文化是一种企业主动通过一系列活动塑造而成的文化形态，当这种文化建立起来后，会成为塑造内部员工行为和关系的规范，是企业内部所有人共同遵循的价值观，对维系企业成员的统一性和凝聚力有很大的作用。这种新型管理理论得到了现代企业的广泛重视。

企业文化集中体现了企业经营管理的核心主张，以及由此产生的组织行为。从结构来看，企业文化可以分为以下三个层次。

重要名词4-8　组织文化

组织文化是指在一定社会经济条件下，企业通过经营活动实践所形成的，并为全体成员遵循的共同意识、价值观念、职业道德、行为规范和准则的总和，其中，最核心的是价值观。看待一个组织文化的优劣，最关键的就是看该组织的核心价值观如何。

（1）物质层。物质层是组织文化的表层部分，是凝聚本组织精神文化的生产经营过程与产品的总和。优秀的组织文化是通过重视产品的开发、服务的质量、产品的信誉和组织生产环境、生活环境、文化设施等物质现象来体现的。

（2）制度层。制度层是组织文化的中间层次，它把组织物质文化和组织精神文化有机地结合成一个整体。制度层主要是指对组织和成员的行为产生规范性、约束性影响的部分，是具有组织特色的各种规章制度、道德规范和员工行为准则的总和。

（3）精神层。精神层即组织精神文化，它是组织在长期实践中形成的员工群体心理定式和价值取向，是组织的道德观、价值观即组织哲学的综合体现和高度概括，反映全体员工的共同追求和共同认识。精神层是组织文化的核心和灵魂。

管理实务4-7　华为公司的企业文化

（1）民族文化、政治文化企业化。华为学习中国共产党将最低纲领分解为可操作的标准，来约束企业高中层管理者，以高中层管理者的行为带动全体员工的进步。在号召员工向雷锋、焦裕禄学习的同时，又奉行绝不让“雷锋”吃亏的原则。

（2）双重利益驱动。坚持为祖国昌盛、为民族振兴、为家庭幸福而努力奋斗的双重利益驱动原则。

（3）同甘共苦，荣辱与共。团结协作、集体奋斗是华为企业文化之魂。成功是集体努力的结果，失败是集体的责任，不将成绩归于个人，也不把失败视为个人的责任；一律同甘苦，除工作上的差异外，华为人在工作和生活中，上下平等，不平等的部分用工资形式体现。

（4）《华为基本法》所总结的七条核心价值观。

评析：成功的企业文化一般应具有凝聚、导向、激励、约束、协调、维系、教化等功能，从而成就了华为中国IT业龙头老大的地位。

2. 组织文化建设

所谓组织文化建设，是指组织有意识地发扬其积极的、优良的文化，克服其消极的、劣性的文化过程，即使组织文化不断优化的过程。

（1）组织文化定位。以企业为例，要塑造一种优秀的企业文化，必须实行准确的企业文化定位。只有通过准确的文化定位，充分了解、认识企业的过去和现在、方向和目标、长处和不足以及与竞争对手之间存在的差别，才能从中提炼出最具价值的、有别于其他企业的文化要素，最终构建出独具特色的企业文化，彰显企业的个性。企业文化定位可以从行业特征、人力资源、个性特征、消费文化等方面进行。国外一些著名的企业将其核心价值观概括为以下要素，如表 4-2 所示。

表 4-2　组织文化定位七要素

定位要素	要素解释
创新与冒险（creative and risky）	公司在多大程度上鼓励员工创新与冒险
注意细节（notice the details）	公司在多大程度是期望员工做事缜密，善于分析，注意小节
结果导向（result leads）	公司管理人员在多大程度上注意结果，而非强调实现结果的手段与过程
团队导向（team leads）	公司在多大程度上以团队而不是以个人工作来组织活动
人际导向（human relations leads）	管理决策在多大程度上会考虑决策对公司成员的影响
进取心（spirit of enterprise）	员工的进取心和竞争性如何
稳定性（stability）	组织活动重视维持现状或者是重视成长的程度

（2）组织文化建设。组织文化建设的方法众多，企业应该选择适合自身的科学方法，如多形式宣讲、树立先进典型示范、评比激励、活动感染、定向引导、外出参观学习、建立企业创业、发展史陈列室、引进新人、引进新文化、开展互评活动、创办企业报刊、企业文化培训等。

重要信息4-3　　企业文化的作用

（1）企业文化能激发员工的使命感。企业都有它的责任和使命，企业使命感是全体员工工作的目标和方向，是企业不断前进的动力之源。

（2）企业文化能凝聚员工的归属感。企业文化的作用就是通过企业价值观的提炼和传播，让一群来自不同地方的人共同追求同一个梦想。

（3）企业文化能加强员工的责任感。企业要通过大量的资料和文件宣传员工责任感的重要性，管理人员要给全体员工灌输责任意识、危机意识和团队意识，要让大家清楚地认识到企业是全体员工共同的企业。

（4）企业文化能赋予员工的荣誉感。每个人都要在自己的工作岗位、工作领域多做贡献、多出成绩、多追求荣誉感。

（5）企业文化能实现员工的成就感。一个企业的繁荣昌盛关系到每一个公司员工的生存，企业繁荣了，员工们就会引以为豪，会更积极努力地进取，荣耀越高，成就感就越大，越明显。

课堂测评

测评要素	表现要求	已达要求	未达要求
知识点	能掌握组织运行的含义		
技能点	能初步认识组织运行包含的主要工作内容		
任务内容整体认识程度	能概述组织运行与管理活动过程的关系		
与职业实践相联系程度	能描述组织运行的实践意义		
其他	能描述与其他课程、职业活动等的联系		

单元 4 小结

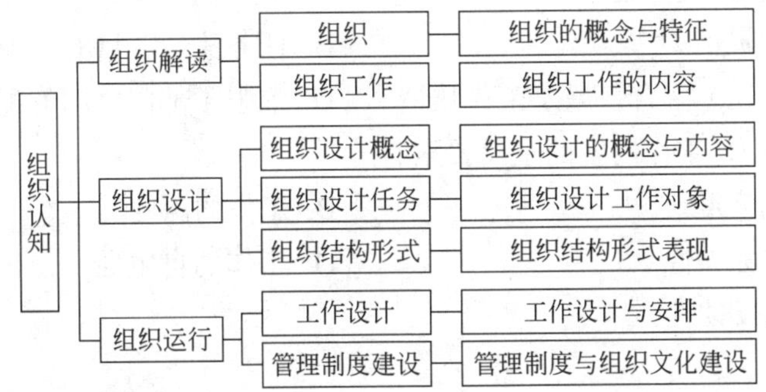

教学做一体化训练

重点名词

组织　组织结构　组织工作　集权与分权　管理幅度与管理层次　部门划分　工作设计　组织文化

课后自测

一、选择题

1. 从名词的角度看，组织（　　）。

A. 有明确的目标　　B. 有确定的分工

C. 有确定的秩序　　D. 有经济活动及收入

2. 组织结构设计的影响因素有（　　）。

A. 组织目标与任务　　B. 组织所处的环境

C. 组织战略及其发展阶段　　D. 生产技术条件

E. 组织规模、人员结构与素质

3. 部门划分主要解决组织（　　）。

A. 纵向结构问题　B. 横向结构问题　C. 纵向协调问题　D. 横向协调问题

4. 直线型组织结构的优点有（　　）。

A. 结构简单，命令统一员工的平调　B. 责权明确

C. 联系便捷，易于适应环境变化　D. 管理成本低

5. 事业部制结构的缺点有（　　）。

A. 职能机构重叠

B. 分权不当容易导致各分部闹独立，损伤组织整体利益

C. 各分部横向联系和协调较难

D. 工作不易调整

6. 矩阵制结构的优点包括（　　）。

A. 机动、灵活　B. 任务清楚、目的明确

C. 能够沟通、融合，激发工作热情　D. 加强了部门之间的配合和信息交流

7. 工作设计中，工作内容的主要要素有（　　）。

A. 工作的广度　B. 工作的深度

C. 工作的完整性　D. 工作的自主性

E. 工作的反馈性

二、判断题

1. 组织结构的本质是成员之间分工合作的关系。（　　）
2. 管理幅度、管理层次与组织规模之间存在着相互制约的关系。（　　）
3. 事业部制中每一个事业部就是一个独立核算、自负盈亏的利润责任中心。（　　）
4. 一般来说，组织越大越应该集权。（　　）
5. 组织文化的核心是企业规章制度。（　　）
6. 劳动分工有助于提高工作效率，分工越细越好。（　　）
7. 矩阵型组织结构中由于实行纵横向双重领导，工作中容易出现矛盾。（　　）
8. 组织文化管理是最高层次的管理。（　　）

三、简答题

1. 组织工作的作用有哪些？
2. 组织结构设计工作内容包括哪些？
3. 什么是管理幅度？
4. 组织设计的原则有哪些？
5. 组织文化的作用有哪些？
6. 组织文化包括哪些层次？

四、案例分析题

耐克的营销组织变革

在一只耐克鞋的脚跟部开了两个“窗子”，人们透过“窗子”可见到鞋底的耐克气垫。销售管理这幅广告画大大吸引了消费者，并且使他们明白了耐克比其他运动鞋技高一筹之处。随后的两年里，耐克的销售管理额紧跟着就翻了两番。

1. 创新的耐克

耐克（Nike）公司成立于1964年，由一位会计师菲尔·奈特和一位运动教练比尔·鲍尔曼共同创立，现已成为领导性的世界级品牌。经过50多年的发展，耐克已成为一个商业传奇，它的成功之道人所共知，就是虚拟生产的商业模式，耐克以优良的产品设计和卓越的营销手法控制市场，而将生产环节外包。有一个家喻户晓的故事：比尔·鲍尔曼先生从妻子的蛋奶烘饼烤模获得灵感，并最终设计出一种新的运动鞋鞋底。今天，耐克公司的产品设计室仍被称作“创新厨房”。

2. 营销组织的变革

在过去的几年里，耐克大力扩张产品线，并增加了新的品牌。耐克的主力商品原来以篮球鞋为主，最近几年则推出高尔夫运动用品系列，并聘请老虎伍兹为代言人，同时加强足球鞋的推广，以迎合足球运动人口增长的需求。目前足球运动用品系列的营业额已高达10亿美元，占有全球25%的市场，在欧洲市场更高达35%的市场占有率。耐克先后并购了高级休闲鞋名牌COLEHAAN、曲棍球名牌BAUER、第一运动鞋名牌CONVERSE和滑溜板名牌HURLY，并放手让各名牌独自经营，取得了不俗的成绩。

耐克在体育营销方面的成绩是不容置疑的，但是耐克营销方面受到的质疑也从未停止过。有几点意见耐克也不得不认真考虑：一是随着品牌的扩张，耐克品牌已不再“酷”了；二是耐克在营销上动辄一掷千金的作风，暴露了营销管理上的漏洞；三是在新兴市场上，耐克营销的本土化不够，营销效果不理想。

耐克的董事长和首席执行官迈克·帕克充满自信：耐克现在正面临着前所未有的发展机遇，我们具有将关于消费者的洞察力转化为优势产品的独特能力，这正是耐克成为全球行业领袖的重要原因。

帕克的自信源于耐克的营销组织变革。2008年8月，耐克品牌总裁Charlie Denson宣布耐克将进行营销组织和管理变革，以强化耐克品牌与新兴市场、核心产品以及消费者细分市场的联系。实施这一变革，使耐克从以品牌创新为支撑的产品驱动型商业模式，逐步转变为以消费者为中心的组织形式，通过对关键细分市场的全球品类管理，实现有效益的快速增长。Charlie Denson认为，这是一个消费者掌握权力的时代，任何一个公司都必须转向以消费者为中心。这种以消费者为中心的模式已经开始发挥作用，比如在耐克的专卖店现在已经有“耐克+iPod”的销售组合，以满足追求时尚的青年消费者的需求。

耐克为此强化了四个地区运营中心，新设立了五个核心产品运营中心，四个地区运营中心是：美国、欧洲、亚太、中东及非洲，五个核心产品运营中心是：跑步运动、足球、篮球、男士训练、女士健康。这是一个矩阵式的管理，目标是把企业的资源向关键区域、核心产品集中，去抓住企业最大的市场机会。与传统的矩阵管理不同，关键是要实现跨地区、跨部门的协同。实际上，耐克公司已经有成功的经验，正是采用这种协同矩阵的管理方式，耐克公司组建了一支专门的队伍，足球用品市场的经营额大幅提升。Charlie Denson 说：通过这种方式，我们可以更好地服务于运动员，更好地加深与消费者的联系，更好地扩大我们的市场份额，实现有效益的增长，增强我们的全球竞争力。比如中国的篮球运动市场，就由亚太区运营中心和全球篮球运营中心协同开拓。

张瑞敏先生曾说过，他最想请教韦尔奇先生的问题是：如何把大公司变小。现在由张瑞敏先生亲自主导，海尔正在进行大规模的组织变革，与耐克的变革颇有相似之处，核心正是协同矩阵，正印证了一句老话：英雄所见略同。

阅读以上材料，回答问题：

1. 耐克公司为什么要进行组织结构转变？其核心是什么？
2. 你能提出哪些不同的建议？

认识组织运行管理

实训目的

通过对身边的组织或学习生活分析，认识组织运行管理的内容与做法。

活动安排

1. 学生分组收集、归纳身边的组织管理情境或事例，讨论其组织运行管理，如学生会、分团委、班委会，以及其他一些兴趣活动组织等。

2. 分析组织的运行过程，如怎样进行分工、考虑了哪些因素、建立了哪些规章制度、遵守情况怎样、形成了哪些文化特征（如重视体育活动、文娱活动或其他）等，并将活动成果做成 PPT 展示交流。

教师注意事项

1. 由生活事例、企业经营事例导入对组织运行管理的认识。
2. 提供一些生活事例或组织运行管理案例，供学生讨论。
3. 提供其他相应的学习资源。

资源（时间）

1 课时、参考书籍、案例、网页。

评价标准

表现要求	是否适用	已达要求	未达要求
小组活动中，外在表现（参与度、讨论发言积极程度）			
小组活动中，对概念的认识与把握的准确程度			
小组活动中，角色扮演的精准度			
小组活动中，文案、PPT 制作的完整与适用程度			

拓展实训

认识企业组织管理工作

实训目的

通过接触企业实际，认识企业组织管理工作。

活动安排

1. 学生进驻实训基地企业，了解企业组织设置、管理情况。

2. 分别从人力资源、销售、生产等工作中选出一个方面，分组进行素材采集，并写出分析报告，制作 PPT，分小组展示。

3. 替代管理情境：某高职院校组织设置、管理情况评价。收集你所在学校组织建设情况，并对其组织结构形式、管理运行状况等做出评价。你觉得哪些方面可以进一步完善？

教师注意事项

1. 由生活事例、企业经营事例导入对组织管理的认识。

2. 提供一些著名企业组织管理案例，组织学生讨论。

3. 组织其他相应学习资源。

资源（时间）

1 课时、参考书籍、案例、网页。

评价标准

表现要求	是否适用	已达要求	未达要求
小组活动中，外在表现（参与度、讨论发言积极程度）			
小组活动中，对概念的认识与把握的准确程度			
小组活动中，角色扮演的精准度或担当任务的完成度			
小组活动中，文案、PPT 制作的完整与适用程度			

学生自我总结

通过完成单元 4，我能够做如下总结。

一、主要知识

本单元的主要知识：
1.
2.

二、主要技能

本单元的主要技能：
1.
2.

三、主要原理

我认为，组织设计的主要意义是：
1.
2.

四、相关知识与技能

我在完成本单元中学习了以下内容。
1. 组织的特点有：
2. 组织设计的主要任务是：
3. 组织文化建设的方法有：

五、成果检验

我完成本单元的成果如下。
1. 完成本任务的意义有：
2. 学到的知识或技能有：
3. 自悟的知识或技能有：
4. 对组织设计工作的看法是：

单元 5

人员配置

学习目标

1. 知识目标

- 能认识人员招聘的意义和要求。
- 能认识人员招聘与使用的程序。
- 能认识人员考评、薪酬管理的原理。

2. 技能目标

- 能制订人员选拔计划。
- 能制订人员培训计划。
- 能对人员考核与奖酬设计活动有初步认识。
- 能对人力管理活动整体有初步概念。

学习任务

组织机构成立之后，就要选拔与配备人员，并进行培训与开发，使其能够在投入使用后为组织目标实现发挥应有的作用。作为人力资源管理范畴的内容，本单元中，人员管理主要表现为“选人”“用人”和“管人”。对应基层管理者，所进行的主要是员工的选拔、培训、考核与奖酬设计等具体工作。由于人力资源在众多“资源”中的特殊性，人力资源管理在整个企业管理工作中处于非常重要的地位。

根据一般管理职业工作活动顺序、职业教育学习规律与能力分担原则，本单元可以分解为以下子任务。

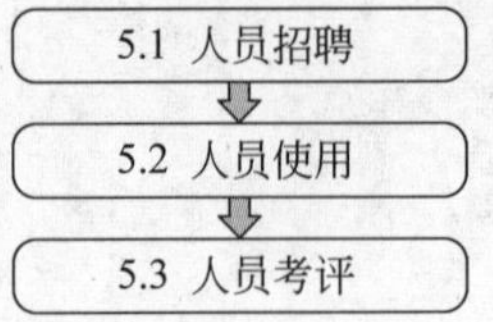

管理故事

故事要从森林之王讲起，一只狮子想称霸整个森林，开拓自己的领地，便决定与邻国开战。

出征前，狮子召开了御前会议，并派出大臣通告百兽，要大家根据各自的特长担负不同的工作。大象驮运军需用品，熊冲锋厮杀，狐狸出谋策划当参谋，猴子则充当间谍深入敌后。有动物建议说：“把驴子送走，它们的反应太慢了，还有野兔，它们会动摇军心的。”“不！不能这样办！”狮子说，“我要用它们，而且它们会在战斗中发挥至关重要的作用。驴子可作司号兵，它发出的号令一定会使敌人闻风丧胆，野兔奔跑迅捷，可以在战场上做联络员和通讯员。”那些动物觉得狮王说得很有道理。

后来，在战争中果然是每个动物都发挥出了最大的效用，最终取得了胜利。

【管理感悟】 人员配置主要包括人员配备管理、人员使用管理和人员绩效薪酬管理。组织内人人各异，优秀的管理者就是在普通之中发现每个人的优点和长处，然后让他们到最适合岗位去做最适合他们做的事情。人员配置是一种发现人和使用人的学问，作为组织领导，就是要学会发现每个成员的优点，并加以充分运用。

5.1 人员招聘

任务提示： 人员招聘阶段的主要工作包括根据人力资源规划确定招聘来源、制订招聘计划，并根据应聘人员简历筛选情况，组织相应测试。在选出合格者，报上层管理者同意的基础上，发出录用通知，即组织的“选人”。

人员招聘是组织吸收与获取人才的重要渠道，也是获得优秀员工的根本保证。组织在进行招聘时，外部环境因素包括经济条件、劳动力市场状况、法律法规等，它们会对这项活动产生影响。此外，组织发展战略、文化、发展阶段也会影响招聘的开展与结果。人员招聘中，一些事务性的工作通常由人力资源部门的招聘专员负责。

5.1.1 招聘准备

通过工作分析与设计工作重点解决了“组织有哪些工作”和“什么样的人才能完成这些工作”的问题；通过人力资源规划工作则重点解决了“组织需要多少个这样的人”的问题。这样，组织内的工作内容、职位基本可以确定下来，为人员招聘做好准备。

重要信息5-1　组织招聘的原因

一般来讲，组织招聘主要是在以下几种情况下提出来：①新建一个组织或企业，为了满足企业的目标、技术、生产、经营需要而招聘合适的员工；②现有的企业由于业务规模扩大导致人手不足；③现有组织人员结构不合理，需要进行人员配置的调整，裁减不符合组织工作要求的人员，吸纳组织需要的特殊人才；④组织内部由于员工调任、离职、退休或升迁等原因造成的职位空缺；⑤为改造企业文化而引入高层管理人员和专业人才。

1. 确定员工招聘来源

组织可以从多个渠道获得人力资源。概括来讲，招聘渠道通常可以分为两类：内部渠道和外部渠道。内部渠道主要包括内部晋升、工作轮换、工作调换与内部人员重新聘用等；外部渠道主要包括广告招聘、职业介绍机构推荐、猎头公司推荐、员工推荐、自荐校园与网络招聘等。

（1）内部招聘。内部招聘就是从组织内部现有员工中选拔合适的人才来补充空缺或新增的职位，实际上是组织内部的一种人员调整。内部招聘的来源有以下三种情形：内部晋升、工作轮换、工作调换和内部人员重新聘用。

管理实务5-1　索尼公司的内部招聘

索尼公司的内部招聘值得称道。有一天，索尼董事长盛田昭夫在职工餐厅与职工一起就餐、聊天，忽然发现一位年轻人郁郁寡欢，满腹心事。于是，盛田昭夫就主动坐在这名员工对面，与他攀谈。

员工说道：“我毕业于东京大学，进入索尼之前，对索尼公司非常崇拜。但是，现在才发现，我不是在为索尼工作，而是为课长干活。坦率地说，我这位科长不但无能，而且对员工的一些小发明与改进不仅不支持、不解释，还挖苦打击。对我来说，这名课长就是索尼。我十分泄气，心灰意冷。这就是索尼？

这就是我的索尼？我居然放弃了其他优厚的工作来到这种地方！”

这番话令盛田昭夫十分震惊，于是产生了改革人事管理制度的想法。之后，索尼公司开始每周出版一次内部小报，刊登公司各部门的“求人广告”，员工可以自由而秘密地前去应聘，他们的上司无权阻止。

另外，索尼原则上每隔两年就让员工调换一次工作，特别是对于那些精力旺盛、干劲十足的人才，不是让他们被动地等待工作，而是主动地给他们施展才能的机会。

评析：将有能力的人调配到最合适的岗位上，这是每一位管理人员都应该追求的工作方向。只有人岗相宜，才能调动工作积极性，从而提高生产效率。

（2）外部招聘。外部招聘是指根据一定的标准和程序，从组织外部的众多人选中选拔出空缺职位所需的人员。组织进行外部招聘往往出于以下考虑：为了获取内部员工不具备的技术、技能等；出现职位空缺，内部员工数量不足，需要尽快补充；需要能够提供新思想、新观念的创新型员工；为了建立自己的人才库；和竞争对手竞争需要一些具有特殊性、战略性人才。

重要信息5-2　企业外部招聘的途径

（1）广告招聘。广告招聘是利用各种宣传媒介发布企业招聘信息的一种方法，也是宣传企业形象的常用方法。招聘广告的内容包括广告题目、审批机关、公司介绍、职位介绍、人事政策、应聘方式和联系方式。

（2）职业中介机构。中介机构的主要种类有劳务市场、人才交流中心或人才市场、人才咨询公司、高级人才咨询公司等。

（3）猎头公司。猎头公司是指为组织寻找高级人才的服务机构，一般都拥有自己的人才数据库。猎头公司通晓各种行业、组织对特殊人才的需求，同时能根据市场的变动及时收集大量的人才信息。

（4）员工推荐。员工推荐又叫熟人介绍，是常见、有效的推荐方式。因为员工对应聘者与所空缺职位都比较了解，再加上举荐会涉及其声誉，所以，员工总是举荐高质量的求职者。

（5）自荐。自荐是指在没有得到公司内部人员推荐的情况下，应聘者直接向招聘单位提出求职申请，求职者在某种程度上已经做好了到企业工作的充分准备，并且确信自己与空缺职位之间有足够的匹配程度，然后才会提交求职申请。

（6）校园招聘。学校是人才高度集中的地方，对于大多数组织来说，面向校园招聘员工也是一种普遍的招聘方法。

（7）网络招聘。利用互联网进行人员招聘也越来越多地被公司所采用。这些企业通过专业招聘网站、网上人才库或自己的网站发布招聘信息，吸引应聘者前来应聘。

2. 制订员工招聘计划

在确定员工招聘来源的基础上，就可以制订人员招聘计划，用来指导招聘活动的进行。一般来说，员工招聘计划没有固定的格式，以企业为例，主要包括以下内容。

（1）岗位名称、数量及任职要求。员工招聘计划首先应该说明企业招聘的具体目标是什么，即招聘的岗位、数量，招聘要求，以及对应聘人员的性别、年龄、学历、专业背景、从业经历等的要求。

（2）信息发布时间与招聘日期。招聘计划中，招聘信息发布时间和招聘日期与企业的整体经营管理计划有关。一般情况下，根据企业整体运营安排，人员招聘工作不能如期进行，就会影响企业整体经营，从而带来较大的经济损失。因此，招聘信息发布时间和招聘日期的确定应该考虑能够及时招聘到员工，并能够预留培训时间。

（3）招聘范围及渠道。招聘计划中，根据招聘对象要求的来源和素质要求，人力资源部门可以从多个渠道进行招聘。如招聘高端管理人才，可以借助国内或国际的猎头公司；招聘一般文员、秘书、市场调查员等实践工作经验要求不高的职位，则可以通过校园招聘来达到目的。

（4）招聘组成员构成。招聘计划中，根据招聘对象的来源，招聘组组成人员也不同。招聘一般员工，由企业人力资源管理部门会同用人部门负责人组成招聘小组；招聘重要岗位或中高层管理人员，由公司领导和人力资源管理部门组成招聘小组，有时也会邀请一些行业专家加入面试小组。

（5）招聘方式。招聘计划中，还需说明对应聘者的面试、笔试、实际操作等测试安排，考核的场所、时间、管理人员以及题目设计者姓名等。

（6）招聘预算。招聘计划中列出招聘预算可以对招聘过程、结果起到控制作用。费用包括广告费用、印刷宣传资料、面试场地租赁与布置、人才交流会费用、差旅费等。

例 5-1　××公司员工招聘计划书

一、招聘目标

职务名称	人员数量	其　他　要　求
软件工程师	8	本科以上学历，35 岁以下
销售代表	10	大专以上学历，3 年以上相关工作经验
行政文员	3	专科以上学历，女性，30 岁以下

二、信息发布时间和渠道

1.《×× 日报》5 月 18 日

2. ×× 招聘网站 5 月 18 日

三、招聘小组成员名单

组长：王启明（人力资源部经理） 对招聘活动全面负责

成员：赵成功（人力资源部薪酬专员） 具体负责应聘人员接待、应聘资料整理

刘琪英（人力资源部招聘专员） 具体负责招聘信息发布，以及面试、笔试安排

四、选拔方案、负责人员及时间安排

1. 软件工程师：

资料筛选	开发部经理	截至 5 月 25 日
初试（面试）	开发部经理	5 月 27 日
复试（笔试）	开发部命题小组	5 月 29 日

2. 销售代表：

资料筛选	销售部经理	截至 5 月 25 日
初试（面试）	销售部经理	5 月 27 日
复试（面试）	销售副总	5 月 29 日

3. 行政文员：

资料筛选	行政部经理	截至 5 月 25 日
面试	行政部经理	截至 5 月 27 日

五、新员工的上岗时间：预计在 7 月 1 日左右

六、招聘费用预算

1.《×× 日报》广告刊登费	14000 元
2. ×× 招聘网站信息刊登费	7800 元
合计：	21800 元

七、招聘工作时间表

5 月 11 日：撰写招聘广告

5 月 12 日至 5 月 13 日：进行招聘广告版面设计

5 月 14 日：与报社、网站进行联系

5 月 18 日：在目标报社、网站上刊登广告

5 月 19 日至 5 月 25 日：接待应聘者、整理应聘资料、对资料进行筛选

5 月 26 日：通知应聘者面试

5 月 27 日：进行面试

5 月 29 日：进行软件工程师笔试（复试）、销售代表面试（复试）

5 月 30 日：向通过复试的人员发送录用通知

7 月 1 日：新员工上班

3. 制作员工招聘资料

（1）制作招聘广告。企业招聘广告应该充分显示其对人才的吸引力和企业自身的魅力。撰写广告词要求语言简明清晰，招聘对象的条件一目了然。一份完整的招聘广告词一般包括四部分。第一部分是标题或启事；第二部分是公司的性质、经营业务范围、规模、业绩成果情况，以及未来的发展战略等内容；第三部分是广告词的正文内容，即拟招聘职位名称，数量及任职要求、工作职责以及工作地点等；第四部分是结尾部分，即公司的地址、邮编、网址、邮箱以及联系人、联系（咨询）电话、应聘截止日期等。

例 5–2　ABC 陶瓷集团招聘广告

ABC 陶瓷集团诚聘合资企业高级管理及技术人才！

ABC 陶瓷集团为香港上市公司。应国内合资企业的用人需求，经全国人才流动中心同意，现招聘总经理、资深会计师、总工程师、总工艺师各 5 名。

总经理及资深会计师条件详见 9 月 19 日和 26 日、10 月 4 日和 12 日 ABC 陶瓷集团刊登在《经济日报》上的招聘广告。

总工程师：男性，大学本科以上学历，在工业企业工作五年以上，具有陶瓷行业的生产管理经验者优先。

总工艺师：无机非金属材料类专业本科以上学历，在陶瓷生产企业工作五年以上。

以上应聘人员需身体健康，年龄在 45 岁以下，可长期在陶瓷产区工作。具有中级以上英语水平者优先。

上述招聘人员的工作地点是 ABC 陶瓷集团在全国瓷业生产区兴建的合资生产企业。

欢迎您加盟 ABC 陶瓷集团。请将个人中英文简历、求职意向、身份证、学历及职称证书的复印件、两张近照及联系地址、电话等寄到 ABC 陶瓷技术工程有限公司行政人事部。

地址：北京市朝阳区 ×× 街 ×× 号 ×× 饭店 ××× 房间　邮编：100021

谢绝来人及电话来访。所寄材料恕不退还。

（2）设计应聘申请表。在对外招聘中，企业的每个职位都有具体的任职要求，如专业、学历、年龄、性别、从业经历及业绩、职称或职业资格等要求。为了阅读审查方便，人力资源管理部门应该事先设计应聘申请表。回收表格后，招聘人员就能从内容符合要求、格式统一的应聘申请表中轻松地挑选到符合条件的应聘者。

应聘申请表一般应包括如下信息：一是应聘者的姓名、性别、年龄、学历、专业、职称、职业资格等基本信息；二是应聘者的教育背景、工作经历及工作业绩，能从事何种工作等情况；三是应聘者的婚姻状况、主要社会关系情况；四是应聘者的住址、联系电话等信息。应聘申请表样如例 5-3 所示。

例 5-3　×××公司应聘申请表样

应聘职位：　　　　　　　　　　　　　　　　　　　　　　　　填表时间：　　年　月　日

姓名		性别		出生年月		民族		照片
最高学历		最高学位		职称		职业资格		
籍贯		政治面貌		婚姻状况		健康状况		
户口地		户口性质		毕业院校		专业		
应聘信息来源		原单位		原职务		联系电话		
个人学习工作简历								
工作业绩								
离职原因			原工资水平			应聘原因		
家庭成员								
我承诺：本人所填内容属实，如有虚假，愿接受相应处分或辞退处理。								
申请人签名：　　　　　日期：								

（3）设计面试评价表。各用人单位的招聘流程可能有所不同，但有一步是基本相同的，即人力资源部（或用人部门）对应聘者的初步面试。初步面试合格，方能进入下一轮的复试。面试中，招聘人员需要根据面试过程中对应聘者的观察、语言答问表现收集相关信息，从而对应聘者的素质特征及工作动机、工作经验等进行价值判定，因而需要事先设计好面试评价表，以便能够应用预先设计好的评价量表对应聘者做出正式的评价或评级，从而决定是否进入复试。例 5-4 为 ××× 公司的面谈评价表样。

例 5-4　×××公司面试评价表样

姓名		性别		出生年月		民族	
毕业院校				所学专业			
毕业时间				应聘职位			

说明：在适当的格内打✓，不能确定不打✓

评价项目	分值				
	5	4	3	2	1
仪态举止					

续表

体格					
表达反应					
人际沟通					
协作意识					
稳定性					
应聘意愿					
与职位对口					
综合评价：					
录用建议	□拟录用　　□可考虑　　□不予考虑				

5.1.2　人员录用

通过发布招聘信息，组织招聘小组通常可以收到大量的应聘者简历或应聘申请书。从中筛选，再经过面试或其他测试，就可以录用员工。

1. 筛选应聘人员简历

人力资源管理部对应聘人员简历筛选的重点如下：应聘者基本情况、工作经历与求职态度、应聘申请表的真实性等。

2. 组织应聘人员笔试与面试

在进行简历初选的基础上，人力资源管理人员组织入围人员进行笔试与面试。招聘中的笔试是一种基本的人员甄选方式，也称作专门性考查，主要用来测试应聘者的知识和能力，一般包括两个层面：一般知识和能力、专业知识和能力。面试是经过事先筹划安排的应聘者与面试考官的正式面谈，目的在于在短时间的直接交谈中，面试考官根据应聘者在面试中的回答情况和行为表现来判断其素质与能力。

3. 做出录用决策

经过笔试与面试，通过对选拔过程中获取的信息进行综合评价与分析，并根据预先设计好的人员录用标准，最终确定入选人员，报上层管理人员，做出录用决策。

课堂测评

测评要素	表现要求	已达要求	未达要求
知识点	能掌握人员招聘的含义		
技能点	能初步认识人员招聘包含的主要工作内容		
任务内容整体认识程度	能概述人员招聘与组织架构的关系		
与职业实践相联系程度	能描述人员招聘对组织的实践意义		
其他	能描述与其他课程、职业活动等的联系		

5.2 人员使用

任务提示： 通过招聘，组织获得了自己所需的员工队伍。为了使这些员工尽快适应岗位工作需要，必须对其进行培训，培训合格后，赋予岗位职责，员工开始为组织服务，即组织开始“用人”。

5.2.1 人员培训管理

一个组织要想获得持续提升、与时俱进的员工队伍，必须采取多种方式对其进行培训与开发，使其知识、技能、态度及行为发生改进，从而激发出最大的潜能，大幅度提升工作绩效。

1. 制订培训计划

在进行培训需求分析，确定培训目标以后，人力资源管理人员就可以制订培训计划。培训计划主要包括确定培训项目内容、确定培训对象、培训的方式与方法、培训的层次等，具体还包括培训地点、培训项目的负责人、培训学制、课程设置方案、课程大纲、教科书与参考教材、培训教师、教学方法、考核方法、辅助器材设施以及培训费用预算等。

2. 确定培训内容

以企业为例，员工培训内容一般分为三个层次：第一，知识培训。知识培训有利于员工理解工作过程知识，增强对新环境的适应能力，获得持续发展和提高的基础。第二，技能培训。技能培训主要是针对员工业务能力的提升而组织的培训。第三，素质培训。素质培训是较高层次的培训，主要包括正确的价值观、积极的工作态度、良好的思维习惯、企业精神以及其他较高的目标。此外，有的企业也组织创新能力培训、团队精神培训、形象与心理培训等。

管理实务5-2　IBM的新员工培训内容

“无论你进 IBM 时是什么颜色，经过培训，最后都变成蓝色。”这是 IBM

新员工培训时流行的一句话。IBM 的员工培训是多方位的，既有集中面授又有分期培训，同时还建有电子学习中心（e-Learning）、图书中心等。新加入的员工首先要接受新员工定位培训，内容包括IBM公司的介绍、历史沿革、业务框架、经营战略、部门分工合作情况、新员工的工作职责、福利待遇、如何进行培训学习以及如何利用公司资源等。随后，公司将对员工掌握的技能进行测试评定，看是否适合上岗。接下来，公司的电子学习中心会分部门、分级别地对员工提供各种学习资源，员工可根据自己的情况在工作范围内选择要学习的内容。选定的学习内容需经过主管经理批准后方可注册学习，学完之后需经考试测评认证。电子学习中心涉及内容广泛，包括财务、金融、市场营销、经营战略等，有点像企业办的网上在职专业培训中心。此外，电子学习中心也给公司员工提供了一个随时随地学习培训的机会，只要登录企业内部网，就可以获得学习资料并进行自学，解决了员工工作繁忙，无法有较多的时间进行脱产学习的问题，真正实现了工作学习两不误。

评析：学习型组织理论告诉我们，一个组织内部，只有全员学习、全方位学习，才能促使组织目标的尽快实现。IBM 作为高科技企业，在员工培训方面，既保证了组织需要，又促进了员工的全面发展。

3. 选择培训形式

合适的培训形式，可以提高受训人员的兴趣与注意力，并有助于保证培训效果。根据培训和开发与员工工作活动的关联性状况，培训形式一般可以分成下列三类。

（1）在职培训。在职培训是指员工边工作边接受培训，主要在实际工作中得到培训。这种培训方式有许多优点：①能够提供现成经验；②与工作的相关性高；③边生产边学习，学以致用；④可以利用组织内的设施和有关条件；⑤易与师傅和其他员工交流；⑥实践性强。但在培训的组织性、规范性上有所欠缺。在职培训可分为学徒培训、工作轮换、项目指导等形式。

（2）脱产培训。即员工脱离工作岗位，专门去各类培训机构或院校接受培训。这种形式的优点主要是员工的时间和精力集中，没有工作压力，知识和技能水平会提高较快，但在针对性、实践应用性、培训成本等方面往往存在缺陷。

（3）半脱产培训。半脱产培训是脱产培训与不脱产培训的一种结合，其特点是介于两者之间，可在一定程度上取两者之长，弃两者之短，较好地兼顾培训的质量、效率与成本等因素。

4. 培训工作管理

培训工作进行中，培训组织者应该注意：①保证组织到位，要确认培训师、学员都按时到位，培训所需的材料发放到位，座次安排、入场次序井然有序。②确保培训进程顺利，时间控制要严密。③培训组织者要收集第一手信息，为以后的培训安排做好准备。④按时进行培训中效果调查，及时发放效果调查表，指导学员填写。要针对调查表的具体要求实施，如针对课程的就要在课程实施前发放，课程结束后就要回收；而针对整个培训的就适宜在培训即将结束时发放并马上回收，以防时间过长丢失。⑤针对培训中可能出现的突发情况，及时做出应对。

5.2.2 人员配备管理

人员配备管理工作包括两部分：其一，人力资源部门将培训合格的新员工分配到具体岗位上去，赋予其具体的职责、权利，使其进入工作角色，开始为组织目标的实现发挥作用；其二，根据绩效考评结果，对老员工进行职务升降调整。

1. 员工赋职

经过任职资格认定的员工，人力资源管理部门按其具备的能力与招聘、培训的目的和效果将其分配到企业的各个部门，并向员工颁发正式的任命书（聘书），任命书应写明职务的名称、工作内容、职责、权利、任用时间、考核方式等。员工接受任命之后，在规定的时间到岗并进入工作状态，开始其职业生涯。

2. 员工调配

因组织发展目标、经营管理情境的变动以及员工个人的发展情况，会对一些员工的工作岗位职务、工作隶属关系做出调整。这项工作就是员工的调配，实际上是员工赋职的进一步延续。人力资源管理部门的许多工作活动都是以调配方式来完成的。员工调配工作主要包括员工的平调、晋升、降职和管理。

3. 员工流动管理

员工流动管理是指从整个社会资本的角度出发，对人力资源的流入、内部流动和流出进行计划、组织、协调和控制的过程。其目的是确保组织人力资源的可获得性，满足组织现在和未来的劳动力需要和员工的职业生涯发展需要。从广义上来看，员工的流动管理属于整个社会的员工调配。员工流动可以分为员工流入管理、员工流出管理和员工流失管理。

5.2.3 人员发展管理

员工发展是组织发展和社会发展的基础，只有充分发挥人的主观能动性，建立以人为本的职业生涯开发与管理的目标体系，帮助每位员工实现自我价值，实现员工全面发展，组织才能更好地实现未来的愿景。

1. 员工职业生涯管理

职业生涯管理是指组织帮助员工进行职业生涯设计、规划、开发、评估和修正等一系列综合性的活动。职业生涯管理的任务主要如下。

（1）为员工提供工作分析资料、工作描述、经营理念、人力资源开发策略等，帮助员工设定自我发展目标与开发计划。

> **重点名词5-1　职业生涯规划**
>
> 职业生涯规划是指一个人对其一生中所承担职务的相继历程的预期和计划，这个计划包括一个人的学习与成长目标，以及对一项职业和组织的生产性贡献和成就期望。

（2）根据组织的现状、发展趋势与发展规划，明确组织的发展目标，来确定不同时期组织的职业发展规划与职位需求。

（3）开展与职业生涯管理相结合的绩效评估工作。利用组织相关资料，通过绩效评估使组织发展目标与方向一致，为晋升优秀员工，提供职业生涯发展路径。

（4）职业生涯发展评估。组织应当协调员工发展职业生涯目标，并对其进行科学评估，发现员工的优缺点及组织的优劣势，分析员工职业生涯发展的可行性。

（5）工作与职业生涯的调适。根据绩效、职业生涯发展的评估结果，对员工的工作或职业生涯目标做出适当调整，使员工的工作、生活与目标契合。

A. 现代人力资源管理中的“以人为本”的含义是什么呢？

B. 不再一味地维护组织利益，以人为中心，注重激发和调动人的主动性、积极性、创造性，以实现员工与组织的共同发展。

2. 员工全面发展管理

员工全面发展是指组织充分发挥各类人才的积极性、主动性和创造性，形成人才辈出、人尽其才的局面。科学发展观以人为本的核心内涵告诉我们，在促进社会全面发展的同时，更要注重人的全面发展。在社会生产力不断提高、物质基础明显增强的基础上，关注员工的全面发展便成为组织的一项最根本任务。在现代管理活动中，每个组织在实现本组织目标的同时，必须高度重视组织成员的全面发展。员工全面发展管理工作包括：①切实尊重员工主人翁地位，充分发挥其参与组织管理的积极作用；②尊重员工个性，鼓励员工健康的个性发展与人格的自我完善；③鼓励员工创新，支持其实现自我成就事业的需要；④创建终身学习氛围，鼓励员工积极参加多种技术和业务培训；⑤多方满足员工心理需求，创造和谐人际环境；⑥通过组织文化教育，使员工成为具有愉悦心态和高度社会责任感的人。

课堂测评

测评要素	表现要求	已达要求	未达要求
知识点	能掌握人员使用的含义		
技能点	能初步认识人员使用包含的主要工作内容		
任务内容整体认识程度	能概述人员使用与管理活动的关系		
与职业实践相联系程度	能描述人员使用对于组织的实践意义		
其他	能描述与其他课程、职业活动等的联系		

5.3 人员考评

任务提示：在员工使用过程中，组织人力资源管理部门对员工在工作过程中表现出来的工作业绩、工作能力和工作态度进行考核、评价，同时，设计出相应的薪酬奖励制度，以此作为激励员工的依据。

在组织活动中，人力资源管理部门将经职业资格认定的员工分配到工作岗位上后，员工开始了自己的职业工作。与此同时，为确保员工的工作活动以及工作产出能够与组织目标相一致，人力资源管理部门需要对员工在工作过程中表现出来的工作业绩、工作能力、工作态度及个人品德等进行随时沟通和定期评价，并判断员工表现与岗位的要求是否相符，以起到激励员工的作用。

对管理者来讲，通过对员工进行考评，可以发现和有效利用员工的能力，给予员工公正的待遇，包括奖惩与职务升降，从而起到激励作用，最终提高组织整体绩效。

重点名词5-2　绩效考核

绩效考核是指企业在既定的目标下，运用特定的标准和指标，对员工过去的工作行为及取得的工作业绩进行评估，并运用评估的结果对员工将来的工作行为和工作业绩产生正面引导的过程和方法。

5.3.1 绩效考评

员工绩效具有多因性、多维性和动态性，在考评时，必须依据员工工作本身制定评价标准，同时，注意方案的完整性和方法的科学性。绩效考评包括以下主要工作。

1. 确定考核内容

考核内容包括工作行为、工作态度、工作成果等方面。工作行为考核主要是对具体职务所需要的基本能力以及经验性能力进行的测评；态度考核是指对工作热情和工作积极性方面所进行的考评；工作成果考核是对每个职工在担当本职工作、完成任务中所取得的成果进行的测评。根据考核目的和考核对象的不同，考核内容会有所不同。

2. 制订考核计划

考核计划要素一般包括考核目的、对象、主体、程序、考核时间、地点、考核方法与工具、考核活动过程组织、考核结果与考核结论使用等。

3. 制定考核标准

根据考核的目的，对被考核对象所在岗位的工作内容、性质、完成这些工作所应履行的工作职责和应具备的能力素质、工作条件等进行研究，确定出一些实际的、可测量的、容易理解的绩效考核指标。在此基础上，分析各个指标分别应该达到什么样的水平，从而解决“被评者怎么做、做多少、怎么样”的问题。

A. 绩效考核中，应尽量使用客观性的标准。主观性较强的品质因素怎么办?

B. 主动、热情、忠诚、合作精神等，可以采用量表考评方式进行计量。

4. 选择评价方法

（1）简单排序法。简单排序法是根据绩效评价要素将员工们从绩效最优到绩效最差进行排序。这种方法的优点是简便易行、速度快，可以避免误差；其缺点是标准单一，考核结果偏差较大，不同部门或岗位难以进行比较。

（2）配对比较法。配对比较法是将每一位员工按照所有的评价要素与其他所有的员工逐一配对比较，然后把在逐一对比较中被评为优的次数相加，用得的总数来确定等级名次。这种方法应用简便、准确性也较高，但该种方法只考核总体的情况，结果也只是相对的等级顺序，较为粗糙。它只适用于10人以下进行考核的情况，因为人数越多，配对比较的次数就越多，既麻烦，又失去了准确性。

（3）尺度考核法。尺度考核法是按照员工的考核内容，选择不同的绩效构成因素，给每一个因素确定不同的层级尺度及相应的评分标准，然后据此考核员工。

（4）行为锚定法。行为锚定法是针对每一职务的各评价维度都设计出一个评分量表，并有一些典型的行为描述性说明词与量表上的一些刻度或评分标准相对应和联系。

（5）360度反馈评价。360度反馈评价也称全视角评价，是指由被考核者的上级、下级、同事、客户从多个角度对被考核者进行全方位的评价，再通过反馈环节，达到改善绩效的目的，如图5-1所示。

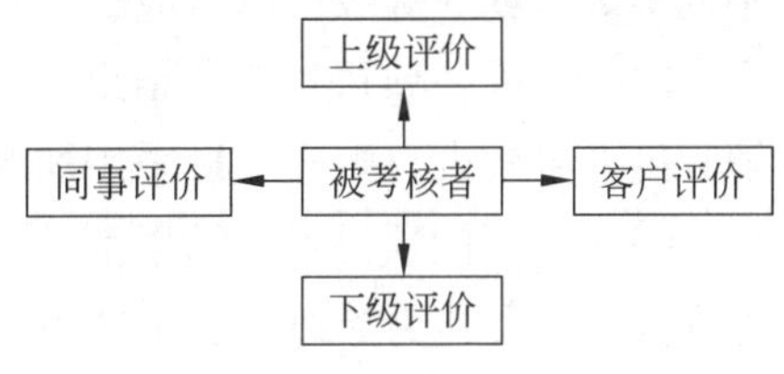

图5-1 360度反馈评价示意图

（6）目标管理绩效考核法。目标管理绩效考核法是指根据企业总目标，由企业内部各部门和各员工分解并设立自己的目标，通过管理手段促成目标实现的一种方法。在考评时每一项都按员工达到目标的程度独立考评，最后再加权平均。具体实施步骤如图 5-2 所示。

设定员工工作目标 → 宣布业绩测评方法 → 组织业绩评价

图5-2 目标管理绩效考核操作程序

管理实务5-3 摩托罗拉的360度评估与270度评估

在摩托罗拉公司，360 度评估说得更准确一点是 270 度评估，因为做了调整，拿掉了同事的评估这一维度。人力资源经理解释说，这是因为觉得同事之间都挺客气的，这一维的评估没有特别实际的作用，所以最后形成了上司（由于实行矩阵式管理还包括非直接上司）、下属、自己的评估。摩托罗拉不是不让同事来参与评估个人的绩效，而是单独就此设立了一个叫作"相对绩效评估"的方法，请来和某个员工相关联的，主要是平常工作有交叉、合作比较多的同事来评估，给这位员工打分。

评析：这样就摆脱了把员工局限于窄小的纵向范围内，将员工放到了更广的横向范围内进行评估，客观反映其相对绩效。

5. 实施绩效考评

实施绩效考核主要工作是考核人员收集有关被考核员工绩效的数据、资料、信息，目的是为了解问题或证明问题。绩效数据主要包括三种：①客观数据，如生产记录；②人力资源管理资料，如考勤情况；③评判数据，如他人评价。

实施绩效考评是考核的主体过程，这项工作有以下要求：①必须深入实际，获取真实信息；②做好培训动员工作，获得高度配合；③注意方法的科学性与适用性；④尽可能使信息量化。

6. 汇总评价信息

绩效评价信息汇总是对员工个人的各个方面做出综合性的评价。这一过程一般是从定性到定量，再到定性，其主要工作如下。

（1）确定单项等级和分值。根据前面的绩效标准，员工的某一评价项目可以评定为不同等级。如 5 等级可以对应优、良、合格、稍差和不合格。

（2）对同一项目各考核结果汇总。在汇总时，如果考虑各评价人员对被考核人员了解程度差异较大，则应尽量采用加权平均法。

（3）对不同项目考核结果汇总。评价一个员工时，可能要将其知识、学习、判断能力和人际交往能力等综合起来考虑。

（4）考核结果汇总的表示。在获得大量考核数据后，可以利用数理统计方法计算考核结果，并将考核结果表示出来。

（5）提出评价结论。考评工作组应该及时对绩效考评结果进行统计和分析，得出评价结论。

7. 考评结果反馈

考评结果出来后，在上报给上层管理者的同时，还应与被考核者进行面谈，使员工充分了解和接受绩效考核的结果，并由管理者指导员工如何改进绩效。此外，考核结果还被用作实施报酬计划、工作流动、培训开发等方面的管理依据。

5.3.2 薪酬设计

薪酬是指组织成员的全部劳动收入，主要包括基本工资、资金、津贴与补贴、股权、福利等具体形式。在企业管理中，科学有效的薪酬设计往往能够达到以下目的：合理控制人工成本、吸引人才、激励员工、获取更大效益、留住人才。

企业薪酬体系设计应完成以下工作，并在此基础上形成具体的薪酬制度。

1. 分析薪酬设计背景

进行薪酬体系设计时，必须首先进行一定的背景分析工作。分析内容包括企业的发展阶段、企业员工总体价值观、管理骨干及高级专业人才的核心价值观；企业的基本工资制度、水平、分配原则；企业关于薪酬分配的政策和策略，包括薪资差距的标准、薪金、奖金、福利费用的分配等。通过分析，明确薪酬制度设计的政策、策略选择以及设计原则等。

重要信息5-3　　薪酬的构成

薪酬主要包括基本工资、资金、津贴或补贴、股权、福利等具体形式。

（1）基本工资。基本工资是指用来维持员工基本生活的工资，基本工资又分为岗位工资、职务工资、技能工资、工龄工资等，常表现为小时工资、月薪、年薪等形式。

（2）奖金。奖金是单位对员工超额劳动部分或劳动绩效突出部分所支付的奖励性报酬。

（3）津贴或补贴。津贴是指对工资或薪水等难以全面、准确反映的劳动条件、劳动环境、劳动评价等对员工身心造成某种不利影响或者为了保证员工工资水平不受物价影响而支付给员工的一种补偿。常与员工生活相联系的补偿称为补贴，如交通补贴、物价补贴、高温补贴等。

（4）股权。股权是将企业的一部分股份作为薪酬授予员工，使员工成为企业的股东。股权薪酬与以上三种薪酬的区别主要表现在支付形式上，既不是货币，也不是一种简单的实物或服务，而是一种权利的授予。当然，也能享受企业经营效益的分享。

（5）福利。员工福利是一种强调组织文化的补充性报酬，即不以劳动情况作为发放依据，而是以员工组织成员身份作为支付依据。根据不同发放对象，分别有全员福利、特种福利和特困福利；根据是否具有强制性，分别有法定福利和自主福利，法定福利包括基本养老保险、医疗保险、失业保险、工伤保险、生育保险和住房福利等，有的企业也称“五险一金”。自主福利则是企业自行发放的多种形式的福利。

构成总薪酬的除了以上五种形式外，非货币的收益也影响人们的行为，包括赞扬与地位、雇佣安全、挑战性的工作和学习的机会等。

2. 进行薪酬市场调查

薪酬市场调查是薪酬体系设计的重要工作。通过社会上本行业、本地区主要竞争对手的调查，既可以解决薪酬的对外竞争力和对内公平性问题，也能够帮助企业达到个性化和有针对性地设计薪酬的目的。

重要信息5-4　薪酬调查的内容和方式

薪酬调查的内容一般包括：①了解企业所在同行业的工资水平；②了解本地区的工资水平；③调查同行业企业的工资结构；④调查同行业企业的福利情况及劳动政策。

可以采取的调查方式有：①企业之间的相互调查；②委托专业机构进行调查；③从公开的信息中了解；④从流动人员中了解。

3. 确定薪酬水平

在岗位评价和薪酬市场调查的基础上，可以将众多类型的岗位薪酬归并为若干等级，形成一个薪酬等级系列，从而确定企业内每一个岗位具体的薪酬范围，以保证员工个体的公平性，并结合员工个人实际情况，进一步确定薪酬幅度，即同一等级内不同人员薪酬水平的差异，最终将薪酬明确对应到每一位员工，形成企业内部各类职位和不同人员的薪酬水平。

4. 确定薪酬结构

薪酬结构是指各组成部分之间的比例关系。依据薪酬各组成部分相对比例的不同，薪酬结构可以分为以绩效为导向的薪酬结构（绩效薪酬制）、以工作为导向的薪酬结构（岗位薪酬制）、以技能为导向的薪酬结构（技能薪酬制）、组合薪酬结构（组合薪酬制）等。

课堂讨论

A. 薪酬各组成部分相对比例反映了薪酬制度的导向作用，销售人员薪酬导向是什么？

B. 销售人员薪酬就是绩效薪酬，其基本表现是底薪+提成，销售越多，收入越高。

绩效薪酬是指员工薪酬主要根据其近期劳动绩效来决定，绩效所得报酬占总薪酬的比例大，如计件工资、销售提成工资、效益工资等；岗位薪酬即员工薪酬主要根据其所担任的职务（或岗位）的重要程度、任职要求的高低以及劳动环境对员工的影响等来决定；技能薪酬即员工薪酬主要根据员工所具备的工作能力与潜力来决定；组合薪酬即将薪酬分解成几个组成部分，分别依据绩效、技术和培训水平、岗位、年龄和工龄等因素确定薪酬额，使员工在各个方面的劳动付出都有与之对应的薪酬。

重要信息5-5　结构工资制度

结构工资制度是指把影响劳动数量和质量变化的各种因素进行分解，分别通过各种不同的工资形式加以反映，由几个工资额组合成的奖酬体系。我国的工资改革趋势是由等级工资制度过渡到结构工资制度。

结构工资可以由以下几种工资形式进行组合：①基本工资，这是指保证员工基本生活需要，维持劳动力再生产的部分。②技能工资，主要反映技术复杂程度、劳动熟练程度和技术能力，是对员工投入所给予的回报。③岗位工资，主要反映劳动的熟练程度及劳动条件、责任等因素，是依据工作岗位进行的区分。④职务工资，主要反映干部的水平、能力和责任，是对不同职位管理者进行的区分。⑤绩效工资，主要反映员工的劳动成果与贡献，是对员工产出所给予的回报。⑥工龄工资，反映对员工过去积累劳动的报酬。⑦津贴，主要反映随时间、地点、条件变化而引起的劳动消耗的变化。⑧奖金，是对超额劳动的报酬。企业在实际改革中应用较多的是岗位工资、技能工资和绩效工资的有机组合。

课堂测评

测评要素	表现要求	已达要求	未达要求
知识点	能掌握人员考评的含义		
技能点	能初步认识人员考评包含的主要工作内容		
任务内容整体认识程度	能概述人员考评与管理活动过程的关系		
与职业实践相联系程度	能描述人员考评对于组织的实践意义		
其他	能描述与其他课程、职业活动等的联系		

单元5小结

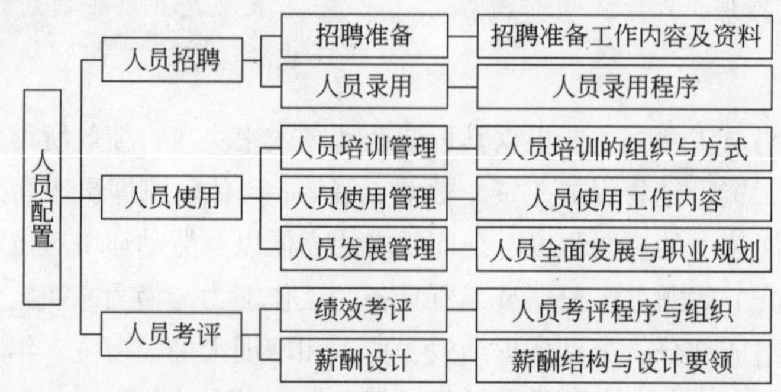

教学做一体化训练

重点名词

职业生涯规划　绩效考核

课后自测

一、选择题

1. 制订招聘计划是人力资源部门的一项核心任务，招聘计划的主要内容包括（　　）。

A. 录用人数以及达到规定录用率所需要的人员

B. 招聘费用预算

C. 招聘的截止日期

D. 人员录用后的绩效考核方案

E. 招聘工作时间表

2. 与外部招聘相比，内部招聘的优点有（　　）。

A. 招聘成本小　　B. 有利于培养员工的忠诚度

C. 有利于促进团结、消除矛盾　　D. 有利于招聘到高质量的人才

E. 有利于激励员工、鼓舞士气

3. 员工培训计划的主要内容包括（　　）。

A. 确定培训项目内容　　B. 确定培训对象

C. 培训的方式与方法　　D. 培训的层次

E. 培训的具体安排

4. 员工调配工作主要包括（　　）。
   A. 员工的平调　　B. 员工的晋升　　C. 员工的降职　　D. 员工的管理
5. 考核内容包括（　　）。
   A. 工作行为　　B. 工作态度　　C. 工作结果　　D. 工作调整
6. 企业进行薪酬管理的目的是（　　）。
   A. 合理控制人工成本　　B. 吸引人才
   C. 激励员工　　D. 获取更大效益
   E. 留住人才
7. 薪酬结构可以分为（　　）。
   A. 绩效为导向的薪酬结构（绩效薪酬制）
   B. 以工作为导向的薪酬结构（岗位薪酬制）
   C. 以技能为导向的薪酬结构（技能薪酬制）
   D. 组合薪酬结构（组合薪酬制）

二、判断题

1. 当一个国家或地区出现金融危机的时候，经济发展受到了影响，劳动力市场的需求会普遍旺盛，企业招聘成本往往很高。（　　）
2. 对培训效果的评价要考虑评价的时效性。有些培训的效果是即时性的，而有些培训的效果要通过一段时间才能表现出来。（　　）
3. 员工的绩效会随着时间的推移发生变化，原来较好的绩效可能会变差。（　　）
4. 非货币性的收益一般不会影响员工的行为。（　　）
5. 计件工资、销售提成工资、效益工资等属于绩效薪酬。（　　）

三、简答题

1. 人员招聘计划的内容包括哪些？
2. 人员录用的工作内容包括哪些？
3. 人员培训计划的内容包括哪些？
4. 员工全面发展管理工作包括哪些？
5. 人员绩效考核计划包括哪些内容？
6. 什么是结构工资体系？

四、案例分析题

麦当劳的用人管理

2011 年 4 月末，麦当劳中国宣布，全年在全国范围计划招聘超过 50000 名员工，其中超过 1000 个餐厅见习经理的岗位将直接面向应届大学毕业生。

麦当劳曾经为一个词所困扰——McJob（麦工），是由 McDonald 和 Job 两个词演变而成的，意为低收入、没前途的工作，很大程度上对企业形象、商业利益构成了影响。为此，在人力资源管理方面做了大量工作。

1. 满足员工的心理需求

首先，最基层的员工需要的是鼓励和认可。为此，公司在工作氛围的打造，在比赛项目设置与奖励方面作了改进。2003年前，符永和还在麦当劳勤工俭学，通过全明星比赛赢得去雅典奥运村麦当劳服务一个月的机会。2004年刚刚拿到毕业证书便登上了去雅典的飞机。2011年，符永和已经是一名餐厅经理，他的下一个目标是营运督导。

其次，有志晋升的中低管理人员更看重的是发展空间。麦当劳多次公开表示，50%的管理员工从内部晋升，大部分的管理层都是从最基层的工种做起的。

最后，高管们需要更大的吸引力。作为中国区的高管，陈麒亦和麦当劳（中国）有限公司首席执行官曾启山均来自新加坡。

2. 重视榜样的力量

了解员工心理需求的背后是激发员工的工作激情和潜能。毕竟相当一部分员工并不甘于长期原地踏步。而此时榜样的故事便成为他们一路向前最好的鞭策。陈麒亦本人就是一个榜样。陈麒亦1980年作为餐厅员工加入新加坡麦当劳公司，从做汉堡包和烤面包开始，从一名普通餐厅员工起步，自新加坡调任中国，在餐厅营运、人力资源和培训等不同岗位上不断历练成长，经历了从经理到总监到总经理等多种角色，成为如今的麦当劳中国副总裁兼首席人员官。

3. 完善培训体系

除了精神激励和发展空间，还有一个不可缺少的硬件——培训体系。而这个需要砸入大笔真金白银。1961年，麦当劳全球第一所汉堡大学在美国伊利诺伊州正式成立。从此之后，汉堡大学成了麦当劳的人才摇篮。去年麦当劳中国汉堡大学落户上海，成为中国员工培训和发展的主要基地。到2015年，麦当劳中国汉堡大学计划投资2.5亿元人民币，为超过5000位本土管理人员提供运营管理及领导力培训。

在经济快速发展的今天，国内很多企业都忙于觅才挖人，直接聘用成熟人才似乎是快速扩张的一条捷径。而麦当劳则选择了一种看上去很缓慢的方式，大力投资培训、从基层招募、从内部培养，这是一个费力的过程。然而，麦当劳选择这条路的背后有着自己的商业逻辑。

至此，麦当劳用人的商业逻辑已经清晰地展现在我们面前。通过引导正面情绪和追求，大量内部晋升，最终获得更大收益和忠诚。（资料来源：《第一财经日报》）

阅读以上材料，回答问题：

1. 概括麦当劳的员工管理策略。
2. 麦当劳怎样做员工职业发展通道设计？
3. 你还可以给其用人之道做哪些补充？

人员使用管理讨论

实训目的

通过学生生活中的管理事例，了解人员使用工作，学会制订人员培训计划。

活动安排

1. 学生了解学生社团纳新招聘情况。
2. 分析学校社团学生干部职位要求，编写一份新入社团成员培训计划，并分小组展示。

教师注意事项

1. 由生活事例、企业经营事例导入对员工培训计划制订的认识。
2. 提供一些企业培训计划案例，组织学生讨论。
3. 组织其他相应学习资源。

资源（时间）

1课时、参考书籍、案例、网页。

评 价 标 准

表 现 要 求	是否适用	已达要求	未达要求
小组活动中，外在表现（参与度、讨论发言积极程度）			
小组活动中，对概念的认识与把握的准确程度			
小组活动中，角色扮演的精准度			
小组活动中，文案制作的完整与适用程度			

拓展实训

认识企业人员管理工作

实训目的

通过接触企业实际，认识企业人员管理工作。

活动安排

1. 学生进驻实训基地企业，了解企业人员管理情况。

2. 分别从招聘、培训、使用、考评、薪酬管理等工作中选出一个方面，分组进行素材采集，并写出分析报告，制作 PPT，分小组展示。

3. 替代管理情境：某高职院校期末组织教师教学工作评价，由你邀请相关人员作为评价主体。你觉得可以请哪些人？分别从哪些方面进行评价？

教师注意事项

1. 由生活事例、企业经营事例导入对人员管理的认识。

2. 提供一些著名企业人员管理案例，组织学生讨论。

3. 组织其他相应学习资源。

资源（时间）

1 课时、参考书籍、案例、网页。

评 价 标 准

表 现 要 求	是否适用	已达要求	未达要求
小组活动中，外在表现（参与度、讨论发言积极程度）			
小组活动中，对概念的认识与把握的准确程度			
小组活动中，角色扮演的精准度或担当任务的完成度			
小组活动中，文案、PPT 制作的完整与适用程度			

学生自我总结

通过完成单元 5，我能够做如下总结。

一、主要知识

本单元的主要知识：
1.
2.

二、主要技能

本单元的主要技能：
1.
2.

三、主要原理

我认为，人员配置的主要意义是： 1. 2.

四、相关知识与技能

我在完成本单元中学习到以下知识与技能。 1. 人员招聘的渠道有： 2. 人员使用的基本要求是： 3. 人员考评的基本做法是：

五、成果检验

我完成本单元的成果如下。 1. 我从任务描述中获取的信息有： 2. 学到的知识或技能有： 3. 自悟的知识或技能有： 4. 我对人员配置工作的看法是：

单元6

领导与激励

学习目标

1. 知识目标

- 能认识领导的含义。
- 能认识权力的形成与运用要领。
- 能认识激励理论。
- 能认识激励的方法。

2. 技能目标

- 能初步具备提高自身权威的能力。
- 能初步具备指挥能力。
- 能对激励手段进行综合运用。

学习任务

一个组织的目标、计划制订，在健全了组织结构以后，核心的任务就是通过常规管理，使组织目标变为现实。作为管理的重要职能之一，中、基层管理人员应该在认识领导的含义、作用的基础上，掌握权力的形成机制及发挥作用的主要途径。通过指挥与激励，引领、影响组织员工提高工作效率，圆满实现组织目标。组织中存在层级关系，领导的工作就存在于上下级之间，领导是一种活动，激励是一种手段。管理学初学者应在此基础上，能够从整体认识领导与激励，理解管理学中的领导职能，特别是能够运用领导与激励理论分析组织运行中出现的问题。

根据一般管理职业工作活动顺序、职业教育学习规律与能力分担原则，本单元可以分解为以下子任务。

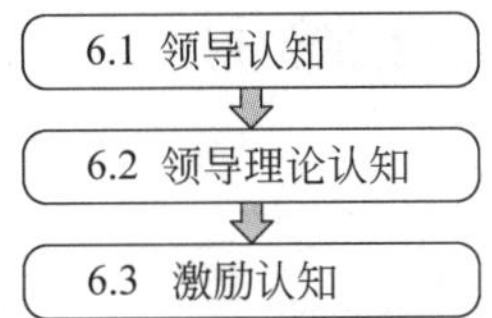

管理故事

本故事要从乌龟讲起。在一条小河里，一群乌龟在水里自由自在地游着，突然，一只巨大的渔网将它们全都装了进去。乌龟们本能地缩起脑袋和手脚，不敢睁眼向外张望。许久，年龄最大的乌龟开始小心翼翼地伸出脑袋，发现它们被关到一个瓦罐中。

瓦罐不是很大，老乌龟发现周围也没有任何危险，才推醒了其他小乌龟们。它们全都不顾一切将各自的身体竖立起来，试图爬出去。可是瓦罐又光又滑，所有努力都无济于事。

此时老乌龟大喊一声：“如果你们想从这个鬼地方出去，全部听我指挥。”老乌龟清了一下嗓子，继续说道：“凭我多年的经验看，关住我们的是一个瓦罐，单靠个人的力量是绝对出不去的，我们只有组织起来，一个爬到另一个的背上，直到离罐口不远时，这样我们的高度才能达到爬出去的条件，才有可能出去。”

大伙一听，觉得有道理。老乌龟把身体向下一蹲，对大伙说：“来吧，踩着我上去！”老乌龟这一带头，大伙纷纷地拥了上来，按照刚才制订的计划，有条不紊地进行着，最后陆续有小乌龟爬了出去，只剩下了老乌龟和另外两只小乌龟，无论如何也爬不出去。

无论是已经爬出瓦罐的乌龟，还是仍然留在罐中的乌龟都很焦急，不知道下一步该怎么办。这时老乌龟对外面的乌龟喊道：“把这个鬼东西推倒！”爬出罐外的小乌龟们立刻行动起来，不一会儿就推倒了这个瓦罐。于是，所有的乌龟都脱险了。

【管理感悟】 故事中，在老乌龟的引领、协调下，小乌龟们按照既定的目标——脱险，相互协作，服从指挥，高效率地完成了个体无法完成的任务，这就是领导职能的意义所在。同理，一个成功运营的企业必须具备卓越、高效的领导及其影响力。

6.1 领导认知

任务提示：领导与激励的第一课，学习者应该首先认识领导的含义、领导工作的特点与原则，在此基础上理解领导与组织、管理的关系，结合自己日常生活中的组织活动状况，认识领导职能的体现及领导工作的意义。

管理者在依次履行计划、组织职能之后，接下来就要执行领导职能，即领导所属人员去实现组织目标，这也是中基层管理者的一项经常性的职能。

在管理实践中，即使组织计划完善、组织结构合理，但如果没有卓有成效的领导去协调、影响组织成员的行动，具体指导实施组织计划，也会出现组织混乱、管理效能低下、组织功能失常，进而偏离组织目标的情形。

6.1.1 领导的含义

关于领导的概念，不同的学者分别从不同角度下了定义。概括起来，较具有代表性的看法有以下几种。泰瑞（G.B.Terry）认为："领导是影响人们自动地达成群体目标而努力的一种行为。"孔兹（H.Koontz）认为："领导是一门促使其部署充满信心，满怀热情来完成他们任务的艺术。"杜平（R.Dupin）认为："领导即行使权威与决定。"

我们可以从以下方面认知将领导的概念、作用。

1. 领导的概念

提到"领导"一词,一般也有两层意思，即名词与动词的区分。名词的领导是指领导者；动词的领导是指领导活动，是领导者在一定的环境下，为实现既定目标，对被领导者进行统御和指引的行为过程。我们这里强调的是动词含义的领导。

重要名词6-1　领导

领导是在一定条件下为实现组织预定目标，组织管理者运用其法定权力和自身影响力指挥、带领和激励下属的行为，并将其导向组织目标的过程。

从以上解释可以看出，领导活动是一个动态的过程，受到领导者、被领导者和环境三个因素的制约。

领导的概念包括三个方面的内容：①领导是管理者一种有目的的行为，是管理者的一个重要职能，领导的目的是有效实现组织目标。②领导的主体是组织中的管理者，领导的客体是管理者的下属，有下属并对其施加影响才可称为领导。③领导的作用方式是引导、带领、鼓舞、影响，主要包括指挥、激励、沟通等多种手段。

2. 领导的作用

在指挥、带领、指导下属为实现组织目标而努力的过程中，领导的作用主要包括指挥、协调、激励、沟通 4 个方面。

（1）指挥。有人将领导者比作乐队指挥，一个乐队指挥的作用是通过演奏家的共同努力而形成一种和谐的声调和正确的节奏。指挥是指管理者凭借权威，直接命令或指导下属行事的行为。指挥的具体形式有：部署、命令、指示、要求、指导、协调等。指挥具有强制性（不同程度的）、直接性、时效性等特点。指挥是管理者最经常使用的领导手段。

（2）协调。协调是管理者为了完成组织计划和实现组织目标，对各项工作及各岗位人员的活动进行调节，使之同步，互为依托，具体包括人际协调、工作协调。在组织实现其既定目标的过程中，人与人之间、部门与部门之间发生各种矛盾和冲突及在行动上出现偏离目标的情况是不可避免的。因此，领导者的任务之一就是协调各方面的关系和活动，保证各个方面都朝着既定的目标前进。

（3）激励。激励是指管理者通过作用于下属心理来激发其动机、推动其行为的过程。激励的具体形式包括能够满足人的需要，特别是心理需要的种种手段。激励具有自觉自愿性、间接性和作用持久性等特点。激励是管理者调动下属积极性、增强群体凝聚力的基本途径。领导者为了使组织内的所有人都能最大限度地发挥其才能，以实现组织的既定目标，就必须关心下属，激励和鼓舞下属的斗志，发掘和加强人们积极进取的动力。

（4）沟通。沟通是指管理者为有效推进工作而交换信息、交流情感、协调关系的过程。具体形式包括：信息的传输、交换与反馈、人际交往与关系融通、说服与促成态度（行为）的改变等。这是管理者保证管理系统有效运行、提高整体效应的经常性职能。领导者是组织的各级首脑和联络者，在信息传递方面发挥着重要作用，是信息的传播者、监听者、发言人和谈判者，在管理的各层次中起到上情下达、下情上传的作用，以保证管理决策和管理活动顺利地进行。

管理实务6-1　不讲外语的鹦鹉

一个人去买鹦鹉，看到一只鹦鹉前面的价签写着：此鹦鹉会两门外语，售价 200 元。另一只鹦鹉前面的价签则写着：此鹦鹉会四门外语，售价 400 元。该买哪只呢？两只都毛色光鲜、活泼可爱。这人转啊转，还是拿不定主意。结果突然发现一只老掉牙的鹦鹉，毛色暗淡散乱，但标价 800 元。这人很好奇，于是赶紧问老板：“这只鹦鹉是不是会说八门外语？”店主说：“不是，这只鹦鹉不会讲外语。”这人奇怪了：“那为什么又老又丑，又没有能力，会值这么多钱呢？”店主回答：“因为会讲外语的那两只鹦鹉叫这只鹦鹉老板。”

评析：真正的领导者，不一定自己能力有多强，只要懂信任、懂放权、懂珍惜，就能团结比自己更强的力量，提升自己的影响力。

6.1.2 领导者权力

领导的实质就在对他人的影响力，即领导者对下属及组织行为和心理的影响力，也正是通过这种影响力改变、推动下属及组织的行为，才促进了组织目标的有效实现。这种影响力可以称作领导影响力或领导权力。换言之，领导是由权力派生而来的。

领导权力通常由职位权力和个人权力组成，如图 6-1 所示。通过管理者在组织中所处职位而拥有的，并由法律、制度等明文规定的权力，称为职位权力；而由管理者个人素质、行为和威信形成的对下属的感召力称为个人权力。职位权力带来强制性影响力，个人权力带来非强制性影响力，二者结合起来形成领导的影响力即领导权力。

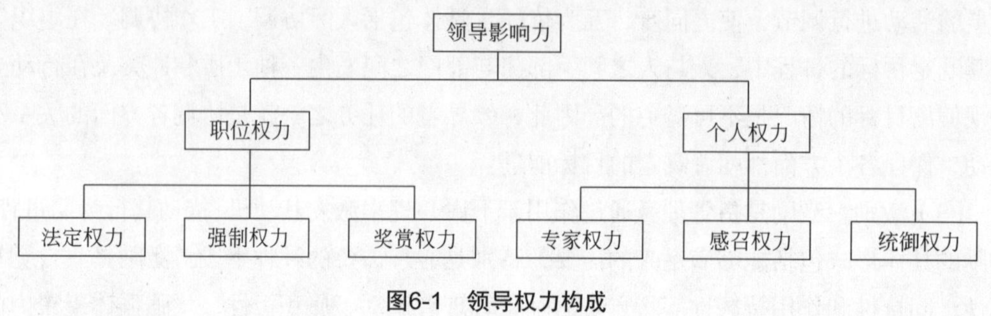

图6-1 领导权力构成

1. 职位权力

职位权力是由于组织中这个职位的存在而存在的，也就是说，职位权力并不绝对属于任何一个具体的个人，它取决于是谁被分配到了这个职位上，只要拥有这个职位，就拥有了与之相应的权力。职位权力的拥有与丧失、影响力范围与大小完全取决于领导者的职位等级，具有明确性、直接性、强制性等特点。

（1）法定权力。是指组织中各职位所固有的合法的、正式的权力。这种权力来自一个人在组织中的职位，代表一个人在正式层级中占据某一职位所相应得到的一种权力。

（2）强制权力。这是建立在惧怕之上的权力，如领导者扣发下属工资、奖金、批评、降职乃至开除等。下属出于对不遵从上级意图所可能产生的负面结果的惧怕，而选择服从这种权力，并做出反应。

（3）奖赏权力。奖赏权力与强制权相对应力。下属服从上司的命令，是因为他认识到这种服从会带来正面的、有利的结果，即奖励与赏识。所以，一个能给他人施以他们认为有价值的奖赏的人，就对这些人拥有一种权力，即奖赏权力。

A. 领导的实质是什么？是权力、权威吗？

B. 领导是对他人的影响力，通过其影响力，使下属心甘情愿地努力去实现组织目标，而非以上压下的所谓权力、权威。

2. 个人权力

个人权力是指领导者在领导过程中在人格、技巧和能力等方面形成的对下属的感召力，具有隐含性、间接性和非强制性的特点。这种权力对下属的影响比职位权力更具有持久性。

（1）专家权力。专家权力是指领导者因具有某些专门知识、特殊技能而形成的影响力，下属会出于对专家权力的信任与佩服而服从领导，如电子工程师、技术大咖、资深教授等。与之相反，一个人身居领导高位却缺少某种专门知识，就可能缺乏相应的个人权力。

（2）感召权力。感召权力又称为个人影响力，是指由领导者个人的出众品质、人格魅力、鲜明个性、个人形象、背景及与下属的良好关系等形成的影响力，下属出于敬佩、崇拜而心甘情愿地追随，如一些电影明星、战斗英雄和其他具有表率作用的榜样人物往往受到很多人的拥戴。

（3）统御权力。统御权力是指领导者由于具有驾驭全局、正确决策、处事有方、知人善任、统领下属等突出能力而形成的威信与权威，对下属形成影响力，使其追随。

正式组织中有效的领导者应该兼具职位权力和个人权力，仅有职位权力的领导者只会是借助权力发布命令的指挥官，一旦失去职位即无人响应。领导者应该加强个人素质的修炼，以便在拥有职位权力的同时获得更大的个人权力，增强其影响力，成为令人信赖和敬佩的领袖。

管理实务6-2　诸葛亮的威信

《三国演义》中，刘备三顾茅庐，好不容易请来了诸葛亮做军师，刘备的结拜兄弟关羽和张飞却对这个年仅27岁的白面书生很不服气，处处和他作对。终于，诸葛亮第一次惊艳亮相的机会来了，曹操命夏侯惇率十万大军进攻刘备，诸葛亮命赵云诱敌深入，关羽、张飞设下埋伏，火烧博望坡，把夏侯惇大军烧得尸横遍野、血流成河、所剩无几，灰溜溜地给曹操报信去了。诸葛亮的这第一把火具有极其重要的意义，他赢得了刘备手下将士的信任，初步奠定了自己运筹帷幄的军师地位，漂亮地烧出了自己的威信。从此，关羽、张飞这两位悍将也对诸葛亮佩服得五体投地，言听计从。

评析：要当好领导者，有无威信十分重要，因为这是有效开展工作的前提，但威信不是上级授予的，更不是自封或主观上认定的，而是靠自己的真本事和实际行动逐步树立起来的。

6.1.3 领导与管理

领导与管理联系极为密切，但这两个概念不尽相同，两者之间既有联系又有区别。

同样，领导者和管理者之间也既有相似之处，也有不同之处。

1. 领导与管理的联系

（1）领导行为包含于管理行为中。从前述内容可知，管理活动包括计划、组织、领导和控制等许多活动，显然，领导活动只是组织中诸多管理活动之一。

（2）领导活动和管理活动的开展都是以组织为基础的。领导活动需要有领导者与被领导者的参与，而管理活动也需要有管理者和被管理者的参与。如果没有组织，而只是单独的一个人，则不存在所谓的领导活动或管理活动。

（3）领导者和管理者在开展职能活动时，都要有一定的权力。管理者在履行管理职能时，需要有组织赋予的权力为基础。同样，领导者在实施领导职能时也要有一定的权力，这种权力可能来自组织，也可能来源于领导者个人，如个人魅力等。

（4）领导活动和管理活动在现实生活中，具有较强的复合性和相容性。领导和管理的界限并不总是很清晰的。在现实生活中，一个人可能既是领导者，又是管理者；他在从事管理工作的时候，也在担负着领导工作。

管理实务6-3　领导的艺术

一次，一位教官应邀向一班学员讲授领导与管理课。他给学员出了一道题目："现在由你们中的任何一人来领导这个班集体，要让大家全部自动走出室外，切记！要让大家心甘情愿！"第一位学员不知怎么办才好，只好回到座位。第二位学员起身对全班学员说："教官要我命令你们都出去，听到没有？"全班没有一个人走出去。第三位是这么说的："大家都听好了，现在要打扫教室卫生，请各位离开！"但仍然还有一部分人在室内，他们作为值日生在待命扫地。第四位看了一眼纸片上的题目后，微笑着对大家说："好了，各位！午餐时间到了，现在下课！"没一会儿，教室里的人走得干干净净。

评析：在现代管理中，管理者用权威来压人或者用一些理由来说服他人，都不会收到良好的效果。只有讲究技巧，让自己的目的与对方的一些意愿和切身利益结合起来，才能说服别人，收到双赢的效果。

2. 领导与管理的区别

（1）领导与管理的权力来源不完全一样。管理者是上级任命的，他们拥有合法的权力进行奖励和处罚，其影响力来自他们所在职位所赋予的正式权力。领导者可以是任命的，也可以是从一个群体选举中产生出来的，领导者可以不运用正式权力来影响他人的活动。比如非正式组织中最具影响力的人就是典型的例子，组织并没有赋予他们正式的管理职位和职权，他们也没有义务去负责组织的计划和组织工作，但他们却能引导、激励甚至命令自己的追随者。

（2）领导者与管理者在组织中的角色不一样。领导者是与权力及在组织中的地位联系在一起的，领导者与被领导者之间是上级与下级之间的关系。于是，领导者在组织中主要扮演指导下级的角色，并以个人的能力和素质为基础从事领导活动。而管理者却是与组织中的分工不同联系在一起的，管理与被管理者之间是组织中分工不同的协作劳动关系。管理者在组织中主要扮演协调工作的角色。

（3）领导者与管理者的素质要求不尽相同。从本质上说，管理是建立在合法的职务权力基础上对下属的行为进行指挥的过程，这就要求管理者通过周密的计划、严密的组织、正确的指导、严格的控制，来取得工作中的成效。而领导是一种影响力或者说是对下属施加影响力的过程。领导者可能更多的是通过其个人的魅力与专长来影响追随者的行为，并使下属自觉地为实现组织的目标而努力。因此，领导者的一个重要素质就是个人要具有一定的影响力。

重要信息6-1　领导者类型

（1）集权式领导者。集权式领导者就是把管理的制度权力牢固地进行控制的领导者。

（2）民主式领导者。民主式领导者是向被领导者授权，鼓励下属的参与，并且主要依赖于其个人专长权和影响权影响下属的领导者。

（3）维持型领导者。其也称事务型领导者，是指通过明确角色和任务要求，激励下属向着既定的目标活动，并且尽量考虑和满足下属的社会需要，通过协作活动提高下属的生产率水平的领导者。

（4）关系型领导者。关系型领导者是指高度重视员工的关系与支持，强调与员工保持良好关系的领导者。

课堂测评

测评要素	表现要求	已达要求	未达要求
知识点	能掌握领导的含义		
技能点	能初步认识领导的权力来源		
任务内容整体认识程度	能概述领导与管理的关系		
与职业实践相联系程度	能描述领导对于组织的实践意义		
其他	能描述与其他课程、职业活动等的联系		

6.2 领导理论认知

任务提示：领导与激励的第二课，学习者应该从理论的角度，加深对领导的理解，在此基础上理解领导与权力、管理的关系，结合自己日常生活中的组织活动状况，认识权力的正确运用及指挥工作的意义。

在管理学领域中，现有的领导理论大致归纳为四种典型，即人性假设理论、领导特性理论、领导行为理论和权变领导理论。

6.2.1 人性假设理论

管理归根结底是人的管理，现代管理理论以人性假设为前提，不同的人性假设在实践中体现为各种不同的管理观念和管理行为。

1. 人性假设的意义

我国古代对人的本性就有"性恶说"和"性善说"。西方管理理论在其发展的不同阶段对人的本性认识也各不相同。人的本性认识因阶级、社会发展不同时期、不同管理学派等而有所不同。

人性假设问题是一切管理思想和管理行为的认识基础，直接决定着管理者的领导方式。有什么样的人性假设，就会形成与之相适应的领导方式。

重要名词6-2　人性假设

所谓"人性假设"是指领导者在管理活动中对人的本质属性的基本看法。在管理活动中，领导者采取什么样的领导方式，在很大程度上取决于领导者对人性的假设。

2. 人性假设理论的演进

人性假设理论先后经历了"经济人"假设、"社会人"假设、"自我实现人"假设、"复杂人"假设等不同的阶段。

（1）"经济人"假设。古典管理理论阶段，亚当·斯密最早提出了"经济人"假设。他认为，人的一切行为都是为了最大限度地满足自己的利益，工作是为了获得经济报酬。在管理中强调用物质上和经济上的利益来刺激工人努力工作，同时对消极怠工者严厉惩罚，即采取"胡萝卜加大棒"政策。

（2）"社会人"假设。"社会人"假设的理论基础是人际关系学说，这一学说是由霍桑实验的主持者梅奥提出来的。他认为，人是"社会人"，不但有经济方面和物质方面的需求需要得到满足，更重要的是人有社会方面和心理方面的需求需要得到满足。正是基于对人的本性的这种认识，人际关系学说认为，要调动职工的积极性，就应该使职工的社会和心理方面的需求得到满足。

（3）"自我实现人"假设。随着行为科学的发展，在管理理论界又出现了"自我实现人"观点。这种观点认为，"人都需要发挥自己的潜力，表现自己的才能，只有人的潜力充分发挥出来，人的才能充分表现出来，人才会感到最大的满足"。与这种观点相适应，管理者采取的是一种重视贡献，实现自我控制的领导方式。

（4）"复杂人"假设。无论是"经济人"，还是"社会人"，虽然都有其合理的一面，但并不适合一切人。"复杂人"假设的观点认为，人是极为复杂的，不但各个人之间都是不同的，而且就每一个人本身而言，他在不同的时间、地点和不同的环境条件下，也会有不同的需要和行为表现。与这种观点相适应，管理方式也要依时、依人而异。

A. 对于“人性”，为什么会有多种说法呢？

B. 因为人类的认知是阶段性的，不同历史时期的人就有不同的认知。所谓“生有涯，知无涯”。

6.2.2 领导特性理论

领导特性理论是最古老的领导理论观点，它集中回答这样的问题：领导者应该具备哪些素质？怎样正确地挑选领导者？

1. 传统领导特性理论

传统领导特性理论认为领导者的特性来源于生理遗传，是先天具有的，且领导者只有具备这些特性才能成为有效的领导者，如今已经很少有人赞同这种观点。领导特性理论的创始人阿尔波特（C.W.Allport）及其同事们曾分析过 17953 个用来描写人的特点的形容词。亨利（W.Henry）1949 年在调查研究的基础上指出，成功的领导者应具备 12 种品质：①成就需要强烈，他把工作成就看成是最大的乐趣；②干劲大，工作积极努力，希望承担富有挑战性的工作；③用积极的态度对待上级，尊重上级，与上级关系较好；④组织能力强，有较强的预测能力；⑤决断力强；⑥自信心强；⑦思维敏捷，富于进取心；⑧竭力避免失败，不断地接受新的任务，树立新的奋斗目标，驱使自己前进；⑨讲求实际，重视当下；⑩眼睛向上，对上级亲近而对下级较疏远；⑪对父母没有情感上的牵扯；⑫效力于组织，忠于职守。

2. 现代领导特性理论

现代领导特性理论认为，领导者的特性和品质并非全是与生俱来的，而可以在领导实践中形成，也可以通过训练和培养的方式予以造就。主张现代特性理论的学者提出了不少富有见地的观点。美国普林斯顿大学教授威廉·杰克·鲍莫尔（William Jack Baumol）针对美国企业界的实况，提出了企业领导者应具备的 10 项条件：①合作精神；②决策能力；③组织能力；④精于授权；⑤善于应变；⑥勇于负责；⑦勇于求新；⑧敢担风险；⑨尊重他人；⑩品德超人。

6.2.3 领导行为理论

领导行为理论主要研究领导者应该做什么和怎样做才能使工作更有效，也就是要回答一个领导者是怎样领导他的群体的。其研究集中在两方面：一是领导者关注的重点是什么，是工作的绩效，还是群体维系？二是领导者的决策方式，即下属的参与程度。由此产生了不同的领导方式。领导行为方式理论主要有以下几种表现。

1. 三种领导方式理论

美国管理学家怀特（Ralph K.Wbite）和李皮特（Ronald Lippett）提出了三种领导方式理论：权威型、民主型及放任型，这是人们最熟悉的领导分类。

（1）权威型领导。领导者将权力紧握于个人手中，集各种权力于一身，仅依靠个人经验、能力和意志领导企业活动，同时采用强制的方式下达各种指令，强调下级的绝对服从，缺乏对员工的关心和尊重。

（2）民主型领导。这类领导者强调领导的权力由企业员工群体赋予，认为被领导者是勤奋的、勇于负责的，在受到激励后，能够主动协调个人行为与工作的关系，具有自我控制能力，决策时他让下级积极参与，上下级之间进行充分的交流协商。

（3）放任型领导。这类领导者主张将权力下放于员工群体手中，使之享有充分的权力。这类领导完全放手，鼓励员工自行决策，实现自主管理，领导者仅以劝告说服的形式，提出各项意见和建议。

2. 领导行为连续流理论

美国管理学家坦南鲍姆（Robert Tannen-baum）和施密特（Warren H. Schmidt）提出了领导行为连续流，也称作主管者—非主管者的行为连续流，这种理论认为，领导方式有各式各样。一个适宜的领导方法取决于环境、下属的素质、领导者的个性及能力因素的灵活应用。

这一理论认为，专制与民主仅仅是领导方式的两个极端，中间还存在许多过渡式的领导方式，它们组成了领导行为连续统一体，并具体提出了以领导为中心的专制型领导方式到以下级为中心的民主型领导方式之间，有七种代表性的领导方式，如图 6-2 所示。领导连续流提供的是一系列的领导方式，说不上哪一种方式总是正确的，而哪一种方式总是错误的。领导者应结合环境因素，考虑自身实际情况，选择其中的某种领导方式。

3. 管理方格理论

管理方格理论是由布莱克和穆顿在 1964 年提出，他们从领导者对工作关心与对人关心这两个行为基本面进行观察、研究，发现其间存在多种复杂的领导方式。通过坐标图来表示，以横坐标代表领导者对工作的关心、纵坐标代表领导者对人的关心，按关心程度从 1（低）到 9（高）的等级各划分为 9 个格，这样形成 81 种组合，代表各种各样的领导方式（见图 6-3）。如果要评价某一位领导者的领导方式，只要在方格图中按照他的两种行为寻找交叉点即可确定。

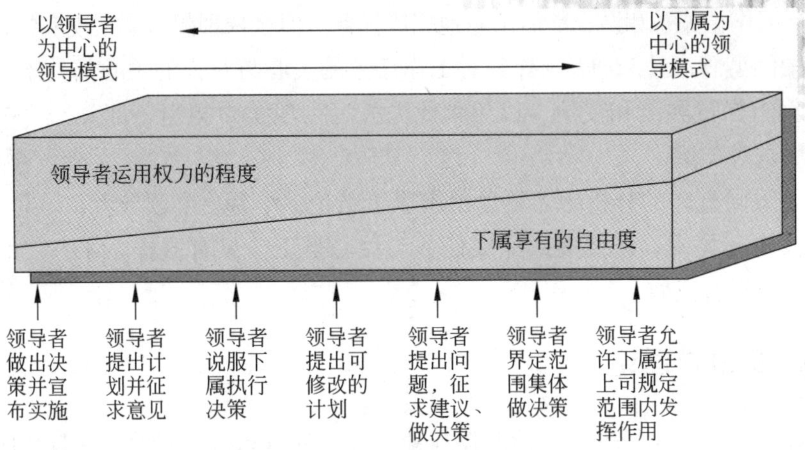

图6-2 领导行为连续流理论

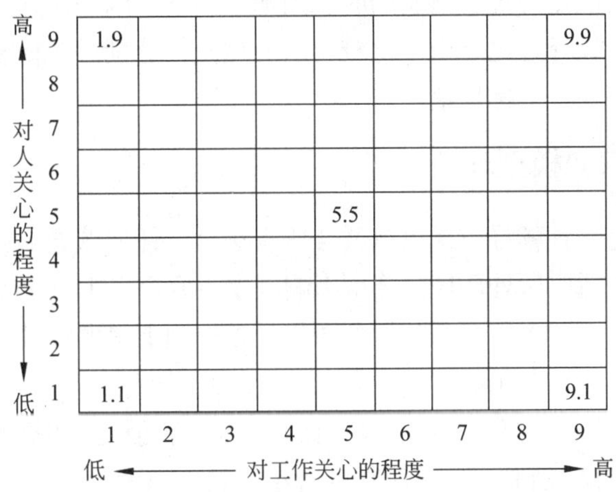

图6-3 管理方格

布莱克和穆顿在提出管理方格理论的同时，还列举了五种典型的领导风格。

（1）贫乏型管理（1.1）。领导者既不关心工作任务，也不关心他人，是一种不称职的领导。这种管理方式无疑会使企业失败，因此在实践中很少见到。

（2）任务型管理（9.1）。领导者高度关心工作任务，而不关心员工。这种方式有利于短期内工作任务的完成，但容易引起员工的反感，对于长期管理不利。这种领导是一种专权式的领导，下属只能奉命行事，失去进取精神，不愿用创造性的方法去解决各种问题。

（3）俱乐部型管理（1.9）。领导者不关心工作任务，只关心人，热衷于建立融洽的人际关系。持此方式的领导者认为只要员工精神愉快，生产自然会好。这种管理的结果可能很脆弱，一旦和谐的人际关系受到影响，生产成绩会随之下降，不利于工作任务的完成。

（4）团队型管理（9.9）。领导者既关心工作任务，又关心人，是一种最理想的状态。员工在工作上相互协作，共同努力去实现企业目标；领导者诚心诚意地关心员工，努力使员工在完成组织目标的同时，满足个人需要。应用这种方式的结果是员工都能运用智慧和创造力进行工作，关系和谐，能够出色地完成任务。但这种理想状态在现实中很难实现。

（5）中间型管理（5.5）。领导者对工作任务的关心与对人的关心都处于一个中等的水平上，努力保持和谐和妥协，以免顾此失彼。在现实中相当一部分领导者都属这种类型。

魅力型领导

从上述不同方式的分析中，可以得出以下结论：作为一个领导者，既要兼顾民主与集中，还要兼顾完成任务与关心员工。只有这样，才能使领导工作卓有成效。

6.2.4 权变领导理论

权变理论认为，领导的有效性不仅与领导者的素质和行为有关，而且与所处的环境相关，没有一成不变的、普遍适用的“最好的”管理理论和方法，管理者做什么、怎样做完全取决于当时的既定情况，只有因时、因地、因事、因人制宜的领导方式，才是有效的领导方式。权变领导理论有两个比较典型的理论，分别是菲德勒的权变模型理论以及罗伯特·豪斯的路径—目标理论。

1. 菲德勒的权变模型理论

菲德勒认为没有一种领导方式可以适合所有场合，任何领导形态均可能有效，其有效性完全取决于是否适应所处环境。环境影响因素主要有以下三个方面。

（1）上下级关系。上下级关系包括领导者是否得到下属的尊敬和信任，是否对下属具有吸引力。下属对领导者越尊重，越乐于追随，则上下级关系越好，领导环境也越好。

（2）职位权力。职位权力是指领导者所处职位具有的权威和权力的大小，或者说领导者实际拥有的法定权、强制权、奖励权的大小。权力越大，群体成员遵从的程度越高，领导环境也越好。

（3）任务结构。任务结构是指任务的明确程度和下属对这些任务的负责程度。这些任务越明确，程序越简单，下属责任心越强，领导环境也越好。

菲德勒的权变模型如图 6-4 所示。

上下级关系	好				差			
任务结构	明确		不明确		明确		不明确	
职位权力	强	弱	强	弱	强	弱	强	弱
情境类型	1	2	3	4	5	6	7	8
情境状态	有利环境			中间状态				不利环境
有效领导方式	任务导向型			关系导向型				任务导向型

图6-4 菲德勒的权变模型理论

菲德勒权变模型理论认为，影响领导成功的关键因素之一是领导者的基本领导风格。由于领导行为与领导者的个性是相联系的，所以领导者的风格是稳定不变的。提高领导者有效性的方式仅有两条途径：替换领导者以适应新环境，或是改变环境以适应领导者。

2. 罗伯特·豪斯的路径—目标理论

路径—目标理论（path-goal theory）是由加拿大多伦多大学组织行为学教授罗伯特·豪斯（R.House）最早提出的。这一理论认为,领导者的工作是帮助下属达到他们的目标，并提供必要的指导和支持以确保各自的目标与群体或组织的总体目标相一致。“路径—目标”的概念来自这种信念，即有效领导者通过明确指明实现工作目标的途径来帮助下属，并为下属清理各项障碍和危险，从而使下属的这一履行更为容易。该理论模型如图 6-5 所示。

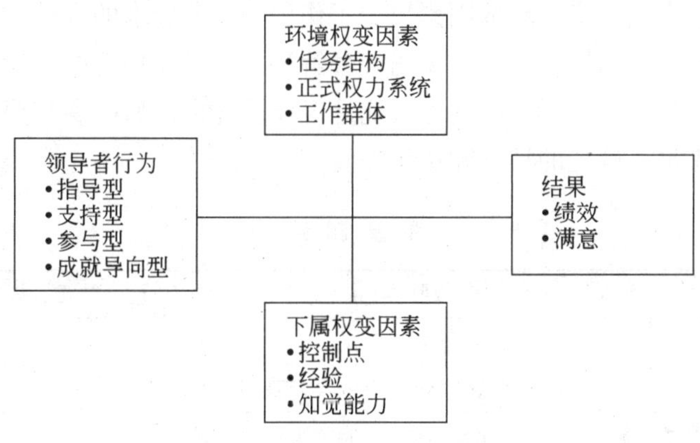

图6-5 路径—目标理论

（1）领导方式。按照路径—目标理论，领导方式被下属接受的程度取决于下属将这种行为视为满足的即时源泉，还是作为未来获得满足的手段。领导者方式的激励作用在于：一是将满足下属的需要与有效的工作绩效联系在一起；二是它提供了有效的工作绩效所需的指导、支持。

为了考察这些方面，豪斯确定了四种领导方式：①指导型领导方式。给下属明确任务目标、工作标准、规章制度，明确职责和完成时限，严密监督，通过奖惩控制下属的行为的领导方式。当工作任务模糊不清、变化大或下属对工作不熟悉、没有把握、感到无所适从时，这种方式是合适的；②支持型领导方式。对下属友好，平等对待，关心下属的生活福利和需要，在下属有需要时能够提供真诚帮助。这种领导方式特别适用于工作高度程序化、让人感到枯燥乏味的情境；③参与型领导方式。领导者与下属一同进行工作探讨，征求他们的意见和建议，鼓励下属参与任务目标决策和解决具体问题。当任务相当复杂，需要组织成员之间高度的相互协作时，或当下属拥有完成任务的足够能力并希望得到尊重和自我控制时，采用这种方式是合适的；④成就导向型领导方式。这是参与型领导方式的一种特殊类型，领导者通过为下属设置富有挑战性的目标和奖励措施激励下属完成任务。只要下属能完成目标，他们就有权自主决定怎么做。

（2）情境因素。豪斯认为，领导方式是有弹性的，四种领导方式可能在同一个领导者身上出现，因为领导者可以根据不同的情况斟酌选择，在实践中采用最适合下属特征和工作需要的领导方式。他提出了两类情境或权变变量作为领导方式与结果之间的中间变量。

① 下属的权变因素。下属的权变因素为下属个性特点（控制点、经验和感知能力），即下属对自身行为结果的原因解释（内因或外因）以及员工对自身完成任务的能力评价。

② 下属控制范围之外的环境权变因素。它们是下属控制范围之外的环境（任务结构、正式权力系统以及工作群体）。

要想使下属的产出最多，环境因素决定了作为补充所要求的领导方式类型，而下属个性特点决定了对环境和领导者行为做出何种解释。在工作环境中，领导者必须确认员工的任务是否已经结构化了；正式权力系统是否最适合指挥型或参与型领导，以及现在的工作群体是否满足了员工的社会和尊重需要。

课 堂 测 评

测 评 要 素	表 现 要 求	已 达 要 求	未 达 要 求
知识点	能掌握不同领导理论的含义		
技能点	能初步认识领导理论主要内容与观点		
任务内容整体认识程度	能概述领导理论与领导职能的关系		
与职业实践相联系程度	能描述领导理论对于组织的实践意义		
其他	能描述与其他课程、职业活动等的联系		

6.3 激励认知

任务提示：领导与激励的第三课，学习者应该首先认识激励的含义、激励的特点与过程以及相关激励理论，在此基础上理解领导与激励、管理的关系，结合自己日常生活中的组织生活状况，认识激励的正确运用及意义。

6.3.1 激励

人是决定组织成败的关键因素，其积极性的高低直接影响工作绩效。而现实管理活动中，提高人的工作积极性离不开科学的激励。

1. 激励的含义

从字面意思看，激励有激发与鼓励的意思，其原意是指人在外部条件刺激下出现的心理紧张状态。

在管理活动中，激励的最主要作用是通过动机的激发，调动被管理者工作的积极性和创造性，自觉自愿地为实现组织目标而努力，即其核心作用是调动人的积极性。

重要名词6-3　激励

管理中的激励是指管理者运用各种有效的管理手段与方法，刺激被管理者的需要，激发其动机，使其朝所期望的目标前进的心理过程。

2. 激励的特点

激励的对象是人，激励作为一种领导手段，与前面所述的凭借权威进行指挥相比，最显著的特点是激励对象内在驱动性和自觉自愿性。由于激励起源于人的需要，是被管理者追求个人需要满足的过程。因此，这种实现组织目标的过程，不带有强制性，而完全是靠被管理者内在动机驱使的、自觉自愿去实现的过程。

简单来讲，科学的激励会产生自觉行动，不论什么条件下，都表现为“我要做”而非“要我做”。

3. 激励的过程

人类有目的的行为都是出于对某种需要的追求。未得到的满足是激励的起点，进而导致寻找能满足需要的目标，并产生要实现这种目标的动机；由于动机驱使，被管理者采取努力实现上述目标的行为；目标实现，需要满足，紧张心理消除，激励过程完结。当一种需要得到满足后，人们会随之产生新的需要，作为未被满足的需要，又开始了新的激励过程。这一过程如图 6-6 所示。

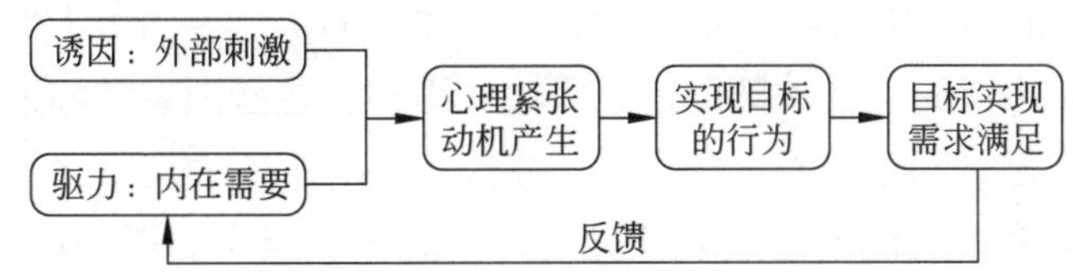

图6-6　激励过程示意图

6.3.2　激励理论

激励理论是研究如何有效调动人的积极性的理论，主要回答了作为领导者或管理者，应该如何正确地开展激励工作，如何根据人们的需要和自身的规律，选择正确的激励方法。许多心理学家与管理学家从心理研究的角度出发，形成了多个著名论述。

1. 成就需要理论

成就需要理论是后期行为科学理论体系的重要组成部分，代表人物是美国哈佛大学心理学教授麦克利兰（David.G.M.Clelland）。这一理论把人的基本需要分为权力需要、友谊需要和成就需要，其中成就需要对个人、团体和社会的发展起着至关重要的作用。

（1）权力需要。权力需要是指人渴望获得权力的欲求状态在人脑中的反映，是影响他人和控制他人的愿望。这种愿望高的人喜欢“负责”，喜欢追求社会地位和对别人的影响，喜欢别人的行为符合自己的意愿，希望支配别人并受到社会的尊重，较少关心别人的有效行为。

（2）友谊需要。友谊需求是指追求人与人之间的友谊和良好的信赖关系的愿望。友谊需要高的人，喜欢合作环境甚于竞争环境，他们把人际关系看得比权力和成就更为重要。在处理人际冲突时，往往倾向于协调和折中。

（3）成就需要。成就需要是指一个人追求卓越、取得事业成功的需要。成就需要高的人，往往期望把工作做得更好、更有效果、超过他人。成就需要者有三个特点：喜欢接受挑战性的任务、有明确的行动目标、注意自己工作成就的反馈。

2. 赫茨伯格的双因素理论

双因素理论又称激励保健理论，是美国的行为科学家弗雷德里克·赫茨伯格于 20 世纪 50 年代提出来的。他认为，影响人们工作积极性的因素主要有保健因素和激励因素两大类，因而被称为“双因素理论”。

（1）基本内容。①保健因素。保健因素是指一些造成员工不满的因素，它们的改善能够解除员工的不满，但不能使员工感到满意并激发起员工的积极性，主要包括管理政策、制度、工资发放、工作条件、劳动保护、工作监督以及各种人事关系处理等。当员工在这些方面得不到满足时，就会产生不满，从而影响工作。当员工得到了满足，也只是消除了不满，并不能充分调动其工作积极性。因此，这些因素被称为保健因素。②激励因素。激励因素是指和工作相关的因素，主要包括：工作表现机会、工作的乐趣、工作的成就感、对未来发展的期望、职务上的责任感等。当人们得到这些方面的满足时，会对工作产生浓厚的兴趣及很大的工作积极性，起到明显的激励作用。因此，他将这类因素称为激励因素。

（2）实践意义。首先，管理者应该善于区分管理实践中存在的两类因素，对于保健因素要给予基本的满足，以消除下级的不满，如工作条件、住房、福利等。其次，要抓住激励因素，进行有针对性的激励，如调整工作的分工、增加工作的挑战性等。最后，对于不同地区、不同时期、不同组织的员工，最敏感的激励因素是各不相同的。因此，必须在分析上述因素的基础上，灵活地加以确定。

管理实务6-4　你说这是为什么

毕业五年后，陆明创办了一家小公司。日常生活中，他视员工如兄弟，强调“有福共享，有难同当”，并把这种思路贯穿于企业的管理工作中。当企业的效益好时，他便多发奖金给大家；一旦企业产品销售状况不好，他就少发甚至不发奖金给大家。结果，一段时间后，他发现大家只愿意“有福共享”，而不愿有难同当。更有甚者，在公司十分困难时，还有员工离开公司，或将联系到的业务转给其他公司，自己从中偷偷拿提成。从未学过管理学的陆明实在有些不解，你认为这是为什么？

评析：引起人们工作动机的因素主要有两个，一是保健因素，二是激励因素。只有激励因素才能够给人们带来满意感，而保健因素只能消除人们的不满，但不会带来满意感。在管理活动中，陆明将二者混为一谈，显然没有理解双因素理论的实践意义，因而会出现这样的情形。

3. 弗鲁姆的期望理论

美国心理学家弗鲁姆于1964年系统地提出了期望理论。这一理论通过人们的努力行为与预期奖酬之间的因果关系来研究激励的过程。

（1）基本内容。这种理论认为，人对某项工作积极性的高低，取决于他对这种工作能满足其需要的程度及实现可能性大小的评价，如一位营销人员认为某项工作目标的实现，将会给他带来巨大的利益（巨额奖金、荣誉称号、职务晋升等），而且只要通过努力，达到目标的可能性也很大时，他就会以极高的积极性努力完成这一工作。反之，若对达到目标不感兴趣，或者虽感兴趣，但根本没有希望达到目标，那么他就不会努力做好这项工作的积极性。

激励水平取决于效价与期望值的乘积大小，其公式是：

$$激发力量=效价\times 期望值$$

其中，激发力量是指受激励动机的强度，即激励作用的大小。它表示人们为达到目标而努力的程度。效价是指目标对于满足个人需要的价值，即某一个人对某一结果偏爱的强度。期望值是指个人对采取某种行动实现目标可能性的判断，即实现目标的概率。

由公式可知，激励作用的大小与效价、期望值成正比，即效价、期望值越高，激励作用越大，反之，则越小。但是如果其中一项为零，则激发力量也自然为零。

（2）实践意义。①在管理活动中，管理人员一定要选择员工感兴趣、评价高即效价大的项目或手段作为激励手段。②确定目标的标准不宜过高，也应该从员工实际需要出发，才能通过增大目标实现的概率以及针对性，增强激励作用。

4. 亚当斯的公平理论

公平理论是美国心理学家亚当斯于1965年提出来的。这一理论重点研究个人做出的贡献与所得报酬之间的比较及其对激励的影响。

（1）基本内容。该理论认为，人的工作积极性不仅受其所得的绝对报酬的影响，更受到相对报酬的影响。这种相对报酬是指个人付出的劳动与所得到的报酬的比较值。付出劳动包括体脑力消耗、技术水平能力高低、工龄长短、工作态度等；报酬包括工资、奖金、晋升、名誉、地位等。付出与报酬的比较方式包括两种：横向比较，即在同一时间内以自身同其他人相比较；纵向比较，即拿自己不同时期的付出与报酬进行比较。前者可称为社会比较，后者可称为历史比较。

感到报酬公平时，心情舒畅，积极性和努力程度可能会保持不变；当感觉报酬不公平时，就会出现心理上的紧张、不安，从而使员工采取行动以消除或减轻这种心理紧张状态。可能采取的具体行为有：试图改变其所得报酬或付出；有意无意曲解自己或他人的报酬或付出；竭力改变他人的报酬等。

（2）实践意义。该理论表明，公平与否来源于个人的感觉，管理人员在管理中要高度重视相对报酬问题，尽可能实现相对报酬的公平性，当出现不公平现象时，要做好工作，积极引导，并通过改革与管理的科学化消除不公平。

6.3.3 激励的方式

管理活动中，激励必须通过适当的方式与手段来实现。按照激励中诱因的内容和性质，激励的方式与手段大致可分为三类：物质利益激励、社会心理激励和工作激励。

1. 物质利益激励

物质利益激励是指运用物质的手段使受激励者得到物质上的满足，从而进一步调动其积极性、主动性和创造性。主要包括物质奖酬激励和物质惩罚激励。

（1）物质奖酬激励。物质奖酬包括工资、奖金、福利、晋升和各种形式实物奖励等。由于物质需要是人类的第一需要，也是基本需求，所以物质奖酬激励是激励的主要模式，虽然对国外一些较高收入水平的人来说，工资、奖金已构不成主要的激励因素，但对我国相当一部分收入水平较低的人来说，工资、奖金仍是重要的激励因素。

（2）物质惩罚激励。物质惩罚激励是指在经济上对员工进行处罚，是一种管理上的负强化，属于一种特殊形式的激励。运用这种方式时要注意：必须有可靠的事实根据和政策依据，令其心服口服；处罚的方式与刺激量要适当，既要起到必要的教育与震慑作用，又不要激化矛盾；还要同深入细致的思想工作结合，注意疏导，化消极为积极，真正起到激励作用。

A. 负强化是指什么？

B. 不进行正强化就是一种负强化，如企业不再需要原来倡导的某种行为时，可以取消正强化，使该行为减少或不出现。

2. 社会心理激励

社会心理激励是指管理者运用各种社会心理学的方法，刺激被管理者的社会心理需要，以激发其动机的方式与手段，主要包括以下一些方式。

（1）目标激励。即指给员工确定一定的目标，以目标为诱因，激发其动机，调动其积极性的方式。目标激励中，可用以激励的目标主要有三类：工作目标、个人成长目标和个人生活目标。管理者可通过尽可能增大目标的效价、增强目标的可行性，以提高激励的效果。

管理实务6-5　不合格的钟声

有一个小和尚担任撞钟一职，半年下来，觉得无聊之极，“做一天和尚撞一天钟”而已。有一天，住持宣布调他到后院劈柴挑水，原因是他不能胜任撞钟一职。小和尚很不服气地问：“我撞的钟难道不准时、不响亮？”老住持耐心地告诉他：“你撞的钟虽然很准时，也很响亮，但钟声空泛、疲软，没有感召力。钟声是要唤醒沉迷的众生，因此，撞出的钟声不仅要洪亮，而且要圆润、浑厚、深沉、悠远！”

评析：这里的领导者未能将工作目标明确告诉员工，小和尚未能认识到其工作的深远意义，因而没有强烈的事业心与使命感。于是，就出现了“做一天和尚撞一天钟”的现象。

（2）榜样激励。即指通过组织树立的榜样使组织目标形象化，号召成员向榜样学习，从而调动其积极性的方式。榜样激励主要包括以下两方面：先进典型的榜样激励和管理者自身的模范作用。

（3）教育激励。即指通过教育方式与手段，激发动机、调动下级积极性的形式。具体包括政治教育、思想工作等。

（4）表扬与批评。表扬与批评是管理者常用的激励手段。运用时，要讲究表扬与批评的艺术，坚持以表扬为主，批评为辅，注意方式、方法，要对事不对人。

管理实务6-6　真诚的赞美

一天晚上，韩国一家大公司的保险箱遭窃，人们发现与窃贼搏斗的竟是一名清洁工。作为公司最没地位、最不起眼的角色，可以置身事外或者采取更安全措施的人，但他为了维护公司利益，愿意拿生命去冒险，这家公司的凝聚力成为人们羡慕的“谜”。

后来，公司为这位清洁工召开了庆功会，会上有人问起他与窃贼搏斗的动机，清洁工只说了一句人们想不到的话：“总经理每次走过我身边的时候，总会说，你扫得真干净。”

评析：答案没有人们想象的那么复杂，但细想起来也没那么简单。但有一点值得肯定——真诚的赞美能激发他人的无限潜能。

（5）感情激励。即以感情作为激励的诱因，调动人的积极性。感情激励主要包括促进上下级之间的和谐、员工之间的融合、团体氛围健康、愉悦。

（6）信任关怀激励。即指管理者充分信任员工的能力和忠诚，放手、放权，并在下属遇到困难时，给予帮助、关怀的一种激励。具体包括尊重下级、尽力满足下级的成就感、支持下级自我管理、自我控制等。

（7）参与激励。即指以让下级参与管理为诱因，调动下级的积极性和创造性。下级参与管理，有利于满足下级受尊重的心理需要，使其产生归属感；有利于下级对决策的认同，从而激励他们积极自觉地去推进决策的实施。

（8）竞赛（争）激励。即指鼓励各种形式的竞争，通过组织各种形式的竞赛，以激发员工的热情、工作兴趣的一种激励措施。

（9）兴趣激励。即指通过发现、重视员工的兴趣，以激发其动机，调动其积极性的方式。具体方式有内部工作双选、业余兴趣活动等。

3. 工作激励

工作激励是指通过分配恰当的工作，满足职工自我实现和尊重的需要，从而激发职工的内在工作热情的方法。管理活动中，一般有以下几种途径。

（1）工作适应性。每个人都有自己的特长和爱好，都希望在组织中最大限度地发挥自己的聪明才智。管理者要善于研究人和工作的性质与特点，用人之所长，实现人与事的最佳配合。

（2）工作挑战性。大多数情况下，员工愿意迎接工作的挑战，每经过一次挑战，就会获得一次成就感。因此，在分配工作时，要使工作的要求和目标具有一定挑战性，这样能够激发员工奋发向上的精神。

（3）工作扩大化。工作扩大化是指工作范围的扩大或工作多样性，从而给员工增加了工作种类和工作强度，用来消除单调乏味状况，增加员工工作的积极性。

（4）工作丰富化。工作丰富化是指让员工参与一些具有较高技术或管理含量的工作，通过提高其工作的层次，使职工获得一种成就感，使其渴望得到尊重与自我实现的需要得到满足。

重要信息6-2　　激励的原则

（1）目标结合原则。在激励机制中，设置目标是一个关键环节。目标设置必须将组织目标和员工需要结合起来。

（2）物质激励和精神激励相结合的原则。物质激励是基础，精神激励是根本。在两者结合的基础上，逐步过渡到以精神激励为主。

（3）引导性原则。外激励措施只有转化为被激励者的自觉意愿，才能取得激励效果。因此，引导性原则是激励过程的内在要求。

（4）合理性原则。激励的合理性原则包括两层含义：其一，激励的措施要适度。要根据所实现目标本身的价值大小确定适当的激励量；其二，奖惩要公平。

（5）明确性原则。激励的明确性原则包括三层含义：明确、公开、直观。

（6）时效性原则。激励越及时，越有利于将人们的激情推向高潮，使其创造力连续有效地发挥出来。

（7）正激励与负激励相结合的原则。所谓正激励，就是对员工的符合组织目标的期望行为进行奖励。所谓负激励，就是对员工违背组织目的的非期望行为进行惩罚。

（8）按需激励原则。激励的起点是满足员工的需要，但员工的需要因人而异、因时而异，并且只有满足最迫切需要（主导需要）的措施，其效力才高，其激励强度才大。

课堂测评

测评要素	表现要求	已达要求	未达要求
知识点	能掌握激励的含义		
技能点	能初步认识激励理论的主要内容与运用		
任务内容整体认识程度	能概述激励与组织目标实现的关系		
与职业实践相联系程度	能描述激励对于组织的实践意义		
其他	能描述与其他课程、职业活动等的联系		

单元 6 小结

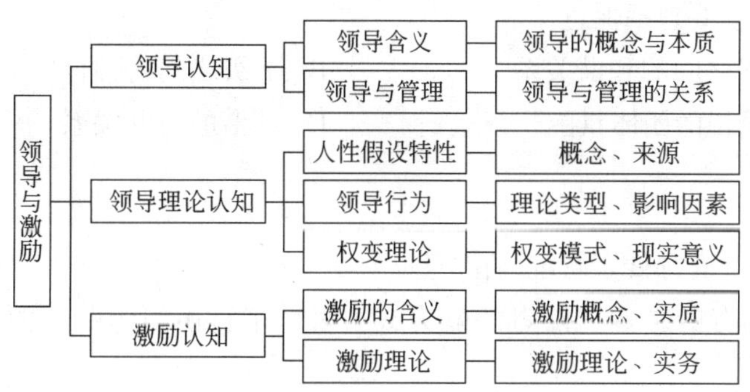

教学做一体化训练

重要名词

领导　人性假设　激励

课后自测

一、选择题

1. 领导的实质是一种对他人的（　　）。

A. 影响力　B. 强制力　C. 约束力　D. 协调力

2. 领导职能主要包括（　　）。

A. 指挥　B. 激励　C. 沟通　D. 合作

3. 个人权力来源包括（　　）。

A. 专家权力　B. 感召权力　C. 统御权力　D. 法定权力

4. 成就需要理论中的需要包括（　　）。

A. 成就需要　B. 权利需要　C. 情谊需要　D. 组织需要

5. 权变理论中，领导的有效性取决于（　　）。

A. 上下级关系　B. 职位权力　C. 放权　D. 任务结构

6. 激励的方式与手段大致可分为（　　）。

A. 书面激励　B. 物质利益激励　C. 社会心理激励　D. 工作激励

7. 激励的特点有（　　）。

A. 激励是一种管理手段

B. 是内在驱动性和自觉自愿性

C. 带有强制性

D. 完全靠被管理者自觉自愿地去实现组织目标

8. 感情激励主要包括促进（　　）。

A. 上下级之间的和谐关系　B. 下级之间的融合

C. 健康愉悦的团体氛围　D. 和谐的公共关系

二、判断题

1. 所有的领导者都处于管理岗位。（　　）

2. 领导者拥有的影响追随者的能力或力量都来自由组织赋予领导者的职位和权力。（　　）

3. 拥有的权力越大，听从者与追随者也就会越多。(　　)
4. 管理者的个人性权力也被称为正式权力。(　　)
5. 对员工的激励能否有效很大程度上取决于领导者权力的运用。(　　)
6. 公司的政策、人际关系、工作上的成就感都属于保健因素。(　　)
7. 物质惩罚激励属于一种管理上的负强化，是一种特殊的激励。(　　)

三、简答题

1. 领导方式包括哪些内容?
2. 权力的来源是怎样的?
3. 怎样才是科学地使用权力?
4. 授权是指什么?
5. 期望理论中的期望指的是什么?
6. 工作丰富化是指什么?

四、案例分析题

联想的激励措施

联想集团创始人柳传志说过，联想要努力成为一家伟大的企业。那么在努力的过程中，联想集团在对员工的激励上都有哪些可以被其他企业借鉴的呢?

1. 物质激励：履行对员工的责任

联想认为，企业对员工的物质激励是其履行对员工的责任的重要手段，特别是对于业务骨干，如果仅仅采用精神激励，时间一长可能就会行不通。联想作为制造业企业，利润薄，但是不从员工的待遇方面去抠，而是千方百计地提高企业效率，否则，员工很快会被“掏空”，企业也就无法跟对手竞争。所以，联想的指导思想是员工的待遇要比国内同类型企业高。

2. 中短期激励：独具特色的“三年奖励”计划

联想的中短期激励有两种，一是就完成一个特殊项目给予的奖励，即项目奖；二是年终奖金。除了一般意义上的年终奖外，联想控股还创造性地提出了所谓的“三年奖励”，这种奖励是特别针对骨干员工提出的。如果他们今年做的这个战略计划或者准备做的事情，在后面三年中都会产生效应，那么，不仅仅是他今年能够得到奖金，而且在未来的三年还会按照一定比例得到奖励。

3. 股权激励：联想 20 多年发展历程的重大突破

股权激励是联想最主要的长期激励方法。1993 年，为了保持员工（尤其是骨干员工）的积极性，柳传志提出了让骨干员工拥有股份的设想，但受当时政策影响，一时难以实现。2001 年，联想走出了股权激励的第二步，进行了股份制改造，用原来分红的钱买下了 35%的股权。拥有了真正的股权之后，联想的员工具体该如何分享呢？这方面联想做得也比较成功。他们将股权中的35%分给了11个创业元老和主要的核心骨干，把20%分给了从1984年开始创业的180多个普通员工，剩下的45%留给了后来的年轻人。

股权对老员工来说是一种尊重和奖励，许多能力不足的老员工在获得股权后心甘情愿地从重要的岗位上退下来，积极主动地支持年轻人的工作，因为“结出的果子，第一批会被送给他们品尝”。这是联想跟其他企业相比在交接班的问题上做得比较好的地方，其实还是好的分配机制打下了基础。

同时股权对于新员工来说也是一个巨大的工作动力，它促使年轻人义无反顾地冲到第一线。如今的联想相比2001年时，已经得到了突飞猛进的发展，股权激励在其中的作用不言而喻。

4. 年金计划：实行全员激励

由于股权激励具有选择性，主要集中于对企业最起作用的员工身上，所以要想激励所有员工，良好的福利是必不可少的。在联想，除了各项应有的福利外，其年金计划等补充养老保险又走在了很多企业前面，值得一提。在联想，若员工五年之内离开，只能把年金中从自己工资预留的部分提走，只有服务年限五年以上的员工，在离职时才可以按比例把企业给的年金提走。如果员工为联想服务直至退休，那他所获得的退休金将会同退休前的工资基本持平。这大大减少了员工退休之后的生活顾虑，增强了企业留住人才的实力，使全体员工能够踏实工作，让优秀员工能够更长久、更有效地为联想服务。

5. 精神激励：重在给员工一个发展的舞台

联想认为，在有效满足了员工的物质激励之后，精神激励也尤为重要。精神激励，最主要的是要给员工一个发展的舞台，让他们在工作的时候能够实现责、权、利的完全统一。

阅读以上材料，回答问题：

1. 联想集团的激励措施包括哪些？其核心是什么？

2. 你能提出哪些不同的建议？

同步实训

认识激励

实训目的

通过对身边的组织或学习生活分析，认识激励含义与理论，初步学会激励的运用。

活动安排

1. 学生分组收集、归纳身边的组织管理情境或自己日常生活事例，讨论自己曾经受到的激励措施及最终效果。

2. 分析激励的过程，如自己受到了哪些外在刺激，又有哪些内在需要，自己出现了什么样的行为、最终效果怎么样。将活动成果做成 PPT 展示交流。

教师注意事项

1. 由生活事例、企业经营事例导入对激励的认识。
2. 提供一些生活事例或组织运行管理激励案例，供学生讨论。
3. 提供其他相应学习资源。

资源（时间）

1 课时、参考书籍、案例、网页。

评 价 标 准

表 现 要 求	是否适用	已达要求	未达要求
小组活动中，外在表现（参与度、讨论发言积极程度）			
小组活动中，对概念的认识与把握的准确程度			
小组活动中，角色扮演的精准度			
小组活动中，文案、PPT 制作的完整与适用程度			

拓展实训

认识企业人员激励工作

实训目的

通过接触企业实际，认识企业人员管理工作。

活动安排

1. 学生进驻实训基地企业，了解企业人员管理情况。

2. 分别从招聘、培训、使用、考评、薪酬管理等工作中选出一个方面，分组进行素材采集，并写出分析报告，制作 PPT，分小组展示。

3. 替代管理情境：某高职院校期末组织教师教学工作评价，你请一些相关人员作为评价主体。你觉得可以请哪些人？这些人分别从哪些方面进行评价？

教师注意事项

1. 由生活事例、企业经营事例导入对人员管理的认识。
2. 提供一些著名企业人员管理案例，组织学生讨论。

3. 组织其他相应学习资源。

资源（时间）

1 课时、参考书籍、案例、网页。

评 价 标 准

表 现 要 求	是否适用	已达要求	未达要求
小组活动中，外在表现（参与度、讨论发言积极程度）			
小组活动中，对概念的认识与把握的准确程度			
小组活动中，角色扮演的精准度或担当任务的完成度			
小组活动中，文案、PPT 制作的完整与适用程度			

学生自我总结

通过完成单元 6，我能够做如下总结。

一、主要知识

本单元的主要知识：
1.
2.

二、主要技能

本单元的主要技能：
1.
2.

三、主要原理

我认为，领导职能的主要意义是：
1.
2.

四、相关知识与技能

我在完成本单元中学习了以下内容。
1. 领导的特点有：
2. 权力的来源主要有：
3. 激励的主要方式有：

五、成果检验

我完成本单元的成果如下。
1. 从任务描述中获得的信息有：
2. 学到的知识或技能有：
3. 自悟的知识或技能有：
4. 我对领导与激励工作的看法是：

单元 7

沟通与合作

学习目标

1. 知识目标

- 能认识沟通的含义。
- 能认识人际交往的原理与艺术。
- 能认识协调的内容与运用要领。
- 能认识团队特征。

2. 技能目标

- 能初步具备人际沟通能力。
- 能初步具备与人合作精神。
- 能掌握团队建设要领。

学习任务

一个团队的力量不是个体成员力量的简单累加，只有一个团队内部能够有效地合作与沟通，团队的力量才会大于个人力量的累加。沟通是组织运行的润滑剂。组织必须通过建立有效的沟通机制，以防止因沟通不足而可能引发的认知、态度、行为上的差异与冲突。作为领导职能的重要内容，中、基层管理人员应该在认识沟通的含义、作用的基础上，掌握沟通的技巧与主要方式。通过恰当的沟通协调，使组织成员之间相互了解、认同，从而能够提高工作效率，圆满实现组织目标。学习者应在此基础上，能够整体认识沟通与合作，理解管理学中的领导职能的主要内容，特别是能够运用沟通技巧，初步组建自己的合作团队。

根据一般管理职业工作活动顺序、职业教育学习规律与能力分担原则，本单元可以分解为以下子任务。

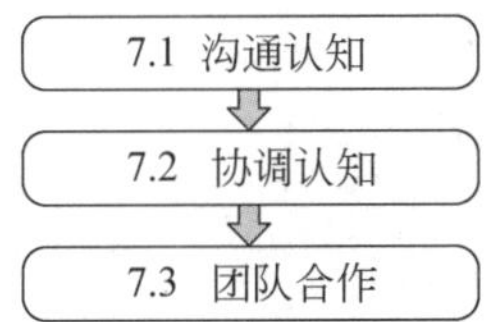

管理故事

本单元的管理故事要从美国的一档电视节目讲起。一次，美国知名主持人林克莱特在节目现场访问一名小朋友，问他说："你长大后想要做什么？"小朋友天真地回答："嗯……我要当飞机的驾驶员！"林克莱特接着问："如果有一天，你的飞机飞到太平洋上空所有引擎都熄火了，你会怎么办？"小朋友想了想："我会先告诉坐在飞机上的人绑好安全带，然后我自己挂上我的降落伞先跳出去。"

在现场的观众笑得东倒西歪，林克莱特则继续注视着这孩子，想看他是不是自作聪明。没想到，接下来孩子的两行热泪夺眶而出。这时，林克莱特才发觉这孩子的同情心远非笔墨所能形容。

于是，林克莱特问他说："为什么要这么做？"小孩在哽咽中的答案透露出真挚想法："我要去拿燃料，我还要回来！"

一瞬间，全场观众突然安静了下来。过了一会儿，全场爆发出一片雷鸣般的掌声。显然，观众在为这个孩子的责任心、同情心喝彩，也为自己刚刚听话只听了一半，无端把自己的意思投射到别人所说的话题上的做法致歉。

【管理感悟】 作为管理者，在与下属沟通时，你真的听懂他说的意思吗？如果不懂，就请听别人说完吧，这就是"听的艺术"。管理活动中，沟通最好用简单的语言、易懂的言辞来传达信息，而且对于说话的对象、时机要有所掌握，有时过分地修饰反而达不到预定的目的。

7.1 沟通认知

任务提示： 沟通与合作的第一课，学习者应该首先认识沟通的含义、沟通的原理、过程与作用，在此基础上，理解沟通与组织建立、管理效果的关系，结合自己日常生活中的组织或集体活动状况，认识沟通的意义。

在日常生活中，人与人之间的沟通是信息交流的重要手段。管理中的沟通和人际沟通是相关的，但又有所不同。我们把管理中的沟通称为组织沟通。在组织活动中，沟通是管理的生命线，它就像一座桥梁连接起不同的人、不同的文化和理念。松下幸之助有句名言："企业管理过去是沟通，现在是沟通，未来还是沟通。"各层级管理者都要清楚地知道，良好的沟通在管理活动中至关重要。

7.1.1 沟通解读

1. 沟通的概念

管理活动过程中，每一件事都包含着沟通的任务。沟通是重要的领导手段之一。一个好的团队的形成，离不开良好的沟通与默契的合作。只有通过良好的沟通，才能最大限度地发挥团队中每个人的力量，提高工作效率，进而促进组织目标的实现。

重要名词7-1　　沟通

沟通是指为了达到一定目的，将信息、思想和情感在个人或群体间传递与交流，以求思想达成一致或情感畅通的过程。

从以上解释可以看出，沟通可以从三个方面来理解：①沟通是双方的行为，必须有信息的发送者和接收者。其中，双方既可以是个人，也可以是组织。②沟通是一个信息传递与理解的过程，如果信息没有被传递到对方，则意味着沟通没有发生。③沟通要有信息内容，并且这种信息内容不像有形物品一样由发送者直接传递给接收者，可以通过一些符号来实现，如语言、身体动作和表情等。

2. 沟通的作用

作为重要的管理手段，沟通在管理活动中起着非常重要的作用，主要表现为：沟通是实现领导职能的基本手段；沟通是领导者激励下属的有效途径；沟通能够协调各种人际关系，使组织群体凝聚力增强；沟通是组织与外部环境建立良好关系的桥梁。

重要信息7-1　　沟通的类型

在沟通过程中，沟通可以有以下分类。

（1）根据方法划分，沟通可分为口头沟通、书面沟通、非语言沟通、电子媒介沟通等。

（2）根据组织系统划分，沟通可分为正式沟通和非正式沟通。

（3）根据在群体或组织中沟通信息传递的方向划分，沟通可分为下行沟通（自上而下沟通）、上行沟通（自下而上沟通）、平行沟通和斜向沟通。

（4）根据沟通中的互动性划分，沟通可分为单向沟通与双向沟通。

（5）根据发送者和接收者的角度划分，沟通可分为自我沟通、人际沟通与群体沟通。

A. 在组织内部，一些小道消息的传播是什么沟通?

B. 正式沟通与非正式沟通都存在于组织中，在管理中，要正确认识非组织沟通的作用。

7.1.2 沟通的过程

沟通是信息从发送者到接收者的传递与理解过程。在管理学意义上，这一过程至少包括环境、发送者、接收者、信息、通道、反馈 6 个要素，如图 7-1 所示。

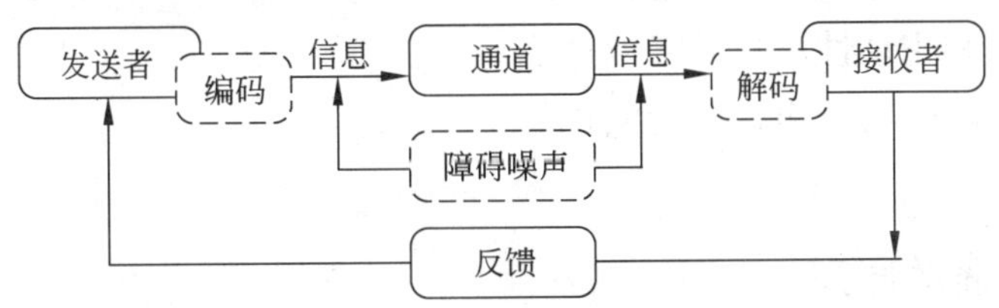

图7-1 沟通的过程

图 7-1 说明了沟通过程，其意义是：①由信息发送者发出信息。发送者也称为信息源。②编码。即发送者将这些信息做成接收者能够理解的一系列符号，如语言、文字、图表、照片、手势等，即信息。③传递信息。通过某种通道（媒介物）将信息传递给接收者。④解码。接收者将通道中加载的信息做成他能够理解的形式。解码的过程包括接收、翻译和理解三个环节。⑤反馈。接收者将其理解的信息再返送回发送者，发送者对反馈信息加以核实并做出必要的修正。反馈的过程只是信息沟通的逆过程。

此外，这一过程还包括环境和沟通噪声与障碍。环境是指沟通发生的场所、时间、参与者个人特征等因素；沟通噪声与障碍是指一切影响沟通的消极、负面、阻碍因素。

重要信息 7-2　沟通障碍

沟通障碍是指信息在传递和交换过程中，由于信息意图受到干扰或误解，而导致沟通失真的现象，主要包括以下内容。

（1）主观障碍。①双方的认知差异。由于性格、气质、态度、情绪、见解等的差别，知识水平不对等，价值观差异等，使信息在沟通过程中受个人的主观心理因素的制约。②利益关系。忽视对自己不重要的信息，只重视和关心与他们物质利益有关的信息。③情感与心理因素。双方关系融洽，感情深厚，相互信任，就会出现良好的沟通；反之，就会阻碍沟通。④信息含义不明。发送者发送的信息内容不明确，沟通开始就受到了阻碍，整个沟通过程就变得困难。

（2）客观障碍。①内容过杂，数量过大。信息接收者对信息的复杂性和数量都具有一定的接收限度，超过了这种限度，则会发生接受困难。②媒介工具出现问题。信息传递过程太长，信息衰减。选用言语媒介、文字媒介时，口齿不清或语言不通，都会影响信息的有效传递，给沟通带来困难。③组织机构过于庞大，中间层次太多，信息容易失真而且浪费时间，这是由于组织机构所造成的障碍。

7.1.3 有效沟通

在管理活动中，有效的沟通可以让下属员工明白其所做工作的目标和意义，从而提高工作热情和主动性。只要采取适当的措施克服沟通障碍与噪声，就能实现管理的有效沟通。

重要名词7-2　　有效沟通

有效沟通是指无障碍沟通，是沟通传递与交流信息可靠性和准确性较高，且能够有效抵抗组织内外噪声的沟通。

1. 有效沟通的原则

（1）目的明确原则。沟通本身就是与他人进行深层次交往，并且具有明确的目的，即通过沟通解决特定的问题。沟通目标决定沟通的具体内容、渠道、方式。

（2）事先计划原则。沟通之前应做好充分的准备，如了解沟通对象，加强针对性；精心准备沟通方案；认真准备沟通表达内容，尽可能做到条理清楚、简明扼要、用语通俗易懂，并拟写沟通表达提纲；事先设计恰当的沟通方式。

（3）信息明确原则。管理信息的沟通尽量做到言简意赅、深入浅出，便于信息接收者准确把握信息的真实内在意义。

（4）及时性原则。任何沟通都是有时间限制的，整个沟通的过程必须在沟通发生的有效期内发生完毕，否则，也会失去沟通的意义，这就是沟通的时间性原则。

（5）合理使用非正式沟通的原则。管理者必须正确处理正式沟通与非正式沟通的关系，合理利用非正式沟通的正向功能，弥补正式沟通的不足。

（6）组织结构完整性的原则。在进行管理沟通时，要注意沟通的完整性。根据统一指挥原则，上级领导不能越级直接发布命令进行管理。

2. 有效沟通的条件

达成有效沟通必须具备以下两个条件，两者缺一不可。

（1）信息清晰透明。信息发送者必须清晰地表达信息的内涵，以便信息接收者能够比较准确理解其中的含义。

（2）信息反馈充分。信息发送者必须重视信息接收者的反应并能根据其反应及时修正信息的传递，以减少障碍与噪声，免除不必要的误解。

管理实务7-1　秀才买柴

古代有位秀才去集市上买柴。到了柴市，对卖柴的人说："荷薪者过来！"卖柴的人听不懂"荷薪者"（担柴的人）三个字，但是听得懂"过来"两个字，于是把柴担到秀才前面。秀才问："其价几何？"卖柴的人听不太懂这句话，但是听得懂"价"这个字，于是就告诉秀才价钱。秀才接着说："外实而内虚，烟多而焰少，请损之。"（你的木材外表是干的，里头却是湿的，燃烧起来，会浓烟多而火焰小，降低一点价格吧）。卖柴的人愣了半晌，始终听不懂秀才的话，于是担着柴掉头就走开了。秀才只好空着手回家。

评析：管理者平时最好用简单的语言、易懂的言辞来传达信息，而且对于说话的对象、时机要有所掌握，有时过分地修饰反而达不到想要的目的。

3. 有效沟通的技巧

按照沟通的过程，分别从三个方面说明有效沟通的技巧。

（1）信息准备。沟通管理实践中，必须保证发送的信息清楚、有效、权威，还应该积极研究沟通对象的特点，使沟通具有针对性，并根据沟通的需要灵活选择沟通渠道。

（2）情感交流。为了达到沟通目标，必须做好情感交流。尽可能地满足沟通对象的社会心理需要，做到真诚、热情、乐于助人。同时，适当利用人们追求相似、互补、相近的心理规律，促进情感融通。

（3）行为（态度）影响。要熟悉并理解沟通对象的行为（态度）变化过程（如图7-2所示），善于运用影响态度改变的因素与说服技巧和策略。

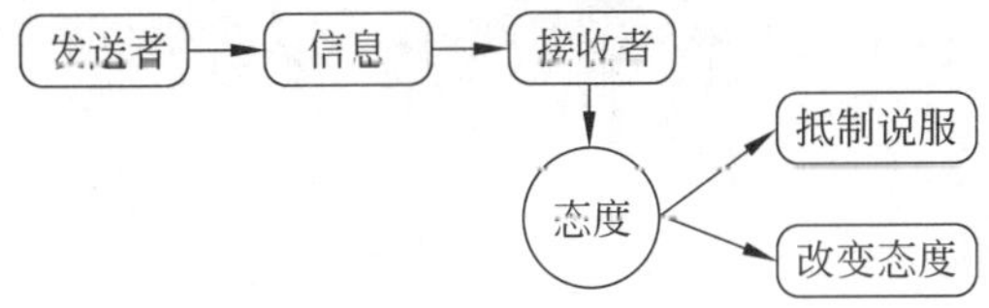

图7-2　态度改变过程图

7.1.4 沟通的运用

管理的过程也是沟通的过程。在管理活动中，要实现团队管理的有效沟通，可以通过以下几个方面来努力。

1. 确立沟通目标

在团队里，要进行有效沟通，必须明确目标。在目标管理中，由于整个团队都着眼于完成目标，这就使沟通有了一个共同的基础，彼此能够更好地了解对方。即使团队领导不能接受下属成员的建议，也能理解其观点，下属对上司的要求也会有进一步的了解，沟通结果自然得以改善。

2. 创造沟通机会

团队领导者应善于利用各种机会进行沟通，甚至创造出更多的沟通途径，与成员充分交流。最难得的是，能够创造一种让团队成员在需要时可以无话不谈的环境。让员工参与进来，自下而上保持良好的沟通，就可以真正提升管理的效率。

管理实务7-2　IBM的多渠道沟通

IBM是一家大型跨国公司，公司文化特别强调双向沟通，不存在单向命令和无处申诉的情况。IBM至少有四条制度化的通道给员工提供申诉的机会。

第一条通道：员工借助“与高层管理人员面谈”制度来与高层经理进行正式谈话。这是一种“一对一”的沟通方式。员工可以选择任何个人感兴趣的事情来讨论，内容保密。

第二条通道：IBM通过对员工进行调查，可以了解员工对公司管理层、福利待遇、工资待遇等方面的有价值的意见。

第三条通道：一个普通员工的意见完全有可能会送到总裁的信箱里。“直言不讳”就是一条直通通道，可以使员工在毫不牵涉直属经理的情况下获得高层经理的答复。

第四条通道：IBM称其为“门户开放”政策。员工如果有对工作或公司方面的意见，可以通过向各事业单位主管申诉，这种申诉会得到上级的调查。

评析：沟通无处不在，这个拥有30余万“蓝色大军”的“蓝色军团”，非常重视内部沟通，并且建立了众多“蓝色沟通渠道”，保障信息交流的畅通无阻。

3. 把握沟通时机

对于团队成员来说，要进行有效沟通，在明确沟通对象、目标的基础上，把握好沟通的时机，恰当运用沟通的方法与技巧，才能取得较好的效果。

重要信息7-3 倾听与交谈的技巧

尊重、倾听、赞美、微笑等都是沟通的基本技巧。

（1）倾听技巧。一个善于沟通的人，必须善于倾听。倾听技巧有：①消除外在与内在的干扰，把注意力完全放在对方的身上。②鼓励对方先开口发言。③使用并观察肢体语言。④非必要时，避免打断他人的谈话。⑤注意听取关键词。⑥反映式倾听。⑦注意各种暗示。

（2）交谈技巧。交谈是沟通中应用最多、最基本的语言形式。①要言之有理，并有足够信息量，以内容吸引人。②选择对方感兴趣或擅长的话题谈。交谈中不能只按自己感兴趣和擅长的话题谈，而是选择对方感兴趣或擅长的话题，就会使其在兴趣极浓的畅谈中，满足其自我表现的欲望与受人尊重的心理。③尊重与赞美。在交往与会话的过程中，要注意发现与寻找对方的长处与优点，并出于真诚，恰当地赞美对方，使其尊重心理获得满足，会明显地有助于感情的融通。④回避忌讳的话题。在交谈中，要保守别人的秘密，不揭露别人的隐私，特别是不可涉及国家、民族、宗教等方面的禁忌。⑤运用幽默。幽默对于调解谈话气氛、迅速消除隔阂、拉近双方心理距离、排除尴尬局面，都具有明显作用。管理者在交谈中，要巧用幽默，以期获得更好的沟通效果。⑥善于倾听。与别人进行交谈，还必须善于倾听，倾听是有效沟通的关键性环节。

课堂测评

测评要素	表现要求	已达要求	未达要求
知识点	能掌握沟通的含义		
技能点	能初步认识沟通的过程		
任务内容整体认识程度	能概述沟通与管理的关系		
与职业实践相联系程度	能描述沟通对于组织的实践意义		
其他	能描述与其他课程、职业活动等的联系		

7.2 协调认知

任务提示：沟通与合作的第二课，学习者应该首先认识协调的含义、目的与类型，在此基础上理解协调工作的内容与协调技巧，结合自己日常生活中的集体活动状况，认识协调的正确运用及协调工作的意义。

在管理活动中，除了应具备良好的沟通能力之外，还应该具备较强的协调能力，即在决策过程中的协调指挥才能。决策的领导者应该懂得一套科学的组织设计原则，熟悉并善于运用各种组织形式，还应该善于用权，能够指挥自如，控制有方，协调人力、物力、财力，以获得更好的管理效果。

7.2.1 协调的含义

协调是现代社会生活中一种普遍存在的现象。协调的本义是协同动作、统一行为。在管理活动中，协调包括人际关系协调和工作协调两个方面。我们重点关注工作协调。

1. 工作协调

以企业为例，在现实生产经营活动中，由于各个部门和各个工作人员的条件各不相同，因而矛盾冲突及不和谐在所难免，就会导致生产效率下降乃至阻碍企业目标的实现。协调的目的就是要减少这些矛盾，把内耗降到最低的限度。

重要名词7-3 工作协调

工作协调是为了完成计划和实现目标，运用各种管理与沟通手段，对各项工作及各位人员的活动进行调节，使之同步，互为依托，从而使经营管理活动能够协调、稳定运行的管理行为。

那么，什么是工作协调呢？

从以上解释可以看出，工作协调是指通过各种管理与沟通手段，解决工作运行中的各种矛盾与冲突，使经营管理活动平衡、有效地进行的管理活动。工作协调更能体现管理者的水平与技巧。

2. 工作协调的类型

工作协调主要包括纵向协调与横向协调两种基本类型。

（1）纵向协调。工作的纵向协调是指在组织纵向结构的各管理层次之间的协调。由于存在领导隶属关系，工作的纵向协调可以靠领导权威与权力进行干预，因此，协调较为容易。

（2）横向协调。工作的横向协调是指在组织横向结构的同一管理层次之间的协调。由于都是平级关系，不能只靠权威与权力加以干预，因此，横向协调较为困难。

7.2.2 工作的横向协调

工作横向协调的基本方式主要有三种：一是制度方式协调，即通过建立科学有效的组织与管理制度，健全与完善组织体系来保证工作的协调；二是组织方式协调，即在组织结构出现缺陷时，通过建立协调组织来进行工作协调的方式；三是人际关系方式协调，即通过协调人际关系来协调工作的方式。

1. 制度方式协调

制度方式协调工作的主要做法有：①让制度说话。对经常性业务与工作制定标准、程序与规范，实现管理工作标准化，从制度规范体系上保证协调。这是制度协调最基本的方法。②例会协商。对于需要各部门根据变化随机处理的问题，通过例会制度进行协调。③信息沟通。建立有联系的横向部门之间的信息沟通制度，遇到例外性问题，可进行跨部门直接沟通。④联合办公。涉及多个部门的例外性问题，可采用联合办公和现场调度的形式进行协调。

2. 组织方式协调

组织方式协调工作的主要做法有：①常设协调组。对于需要多个部门长期协调的，可建立常设委员会或任务小组。借助委员会的协调，可保证该项工作的有效实施。②临时协调组。对于需多个部门共同参与完成的临时性任务，可依需要设立临时性的委员会或任务小组。在委员会或任务小组的协调下，突击完成该项任务，任务完成后，委员会即解散。③集中管理。对于职权相关的几个部门，可由一名上级领导来分管，以有利于这几个部门的协调。④专职协调。对于需要经常进行各部门工作协调的，可设置专职的协调部门，专司协调工作。

3. 人际关系方式协调

这是中基层管理者经常应用的协调手段。协调人际关系的方式主要有：①组织文化建设。培养健康的组织文化，使各部门人员之间有共同的价值取向，建立合作、融洽的人际关系。这是最重要的人际关系协调方式。②合署办公。对于需要密切配合的部门，应使其合署办公，促进人员沟通与工作配合。③基层组织。建立基层管理运营组织，如专项工作小组、科研攻关小组等，使组织成员密切配合。④直接沟通。即对出现的矛盾或冲突直接进行人与人之间的交往与沟通，加以解决或融合。

管理实务7-3　谁是最好的协调员

你觉得《西游记》中谁是最好的协调员呢？也许你会说是孙悟空！

在西天取经路上组织降妖除魔的过程中，孙悟空大大扩展了自己的组织、协调范围，他可以说是整个取经团队对外的形象代言人及外交官。他充分利用自己的知名度及取经团队的影响寻求各方外援，使取经路上许多自身力量难以解决的问题能在获得外援的基础上，迎刃而解。而且，在寻求这些外援的过程中，孙悟空自然也是花样百出，体现了其综合能力。

评析：孙悟空除了是一位降妖除魔的高手外，还是一个地地道道的管理专家。他不仅具备很强的实际管理能力，而且非常熟悉工作协调与人际协调之道。自己作领导者除妖时，可以有效地协调各位神仙的工作，作为团队成员时，也能有效地协调取经队伍的工作，使团队更具凝聚力和战斗力。

7.2.3 组织内部关系协调

对于中基层管理者来讲，协调好与上级的关系非常重要。首先，协调上级关系是获取上级支持的关键因素。不能协调与上级的关系，就很难得到上级的全力支持，不利于工作的开展和对下级的统御，很难取得好的工作绩效。其次，与上级关系不好，会造成很大的心理压力，难以维系和谐的工作关系。最后，不能得到上级的信任与支持，就不利于个人的成长，包括提拔与重用。

1. 协调上级关系

协调好与上级的关系，应具备一定的方法与艺术。

（1）做好本职工作。作为下级最根本的是要出色地做好本职工作，并表现出有很强的工作能力。上级一般会把下级是否很好地完成本职工作看成决定上下级关系最首要的因素。这一点反映了上下级关系的本质联系。

（2）尊重职权。尊重领导的职权，不但是对领导者个人的尊重，更重要的是对组织及管理工作秩序的尊重与服从。下级不尊重上级的职权，是影响上下级关系最敏感的因素。因此，中基层管理者要努力做到尊重与敬畏上级权威，服从与积极落实上级指示、命令、要求。

（3）与上级主动沟通。事前要请示，事后要汇报，并注意保持必要的经常性联系。使领导感到，重要而成功的工作是领导决策的（领导会与你分享），重大但失误的工作是领导知道的（领导会与你分担），重大问题均在领导掌控之中（领导不被架空）。你既有出色的工作表现，又是领导放心和信任的。

（4）与上级保持适度的距离。每个下级都愿意与其上级保持亲密的关系。但这种亲密的关系也要适度，理想的应是一种默契的工作关系加亲密的同志友谊，过分密切的关系也是不正常的。同时，还要注意与组织内各相关领导的“等距外交”。

（5）与上级的冲突管理。由于上级处于主导地位，是管理的主体。作为下级的中基层管理者，可以通过用说理和动情的方式，去实现目的，使冲突和分歧朝着有利于自己的方向发展。一旦不能达到目的，应该善于放弃，服从上级，这是由组织原则决定的。解决冲突的原则：①以事实为根据，分清是非与责任，并以适当的方式做出必要的说明；②下级服从上级，要以尊重的态度，认真查找自己的责任与原因；③主动与上级沟通，协调好上下级关系。

2. 协调下级关系

与下级的关系是中基层管理者实施管理的立足之本。首先，协调下级关系是管理者重要的经常性职责。管理的本质含义就是“通过别人把工作干好”，协调不好下级关系，就等于没做好最基本的管理工作。其次，是提高工作效率的根本途径。工作是通过下级的努力完成的。与下级关系不好，甚至出现对立情绪，就没有工作效率可言。最后，建立团队的重要保障。只有上下级关系协调，才能形成团结、和谐、战斗力强的团队，管理者才会更有权威。

（1）坚持“以人为本”理念。管理者必须坚持以自己的下级为本，尊重他们的人格、地位与自主意识，关心他们的生活与疾苦，关怀与支持他们的成长。为下级营造一个愉悦的、高质量的工作、生活环境，促进员工的全面发展。

（2）充分信任，放手使用。上级的信任就是对下级的巨大激励。对下级充分信任，授予实权，让下级放开手脚干，下级就会积极主动，敢于负责，会显著地提高组织的绩效。

（3）下级参与决策。管理者作决策，下指示，尽可能让下级参与。下级参与决策，不但可以提高决策的可行性，还使下级受到领导信任的激励，特别是作为决策参与者，他们会在实施中加倍努力。

（4）不任人唯亲。管理者切忌在下级之间区分远近亲疏，对少数人“亲”，就意味着对多数人“疏”。“亲者”可能感情更近，但却不利于对其教育管理；而“疏者”则可能在心理上大受伤害，极不利于组织的团结与稳定。

（5）恩威并用。在尊重、关爱下级的同时，也必须维护组织权威与秩序。首先，管理者要注意塑造自身形象，使下级对你既有敬爱，又有敬畏。管理者自身的权威对于维护组织的统一与团结是至关重要的。其次，管理者要奖惩分明，强化奖惩效应。就驾驭下级而言，只有科学而严格的治理，才有组织的和谐与绩效。

（6）与下级的冲突管理。与下级的冲突如果是工作性冲突，作为上级必须坚持原则，坚持到底，不可无原则退让，否则就可能为以后工作埋下祸患。非工作性冲突，则恰恰相反。作为上级应该有妥协、有退让和有风格。解决冲突的原则：①以宽容之心对待下级。②以平等、对事不对人的态度对下级的错误提出批评。③以较高专业水准为下级提出改进措施。④冲突过后，关系复原，既往不咎。

课 堂 测 评

测评要素	表现要求	已达要求	未达要求
知识点	能掌握协调的含义		
技能点	能初步认识协调的方式		
任务内容整体认识程度	能概述协调与管理的关系		
与职业实践相联系程度	能描述协调对于组织的实践意义		
其他	能描述与其他课程、职业活动等的联系		

7.3 团队合作

任务提示： 沟通与合作的第三课，学习者应该首先认识合作与团队建设的含义，在此基础上理解合作中的人际交往、合作与团队建设的关系，结合自己日常生活中的组织活动状况，认识团队建设的方法及其意义。

7.3.1 合作解读

著名思想家歌德说："不管努力的目标是什么，不管他干什么，单枪匹马总是没有力量的。合群永远是一切善良思想的人的最高需要。"在一个组织或部门之中，团队合作精神显得尤为重要。团队合作可以充分调动团队成员的所有资源和才智，从而为组织目标实现注入一股强大而且持久的力量。

1. 合作的含义

在管理实践中，管理者要协调各种人际关系，实现广泛的团结与合作，才能高效地实现组织目标。管理者领导职能的重要内容是在这一过程中促进相关人员与整个组织或群体最广泛的团结与合作。

重要名词7-4　　合作

合作是指个人与群体之间为实现共同目标、任务、利益而彼此相互配合与支持的一种联合行动的过程。

显然，合作既包括人与人之间的合作，还包括人与群体、群体与群体之间的合作。合作是个体结合而形成整体、打造合力、放大作用的人类智慧行为。"整体大于个体之和"，合作是群体与组织管理的核心内容。

2. 合作的形成

合作形成的基本途径主要有三个：①人际交往。通过人际交往与沟通，使人与人实现合作，这是合作最基本的形成途径；②构建心理共识。通过建立共同目标，激发群体成员心理的一致与情感亲和，形成合作。互联网上的许多社群就是这样建立的；③排除合作障碍。通过群体心理冲突管理，化解群体矛盾，克服合作中的障碍因素，形成合作。

7.3.2 团队建设

1994 年，组织行为学权威、美国圣迭戈大学的管理学教授斯蒂芬·罗宾斯首次提出了"团队"的概念：为了实现某一目标而由相互协作的个体所组成的正式群体。在随后的十多年，关于"团队合作"的理念风靡全球。

1. 团队的含义

团队是现代社会条件下最富活力的高绩效组织形式，是现代条件下合作的高级形式。团队管理带来管理者职能与方式的深刻变革。

重要名词7-5　团队

团队是指一种为了实现某一目标而由相互协作的个体所组成的正式群体，是由员工和管理层组成的一个共同体，它合理利用每一个成员的知识和技能协同工作，解决问题，达到共同的目标，是强调自主管理、自我控制，沟通良好、和谐合作的一种扁平式组织形式。

从以上解释看，团队的构成要素分别有目标、人、定位、权限、计划。目标即团队存在的价值；人是构成团队的核心力量；定位是指团队的发展定位与成员个人定位；权限是指团队在组织中的权力；计划是指工作程序与行动方案。

团队和群体有一些根本性的区别，群体可以向团队过渡。

重要信息7-4　团队和群体的差异

（1）领导方面。作为群体应该有明确的领导人；团队可能就不一样，尤其团队发展到成熟阶段，成员共享决策权。

（2）目标方面。群体的目标必须跟组织保持一致，但团队中除了这点之外，还可以产生自己的目标。

（3）协作方面。协作是群体和团队最根本的差异，群体的协作可能是中等程度的，有时成员还有些消极、对立，但团队中是一种齐心协力的气氛。

（4）责任方面。群体的领导者要负很大责任，而团队中除了领导者要负责之外，每一个团队的成员也要负责，甚至要一起相互作用，共同负责。

（5）技能方面。群体成员的技能可能是不同的，也可能是相同的，而团队成员的技能是相互补充的，把不同知识、技能和经验的人综合在一起，形成角色互补，从而达到整个团队的有效组合。

（6）结果方面。群体的绩效是每一个个体的绩效相加之和，团队的结果或绩效是由大家共同合作完成的产品。

课堂讨论

A. 龙舟队、旅行团、足球队、候机旅客哪些是群体？哪些是团队？

B. 龙舟队和足球队是真正意义上的团队；而旅行团是由来自五湖四海的人组成的，它只是一个群体；候机室的旅客也只能是一个群体。

2. 团队的类型

以企业为例，一般根据团队存在的目的和基本功能，将团队划分为工作团队、项目团队、管理团队。

（1）工作团队。这是最基本、最普遍的团队形式。工作团队主要承担企业生产经营等基本工作任务，如设计、制造和储运、销售产品，或提供服务给其内外客户，并按这些工作任务组成团队。工作团队由组织明确定义其职能，并由全职稳定的成员组成。在制造业中，一个工作团队应该包含一组接受过多重技术训练的操作员，他们可以从事某种特殊商品生产所需要的所有工作。

（2）项目团队。项目团队主要承担某工作项目或解决特殊问题等专门任务，如特别任务小组、流程改善小组、特定问题解决小组等就属于项目团队。项目团队的成员大多是从一两个工作团队中吸收而来，往往是暂时性的。该团队成员一般具有专门知识与技能，可以发挥专业与技能整合优势。

（3）管理团队。管理团队主要负责对下属部门或人员进行指导与协调。管理团队排除了“命令型”组织集权管理方式，以“团队”方式管理下级或改善团队的绩效，促进团队的协调与整合，管理者从监督者变成协调者。管理团队既包括组织高层的专司管理职能的团队，又包括质量管理小组、稽核小组等由兼职人员组成的团队，还包括由组织的资深经理人以及来自不同的跨部门与部门工作团队的领导者组成的管理团队。

命令型组织是指传统的垂直式、功能化的组织模式，因其高权威、高结构、逐级负责的纵向管理，又被称为“命令型”群体。

3. 团队建设的阶段

从团队创建和发展的历程来看，团队会经历探索、形成、成长、成熟四个发展阶段。

（1）探索阶段。这一阶段的主要标志有：①完成团队方案的勾画和其他准备工作。②管理阶层所任命的正式监督者暂时负责团队管理。③按照现代团队的理念与模式培训成员。④逐步进行职责分配。⑤团队成员开始自主解决问题。

（2）形成阶段。这一阶段的主要标志有：①团队逐步形成一些合作规范。②团队成员合作意识出现，信任加深。③工作效率提升。④团队成员职责加大。⑤团队领导者的角色也逐渐由监督者变为协调者。

（3）成长阶段。这一阶段的主要标志有：①成员相互了解加深，团队信心大增。②团队开始发展，并且利用建构好的流程与方式进行沟通、化解冲突、分配资源，处理与其他团队的关系。③团队领导者（或称协调者）脱离了团队，不再直接控制团队的活动。④团队成员则担负起制定例行决策的责任。

（4）成熟阶段。这一阶段的主要标志有：①团队已经成熟。②团队成员完全负责团队的整个工作。③尽量在没有外力的情况下，解决在技术与其他方面遇到的问题。④团队有很大的自主性，有较为完整的决策权。

管理实务7-4　三只偷油的老鼠

三只老鼠一同去偷油喝。它们找到了一个油瓶，但是瓶口很高，够不着。三只老鼠商量一只踩着一只的肩膀，叠罗汉轮流上去喝。当最后一只老鼠刚刚爬上另外两只老鼠的肩膀上时，不知什么原因，油瓶倒了，惊动了人，三只老鼠逃跑了。回家开会讨论为什么失败。第一只老鼠说，我没有喝到油，而且推倒了油瓶，是因为我觉得第二只老鼠抖了一下。第二只老鼠说，我抖了一下，是因为最底下的老鼠也抖了一下！第三只老鼠说，没错，我好像听到有猫的声音，我才发抖的。于是，三只老鼠哈哈一笑，原来是猫的责任。

评析：一个优秀的团队必须有一个共同的目标，作为团队成员，相互之间应该具备一定的承诺与责任，在实现目标过程中应该团结协作，全力以赴。尽管三只老鼠表面上看来在一起合作了，可它们彼此各怀心事，没有做到精诚合作，最终徒劳无功。

4. 团队建设的要领

团队建设是事业发展的根本保障，团队的发展也取决于团队的建设。团队建设应该是一个有效的沟通过程，应从以下几个方面进行。

（1）确立团队目标。目标是团队的前提，没有目标就称不上团队，因为先有了目标才会有团队。团队目标来自组织的发展方向和团队成员的共同追求。它是全体成员奋斗的方向和动力，也是感召全体成员精诚合作的一面旗帜。团队目标必须先进合理，既有可行性，又具备一定挑战性。

（2）凝练团队文化。团队文化包含价值观、最高目标、行为准则、管理制度、道德风尚等内容。应通过宣传、教育、培训和文化娱乐、交心联谊等方式，以最大限度地获得全体成员的认同，进而形成健康向上的团队精神，全面建设具有特色的团队文化。

（3）引领成员技能互补。团队内应该同时有三种不同技能的人：一是需要具有技术专长的成员；二是需要具有能够发现问题、提出解决问题建议，并权衡建议做出比较性选择的决策技能的成员；三是需要若干能够协调解决冲突、处理人际关系的成员。无论缺少何种类型的人员，团队都不能高效运转。因此要充分注意到个体能够给团队带

团队目标的制定

来最大贡献的个人优势，并使工作分配与成员偏好风格相一致，且团队人数不宜过多。

（4）建立学习型组织。让每一个人认识学习的重要性，尽力为他们创造学习机会，提供学习场地，表扬学习进步快的人，并通过一对一沟通、讨论会、培训课、共同工作的方式营造学习氛围，使团队成员在学习与复制中成为精英。

（5）搭建成长平台。团队精英的产生和成长与他们所在的平台有直接关系，一个好的平台，能够营造良好的成长环境，提供更多的锻炼和施展才华的机会。

（6）做好团队激励。每个团队成员都需要被激励，领导人的激励工作做得好坏，直接影响到团队的士气，最终影响团队的发展。通过一定手段使团队成员的需要和愿望得到满足，以调动他们的积极性，使其主动自发地把个人的潜力能发挥出来，从而确保既定目标的实现。

管理实务7-5　魔术师的一锅汤

一位魔术师来到一个村庄，他向迎面而来的一位妇人说："我有一颗神奇的石子,放入烧开的水中,会立刻变出美味的汤来,我现在就煮给大家喝。"这时，有人就找了一口大锅，又有人提了一桶水，并且架上炉子和木材，就在广场上煮了起来。魔术师小心翼翼地把石子放入滚烫的锅中，然后拿汤勺尝了一口，很兴奋地说："真好喝，如果再加入一点洋葱就更好了。"立刻有人冲回家拿了一堆洋葱。魔术师又尝了一口："太棒了，如果再放些肉片就更香了。"有一个妇人快速回家端了一盘肉来。"再有一些蔬菜就完美无缺了。"魔术师又建议道。很快又有人拿了盐、酱油、其他材料，当大家一人一碗享用时，他们发现这真是自己喝过的最美味的汤。

评析：也许这块石子只不过是魔术师在路边随手捡到的一块普通石头，但是，在现实生活中，只要我们愿意，每个人都可以煮出一锅如此美味的汤。当你积极为团队贡献自己的一份力量时，神奇的石子就在每个人的心中。

7.3.3　团队管理

现代组织工作日益增多复杂，很多工作很难靠个人独立完成，必须有赖于团队合作。所以，团队管理具有时代需求性。做好团队管理工作应从以下几个方面着手。

1. 团队管理的含义

团队管理是指在一个组织中，按照成员工作性质、能力组成各种小组，参与组织各项决定和解决问题等事务，以提高组织生产力和达成组织目标的过程。

通常情况下，小组是组织的基本单位，如果各种小组的成员能力具有互补性，形成所谓异质性团队，则效果较佳。此时，成员可从不同角度讨论，激发更有创意或独特的工作思路或解决问题的方式。

2. 团队管理的措施

（1）明确职责。各成员定位和职责要明确，这样可以避免团队成员之间职能混乱、工作交叉干预、重复建设的情形出现。定位和职责尽量量化到点，具体到单项工作。

（2）知人善用。要用好人，必须得了解每个成员能做什么、有什么特长、行为方式特征怎样。一个经验丰富的管理者在经过短暂的接触和沟通后很快便能对团队成员的性格、才能做到十分了解。

（3）目标引导。一个团队要有清晰的定位，即该团队是干什么的，是围绕什么事情在运行的。即使是单个项目组成的团队，管理者也应该清楚地向团队阐述项目的目标。

（4）制度保障。一个团队应有成员共同遵循的规章制度，同时，还应对规章制度的执行做好监管，对团队的执行力定期检查，看是否按照要求执行到位。

（5）完善激励。要管理好团队，需要有一套合适的绩效激励体系。每个组织的管理模式都不同，但是要驱动每个团队成员前进，必须有动力。绩效激励体系应是个性化的，在具备竞争力的前提下，按贡献大小予以合理分配。同时，把团队绩效与整个团队的奖酬联系起来，利益与风险共担。

课 堂 测 评

测评要素	表现要求	已达要求	未达要求
知识点	能掌握合作的含义		
技能点	能初步认识合作的要求		
任务内容整体认识程度	能概述团队与管理的关系		
与职业实践相联系程度	能描述团队对于组织的实践意义		
其他	能描述与其他课程、职业活动等的联系		

单元 7 小结

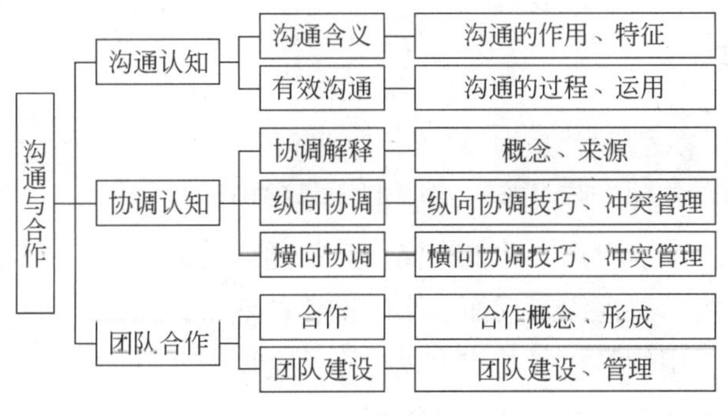

教学做一体化训练

重要名词

沟通　有效沟通　工作协调　合作团队

课后自测

一、选择题

1. 沟通具有（　　）等特点。
   A. 目的性　B. 信息传递性　C. 双向交流性　D. 协调性
2. 根据在群体或组织中沟通信息传递的方向，可分为（　　）。
   A. 下行沟通　B. 上行沟通　C. 平行沟通　D. 斜向沟通
3. 沟通障碍主要包括（　　）。
   A. 主观障碍　B. 客观障碍　C. 信息障碍　D. 传递障碍
4. 在管理活动中，协调主要包括（　　）。
   A. 人际关系协调　B. 工作协调　C. 组织协调　D. 人员协调
5. 工作协调主要包括（　　）。
   A. 横向协调　B. 纵向协调　C. 组织协调　D. 人员协调
6. 合作包括（　　）。
   A. 人与人之间的合作　B. 人与群体之间的合作
   C. 群体与群体之间的合作　D. 集体合作
7. 一般根据团队存在的目的和基本功能，将团队划分为（　　）。
   A. 工作团队　B. 项目团队　C. 管理团队　D. 组织团队
8. 从团队创建和发展的历程来看，团队会经历（　　）阶段。
   A. 探索　B. 形成　C. 成长
   D. 成熟　E. 衰败

二、判断题

1. 一定意义上讲，管理就是沟通。（　　）
2. 沟通具有协调各种人际关系、增强群体凝聚力的作用。（　　）
3. 只有最大限度减少噪声，才能提高信息沟通的有效性。（　　）
4. 双方关系融洽、感性深厚反而会影响沟通的效果。（　　）
5. 横向协调中运用领导权威与权力进行干预会取得较好效果。（　　）
6. 合作的前提是必须尽心尽力干好本职工作。（　　）

7. 团队是现代社会条件下最富有活力的高绩效组织形式。(　　)
8. 团队和群体有着根本性的一些区别，群体可以向团队过渡。(　　)

三、简答题

1. 沟通的类型包括哪些？
2. 什么是沟通障碍？
3. 倾听的技巧有哪些？
4. 群体与团队的差异有哪些？
5. “命令型”组织指什么？
6. 为什么团队要科学设定目标？

四、案例分析题

华为如何打造营销铁军

华为打造自己的营销铁军，非常重要的一招就是塑造“狼性”与“做实”企业文化。

30 多年来，华为取得的业绩是骄人的，在中国企业史上可谓是一个独一无二的例子。华为需要依赖一种精神把这样的一个巨大而高素质的团队团结起来，而且使企业充满活力。华为非常崇尚“狼”，而狼有三种特性：其一，有良好的嗅觉；其二，反应敏捷；其三，发现猎物集体攻击。华为认为狼是企业学习的榜样，要向狼学习“狼性”，狼性永远不会过时。

华为的“狼性”不是天生的。现代社会把员工的团队合作精神的问题留给了企业，企业只有解决好了才能获得生存、发展的机会。华为对狼性的执着是外人难以理解的。

“胜则举杯相庆，败则拼死相救”是华为狼性的体现。在华为，对这种狼性的训练是无时无刻不存在的，一向低调的华为时时刻刻把内部员工的神经绷紧。从《华为的冬天》到《华为的红旗还能打多久？》无不流露出华为的忧患意识，而对未来的担忧就要求团队团结，不能丢失狼性。华为人认为只有这样，才能找到冬天的棉袄。

华为接待客户的能力更是让一家国际知名的日本电子企业领袖在参观华为后震惊，认为华为的接待水平是“世界一流”的。华为的客户关系在华为被总结为“一五一工程”——一支队伍、五个手段、一个资料库，其中五个手段是“参观公司、参观样板店、现场会、技术交流、管理和经营研究”。对客户的服务在华为是一个系统，华为几乎所有部门都会参与进来，假设没有团队精神不可想象一个完整的客户服务流程能够顺利完成。

狼性是华为营销团队的团队精神，这种精神是抽象的，而且也是很容易扭曲的，这就需要有一种保障机制，使狼性可以正本清源地保留，这种保障机制就是华为的企业文化。华为的企业文化可以用这样的几个词语来概括：团结，奉献，学习，创新，获益与公平。

团结：任正非在《至新员工书》中写道：“华为的企业文化是建立在国家优良传统文化基础上的企业文化，这个企业文化黏合全体员工团结合作，走群体奋斗的道路。有了这个平台，你的聪明才智方能很好发挥，并有所成就。没有责任心、不善于合作、不能群体奋斗的人，等于丧失了在华为进步的机会。”

奉献：可以分为若干个层次，第一层次是为华为人奉献自己的价值，使自己的团队更加卓越，为员工提供良好的发展前途，在本土企业中无出其右。第二层次是为客户奉献价值，一方面通过自己的产品为客户创造价值；另一方面，华为的营销手段已经超越了大多企业的模式，而采用了“营销＋咨询”的模式，为客户提供电信运营解决方案。第三层次是要为整个社会奉献华为的价值。

学习：在通信行业，技术更新速度之快、竞争之激烈是其他行业不能比拟的。如果华为学习能力不强，就一定会被淘汰。而对于学习，华为也有自己的观点：世上有许多“欲速则不达”的案例，希望您丢掉速成的幻想，学习日本人踏踏实实、德国人一丝不苟的敬业精神。作为一名合格的华为营销人，必须具备诸方面的知识，比如产品知识、专业知识、营销理论知识、销售技能技巧知识、沟通知识等。

创新：30 多年来，华为对创新孜孜追求。华为对创新也形成了自己的观点：其一，不创新是华为最大的风险。其二，华为创新的动力来自客户的需求和竞争对手的优秀，同时也来自华为内部员工的奋斗。其三，创新的内容主要在技术上和管理上。其四，在创新的方式方面，主张有重点，集中力量，各个击破；主张团队作战，不赞成个人英雄主义。

获益与公平：获益是华为文化的核心、基础。任正非说：“华为企业文化建立的一个前提是要建立一个公平、合理的价值评价体系与分配体系。”获益的含义是对于为华为奉献的员工华为会给予回报。拿任正非的话来讲就是“我们崇尚雷锋精神、焦裕禄精神，并在公司的价值评价及价值分配体系中体现，绝不让雷锋们、焦裕禄们吃亏，奉献者定当得到合理的回报”。华为绝对相信重奖之下必有勇夫，华为的工资水平在深圳是最高的，在全国的同行也是最高的，因为华为相信高工资是最大的激励。

阅读以上材料，回答问题：

1. 请根据案例，阐述华为团队的特征有哪些？

2. 华为营销团队建设可以给国内企业带来哪些启示？

认 识 团 队

实训目的

通过对身边的组织或学习生活分析，认识团队含义，初步培养团队合作意识。

活动安排

1. 学生分组收集、归纳身边的组织管理情境或事例，讨论其组织运行管理，如学生会、分团委、班委会，以及其他一些兴趣活动组织等。
2. 分析组织的运行过程，如怎样进行分工、考虑了哪些因素、建立了哪些规章制度、遵守情况怎样、形成了哪些文化特征（如重视体育活动、文娱活动或其他）等，并将活动成果做成 PPT 展示交流。

教师注意事项

1. 由生活事例、企业经营事例导入对组织运行管理的认识。
2. 提供一些生活事例或组织运行管理案例，供学生讨论。
3. 提供其他相应学习资源。

资源（时间）

1 课时、参考书籍、案例、网页。

评 价 标 准

表 现 要 求	是否适用	已达要求	未达要求
小组活动中，外在表现（参与度、讨论发言积极程度）			
小组活动中，对概念的认识与把握的准确程度			
小组活动中，角色扮演的精准度			
小组活动中，文案、PPT 制作的完整与适用程度			

拓展实训

认识企业沟通与合作

实训目的

通过接触企业实际，认识企业中的沟通与合作工作。

活动安排

1. 学生进驻实训基地企业，了解企业沟通与合作情况。

2. 观察不同岗位人员沟通、协作情况，选择企业沟通渠道或项目团队建设情况，分组采集素材，结合企业实际写出分析报告，制作PPT，分小组展示。

教师注意事项

1. 由生活事例、企业经营事例导入对沟通与合作的认识。
2. 提供一些著名企业沟通、合作管理案例，组织学生讨论。
3. 组织其他相应学习资源。

资源（时间）

1课时、参考书籍、案例、网页。

评价标准

表现要求	是否适用	已达要求	未达要求
小组活动中，外在表现（参与度、讨论发言积极程度）			
小组活动中，对概念的认识与把握的准确程度			
小组活动中，角色扮演的精准度或担当任务的完成度			
小组活动中，文案、PPT制作的完整与适用程度			

学生自我总结

通过完成单元7，我能够做如下总结。

一、主要知识

本单元的主要知识：
1.
2.

二、主要技能

本单元的主要技能：
1.
2.

三、主要原理

我认为，沟通的主要意义是：
1.
2.

四、相关知识与技能

我在完成本单元中学到了以下内容。
1. 管理沟通的特点有：
2. 管理协作的主要方面有：
3. 团队建设的要领有：

五、成果检验

我完成本单元的成果如下。
1. 通过任务描述获取的信息有：
2. 通过整个任务学到的知识或技能有：
3. 通过实训活动获得的知识或技能有：
4. 我对沟通与合作工作的看法是：

单元8

控制认知

学习目标

1. 知识目标

- 能认识控制的含义。
- 能认识控制的作用与机制。
- 能认识管理控制的类型。
- 能认识管理控制的程序。

2. 技能目标

- 能理解控制行为反应。
- 能初步运用管理控制技术。
- 能初步掌握管理控制要领。

学习任务

控制是管理的四大基本职能之一。管理活动中的控制工作是按照设定的标准去衡量计划的执行情况，并通过对执行偏差的纠正来确保计划目标的正确与实现。控制强调的是计划的执行，即管理者影响组织中其他成员以实现组织战略的过程。中基层管理人员应该在认识控制含义、作用的基础上，掌握控制的技巧与主要方式，恰当地运用使组织计划被严格执行，从而能够提高工作效率，圆满实现组织目标。学习者应在此基础上，能够整体认识现代控制的意义，理解管理学中的控制职能的主要内容，特别是能够运用控制技巧，初步解决一些简单的管理问题。

根据一般管理职业工作活动顺序、职业教育学习规律与能力分担原则，本单元可以分解为以下子任务。

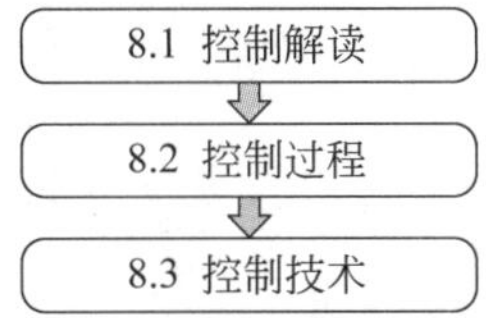

管理故事

2019 年 3 月，广州市政府与全球领先的自动驾驶飞行器科技企业亿航智能达成战略合作，广州成为亿航智能在全球的首个空中交通试点城市。据悉，广州与亿航智能将围绕城市空中交通（UAM）领域的载人级自动驾驶飞行器（AAV）、无人机指挥调度中心、无人机物流等应用展开深入合作。

未来，广州将被打造为中国首个、国际领先的“空中交通智慧城市”，“打飞的”不再是空谈。同时，这也加深了无人机的应用，进一步扩大应用场景。无人驾驶飞机简称“无人机”，英文缩写为“UAV”，它是利用无线电遥控设备和自备的程序控制装置操纵，或者由车载计算机完全地或间歇地、自主地操作。

全球无人机市场快速发展，中国市场迎来发展机遇。目前，中国无人机行业主要以消费级无人机为主，但商业无人机也正在被看好。

随着无人机数字身份识别规则、技术方案革新，实现“一机一码”，产品纳入国家统一管控。利用移动通信网络、广播式自动监视系统或卫星通信等方式，将实现民用无人机可识别、可监视、可管理。我国无人机将迎来巨大的发展机遇。

【管理感悟】 无人机安全有序的管理控制，需要技术与规则的突破。在管理活动中，控制职能包括制定各种控制标准；检查工作是否按计划进行，是否符合既定的标准；如果工作发生偏差要及时发出信号，然后分析偏差产生的原因，纠正偏差或制订新的计划，以确保实现组织目标。

8.1 控制解读

任务提示：控制认知的第一课，学习者应该首先认识控制的含义、控制的原理与作用，在此基础上理解控制与计划、组织、领导等职能的关系，结合自己日常生活中的组织或集体活动状况，认识控制的意义。

在管理活动中，由于受外部、内部环境因素的影响，无论计划多么周密、决策多么正确、组织多么科学、激励多么有力，也很难确保组织所有活动按照计划进行，或在执行过程中总会出现一些偏差。为此，就必须建立科学的控制系统，采取切实有效的控制措施，使组织活动重回正轨，进而促进组织目标顺利实现。

8.1.1 控制的含义

控制是管理过程不可分割的一部分，是企业各级管理人员的一项重要的工作内容。控制系统越完善，组织目标就越容易实现。

1. 控制的概念

“控制”一词，最初运用于技术工程系统。在经济管理类课程中，我们经常听说“成本控制”“内部控制”等词语。那么，作为管理职能之一，控制是指什么呢？

全面理解控制职能的含义，需要把控制职能与计划职能联系起来。广义来讲，控制与计划相对应，控制是指除计划外的所有保证计划执行的管理行为，包括组织、领导、监督、评价等一系列环节，因此，有人把计划与控制看成一把剪刀的两刃，失去任何一刃，剪刀都无法发挥作用；狭义来讲，控制是在计划、组织、领导职能之后，按照规定标准衡量计划完成情况、纠正偏差，以保证计划目标实现的一系列活动。

重要名词8-1　控制

从一般意义上讲，控制是指控制主体按照给定的条件和目标，对控制客体施加影响的过程和行为。管理学意义上，控制是指组织在动态变化的环境中，为了保证实现既定的组织目标而进行的检查、监督、纠正偏差等管理活动的总称。

所以，控制与计划、组织和领导职能密切配合，共同构成组织的管理循环。管理控制的目的是使计划被执行，从而使组织的目标得以实现。

2. 控制的必要性

以现代企业为例，控制的必要性主要由下述原因决定。

（1）环境的变化。在现代企业管理活动中，人、财、物、信息等要素的组合关系是多种多样的，且受时空变化和环境影响很大。这些变化必然要求企业对原先制订的计划做出调整，经营活动也随之发生变化。

（2）管理权力的分散。现代企业的管理权限都是制度化或非制度化地分散在各个管理部门和层次，分权程度越高，控制就越有必要性。

（3）工作能力的差异。企业内部不同成员的认识能力和工作能力总是会有一些差异，对计划的理解也会出现一些误区，从而使工作成果与计划要求不符。因此，对其进行工作控制也很有必要。

3. 控制的作用

在管理活动中，控制具有以下作用。

（1）保证计划目标的实现。通过采取多种措施，使实际工作与计划一致，从而促成计划目标的实现。这是控制的最根本作用。

（2）使组织活动协调有序。通过采取措施克服环境影响，使组织内部人、财、物、信息等资源协调分配、组织活动有序进行。

（3）完善组织计划与目标。通过控制措施，可以检验并完善组织原定计划与目标，减轻环境及其他因素带来的影响。

（4）及时纠正组织运行偏差。通过控制措施，可以及时纠正因管理权力分散、工作能力差异等带来的失误。

A. 从控制的作用看，如果一个人严重缺乏自制力，会怎么样呢？

B. 一个严重缺乏自制力的人，其学习、成长过程肯定会偏离目标，迷失方向。

8.1.2 控制的类型

由于控制工作的普遍性，按照不同的标准，控制可以分为以下不同的类型。

1. 按照实施的时间分为前馈控制、现场控制与反馈控制

（1）前馈控制。前馈控制也称预先控制、事前控制，它是指在工作正式开始前对工作中可能产生的偏差进行预测和估计，并采取防范措施，将潜在的偏差消除在产生之前。其目的是防止问题的发生而不是当问题出现时再补救，防患于未然。预先控制的重点是预先对组织的人、财、物、信息等合理地配置，使它们符合预期的标准，从而保证计划的实现。例如，成本控制中的标准成本法、预算控制，管理部门制定的规章制度、政策和程序等，都属于预先控制。

（2）现场控制。现场控制也称为同期控制、事中控制，它是指计划执行过程中所实

施的控制，即通过对计划执行过程的直接检查和监督，随时检查和纠正实际与计划的偏差。其目的就是要保证本次活动尽可能少地发生偏差，改进本次而非下一次活动的质量。这是一种主要为基层主管人员所采用的控制方法，主管人员通过深入现场亲自监督、检查、指导和控制下属人员的活动。

（3）反馈控制。反馈控制也称为事后控制，它是指从已经执行的计划或已经发生的事件中获得信息，运用这些信息来评价、指导和纠正今后的活动，反馈控制是一种最主要也是最传统的控制方式。它的作用类似于“亡羊补牢”；而且在反馈控制中，偏差发生和发现并得到纠正之间有较长一段时滞，这必然对偏差纠正的效果产生很大的影响。

传统管理主要关注现场控制和反馈控制，忽视前馈控制。现代管理更为关注前馈控制，在注重前馈控制的基础上，实行全方位的控制。优秀的管理者应能防患于未然，更胜于治乱于已成，由此可见，企业问题的预防者，其实是优于企业问题的解决者的。这三种控制类型的比较分析如图 8-1 所示。

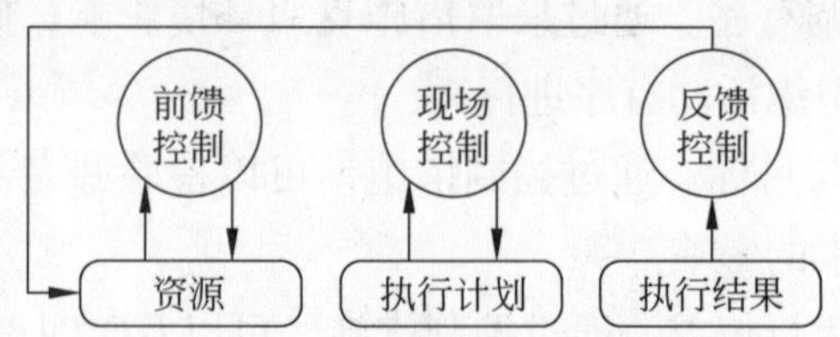

图8-1　三种控制类型比较

三种类型的控制通过收集信息，采取控制措施，重点有所不同。前馈控制考虑的是合理配置资源、科学投入，以影响未来的行动；现场控制考虑的是在计划执行全过程进行监控，以使计划执行过程不至于出现偏差；反馈控制则是通过计划执行结果信息，为下一个计划执行过程提供借鉴。

A. 以上三种类型的控制中，分别对应成语“亡羊补牢，未为晚也”“防患于未然”“防微杜渐”的是哪一种？

B. 从事前、事中、事后三个不同时间段找答案。

管理实务8-1　扁鹊的医术

魏文王曾经问名医扁鹊说：“你们家兄弟三人，都精于医术，到底哪一位最好呢？”扁鹊答：“长兄最好，中兄次之，我最差。”文王再问：“那么为什么你最出名呢？”扁鹊答：“长兄治病，是治病于病情发作之前。由于一般人不知道他事先能铲除病因，所以他的名气无法传出去；中兄治病，是治病于病情初起时。一般人以为他只能治轻微的小病，所以他的名气只及本乡里。而我是治病于病情严重之时。一般人都看到我在经脉上穿针管放血、在皮肤上敷药等大手术，所以以为我的医术高明，名气因此响遍全国。”

评析：事后控制不如事中控制，事中控制不如事前控制，可惜在管理活动中大多数人未能体会到这一点，等失误造成重大损失才开始补救，为时已晚。

2. 按控制的手段分为直接控制与间接控制

（1）直接控制。直接控制是通过提高管理人员的素质和领导水平，从而消除或减少由于管理不善造成偏差的一种控制。

（2）间接控制。间接控制是指根据计划和标准考核工作的实际结果，分析出现偏差的原因，并追究责任者的个人责任以使其改进未来工作的一种控制方法。多见于上级管理者对下级人员工作过程的控制。

3. 按控制的来源分为正式组织控制、群体控制和自我控制

（1）正式组织控制。正式组织控制是通过管理者设计和建立起来的机构或规定来进行控制。组织可以通过规划来指导组织成员的活动，通过预算来控制消费，通过审计来检查各部门或各成员是否按照规定进行活动，对违反规定或操作规程者予以处理等。正式组织控制相对于群体控制和自我控制而言具有刚性和强制性的特点。

正式组织控制的内容通常包括实施标准化、质量标准化、保护组织的财产、防止滥用权力、指导与考核等。

（2）群体控制。群体控制是基于非正式组织成员之间不成文的价值观念和行为准则进行的控制。非正式组织没有明文规定的行为规范，但是其成员都十分清楚这些规范的内容，都知道如果自己遵守这些规范，就会得到其他成员的认可，可能会强化自己在非正式组织中的地位。群体控制在某种程度上左右着职工的行为，处理得好有利于组织目标的实现，如果处理不好将会给组织带来很大的危害。

（3）自我控制。自我控制是指个人有意识地去按某一规范进行活动。自我控制能力取决于个人本身的素质。具有良好修养的人一般具有较强的自我控制能力，顾全大局的人比看重个人局部利益的人具有较强的自我控制能力，具有较高层次需求的人比具有较低层次需求的人具有较强的自我控制能力。

正式组织控制、群体控制和自我控制有时是相互一致的，有时又是相互抵触的。有效的管理控制系统应该综合利用这三种控制类型，并使它们尽可能和谐。

4. 按问题的重要程度分为任务控制、绩效控制和战略控制

（1）任务控制。任务控制也称业务控制，是针对基层生产作业和其他业务活动而直接进行的控制，目的是确保有关人员或机构按既定的质量、数量、时间、成本标准完成

所承担的工作。

（2）绩效控制。绩效控制是指针对组织、部门及员工个人等各个层级的绩效进行控制，目的是提升绩效，从而增强组织竞争优势，属于绩效管理范畴。

（3）战略控制。战略控制是指针对战略计划和目标实现的控制。战略控制的出发点更高、更远，不像低层次控制活动那样只局限于眼前的、内部的具体操作活动。

重要信息8-1　控制与其他管理职能的关系

（1）控制与计划。计划和控制是一个问题的两个方面。计划是基础，它是用来评定行动及其效果是否符合需要的标准。计划越明确、全面和完整，控制的效果也就越好。在多数情况下，控制工作既是一个管理过程的终结，又是一个新的管理过程的开始，它使计划的执行结果与预定的计划相符合，并为计划提供信息。

（2）控制与组织。组织职能的发挥不但为组织计划的贯彻执行提供了合适的组织结构框架，为控制职能的发挥提供了人员配备和组织机构，而且组织结构的确定实际上也就规定了组织中信息联系的渠道，为组织的控制提供了信息系统。如果目标的偏差产生于组织上的问题，则控制的措施就要涉及组织结构的调整、组织中的权责关系和工作关系的重新确定等方面。

（3）控制与领导。领导职能是通过领导者的影响力来引导组织成员为实现组织的目标而做出积极的努力。领导职能的发挥影响组织控制系统的建立和控制工作的质量，反过来，控制职能的发挥又有利于改进领导者的领导工作，提高领导者的工作效率。

总之，控制工作中的纠偏措施可能涉及管理的各个方面，要把那些不符合要求的管理活动引回到正常的轨道上来。

控制的前提

8.1.2 控制的要求

控制的目的是保证企业开展的各项活动符合计划的要求，以便有效地实现预定的目标。为此，有效的控制必须满足以下要求。

1. 适时控制

适时控制就是在“正确的时间”进行控制。企业在经营活动中产生的偏差必须及时采取措施进行纠正，才能避免偏差扩大并防止对企业不利影响的扩散。纠偏要求管理人员及时掌握能够反映偏差产生以及严重程度的信息，也就是说要根据现状进行预测，在偏差未发生之前，就注意到其发生的可能性并预先采取必要的防范措施，防止偏差的产生。但是当某种组织无法抗拒的力量导致必定发生偏差时，就要求这一控制能够指导企业预先采取措施，消除或者遏制偏差产生后可能对企业造成的不利影响。

预测偏差的产生，虽然在实践中有许多困难，但在理论上是可行的，即可以通过建立企业经营状况的预警系统来实现。我们可以为需要控制的对象建立一条警戒线，反映经营状况的数据一旦超过这个警戒线，预警系统就会发出警报，提醒人们采取必要的措施防止偏差的产生和扩大。

2. 适度控制

适度控制是指控制范围、程度和频度要恰到好处。适度控制要注意以下几个问题。

（1）要防止控制过多或控制不足。适度的控制应同时体现两个方面的要求：一是要认识到过多的控制会对组织中的成员造成伤害，对组织成员行为的过度限制，会扼杀他们的积极性、主动性和创造性，会抑制他们的首创精神，从而影响个人能力的发展和工作热情的提高，最终会影响企业的效率；二是要认识到过少的控制将不能使组织活动有序进行，也就不能保证各部门活动进度和比例的协调，将会造成资源的浪费。此外，过少的控制还可能使组织中的个人无视组织的要求，我行我素，不为组织提供所需的贡献，甚至利用在组织中的便利地位谋求个人的利益，最终导致组织的涣散和崩溃。

（2）处理好全面控制与重点控制的关系。任何组织都不可能对每一个部门、每一个环节的每一个人在每一个时刻的工作情况进行全面的控制。由于存在对控制者的再控制问题，这种全面控制甚至会造成组织中控制人员远远多于现场作业者的现象。然而，事实上并不是所有成员的每一项工作都具有相同的发生偏差的概率，也并不是所有可能发生的偏差都会对组织带来相同程度的影响。因此，全面系统的控制不仅代价极高，是不可行的，而且也是不必要的。适度的控制要求企业在建立控制系统时，利用 ABC 分析法和例外原则等工具，找出影响企业经营成果的关键环节和关键因素，并据此在相关环节上设立预警系统或控制点，进行重点控制。

（3）要注意控制成本与收益之间的关系。任何控制都需要一定的费用，衡量工作成绩，分析偏差产生的原因，以及为了纠正偏差而采取的措施等，都需要支付一定的费用；同时，任何控制，由于纠正了组织活动中存在的偏差，都会带来一定的收益。一项控制，只有当其带来的收益超出其所需成本时，才是值得的。

3. 客观控制

控制工作应该针对企业实际情况，采取必要的纠偏措施，促进企业活动按原先的轨道继续前进。因此，有效的控制必须是客观的、符合企业实际的。客观的控制源于对企业经营活动状况及其变化的客观了解和评价。为此，控制过程中采用的检查、测量的技术与手段必须能正确反映企业经营在时空上的变化程度与分布状况，准确地判断和评价企业各部门、各环节的工作与计划要求的相符或相背离程度。这种判断和评价的正确程度还取决于衡量工作成效的标准是否客观和适当。为此，企业还必须定期地检查过去规定的标准和计量规范，以使之符合现实的要求。没有客观的标准和准确的检测手段，人们对企业实际上就不易有正确的认识，从而难以制定出正确的措施，并进行客观的控制。

4. 弹性控制

企业生产经营过程中经常可能遇到某种突发的、无法抗拒的变化，这些变化使企业计划与现实条件严重背离。有效的控制系统应在这样的情况下仍能发挥作用，维持企业营运，也就是说，应该具有灵活性和弹性。

弹性控制通常与控制的标准有关。比如，预算控制通常规定了企业各经营单位的主管人员在既定规模下能够用来购买原材料或生产设备的经营额度。这个额度如果规定得绝对化，那么一旦实际产量或销售量与预测数发生偏差，预算控制就可能失去意义：经营规模扩大，会使经营单位感到经费不足；而销售量低于预测水平，就可能使经费过于富绰，甚至造成浪费。有效的预防控制应能反映经营规模的变化，应该考虑到未来企业经营可能呈现出的不同水平，从而为标志经营规模的不同参数值规定不同的经营额度，使预算在一定范围内是可以变化的。一般来说，弹性控制要求企业制订弹性的计划和弹性的衡量标准。

5. 计划控制

有效控制不是随机进行的，而是预先安排的必须按计划来进行控制。这就要提高控制的预见性，要搞好预测、预算，重视前馈控制；即使在现场控制与反馈控制中，也要充分注意预见性问题，要建立组织的信息系统，及时捕捉信息，发现偏差，及时纠偏。有效的控制应该有预见地按既定标准、程序来控制。

课 堂 测 评

测 评 要 素	表 现 要 求	已 达 要 求	未 达 要 求
知识点	能掌握控制的含义		
技能点	能初步认识控制职能包含的主要工作内容		
任务内容整体认识程度	能概述控制职能与管理活动过程的关系		
与职业实践相联系程度	能描述控制对于组织的实践意义		
其他	能描述与其他课程、职业活动等的联系		

8.2 控制过程

任务提示：控制认知的第二课，学习者应该首先认识管理控制的过程与作用机制，在此基础上理解控制的过程，以及具体的工作内容，结合自己日常生活中的组织或集体活动状况，认识有效控制的意义。

控制是一个有规律的程序化过程。要按照程序来控制，就必须有科学合理的阶段，即制定标准、衡量绩效、纠正偏差三个阶段。具体来讲，就是根据计划要求，制定控制标准、衡量工作绩效并将它与控制标准进行比较、对出现的偏差采取必要的纠正措施，以实现组织目标的过程。

8.2.1 制定控制标准

控制的基本目的是保证经营成果尽可能地贴近已建立的目标。有效的控制过程一般应包括确定控制对象、确定控制标准、衡量工作成效与界定偏差，以及纠正偏差并采取措施等基本环节。

1. 控制标准的类型与要求

简单来讲，标准是衡量工作绩效的尺度。确定控制标准是控制过程的第一步，要控制就要有标准，离开可比较的标准，就无法实施控制。没有一套完整的标准，衡量绩效和纠正偏差就失去了客观依据。

重要名词8-2 控制标准

控制标准是指计量实际或预期工作成果的尺度，是从整个计划方案中选出的对工作绩效进行评价的关键指标，是控制工作的依据和基础。

（1）控制标准的类型。在实际管理过程中，控制标准多种多样，如表 8-1 所示。

表 8-1 控制标准的类型

类 型	特 点	应 用
实物标准	反映工作完成的数量与质量	企业每月生产数量；单位产品所需工时、耗电量、耗料量；产品的强度、使用寿命等
价值标准	最常用的标准	资金标准、收益标准、成本标准等
时间标准	反映工作效率的高低	完成工作期限、工时定额
定性标准	反映难以定量衡量的工作成效	管理人员工作能力、消费者满意度与忠诚度

（2）控制标准的要求。有效控制标准须满足以下要求，如图 8-2 所示。

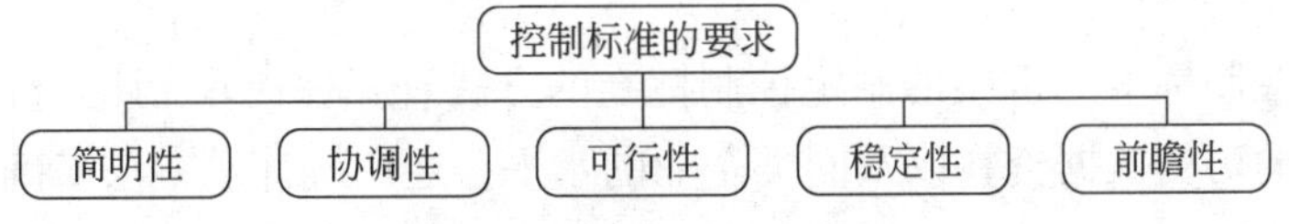

图8-2 控制标准的要求

①简明性。即保证标准明确、清晰，对标准的量值、单位、可允许的偏差范围等要明确说明，表述要通俗易懂，便于理解接受。②协调性。管理控制工作覆盖着组织活动的各个方面，制定出来的各项控制标准不可相互冲突，应该彼此协调一致。③可行性。

即标准的确定要客观，不能过高，也不能过低，要使绝大多数人通过努力都可以达到。如果标准过高，会因无法实现而放弃努力；如果标准过低，人的潜力又会得不到充分发挥，降低工作效果。④稳定性。即标准要有一定程度的稳定性，要能用于一段较长的时间，即使有弹性，也是在一定的原则范围内变化。⑤前瞻性。即建立的标准既要符合现时的需求，又要考虑到将来的发展对控制指标的要求。

2. 制定控制标准的程序

（1）确立控制对象。确立控制对象是决定控制标准的前提。控制对象一般有组织的人员、财务活动、生产作业、信息及组织绩效等。组织活动的成果是控制的重点对象。

（2）选择关键控制点。制定标准的同时，还必须明确关键控制点的选择。所谓关键控制点，是指对计划的完成更具有影响力、控制效果最明显的因素，如可选择品种、产量、质量等作为生产部门的控制关键点，选择熟练度、工作态度、顾客满意度等作为服务部门的控制关键点。只有把握好关键控制点，才能分清主次，提高管理效率。

在选择关键控制点时，管理人员一般应考虑如下问题：什么能最好地反映本组织的指标，什么信息能最好地确定关键的偏差，什么信息能告诉我谁对成功或失败负责，什么样的标准在控制信息的收集中更经济、更易于衡量和把握等。

管理实务8-2　被忽略的关键控制点

一天，动物园管理员发现袋鼠从笼子里跑出来了。经过开会讨论，一致认为是笼子的高度过低。所以他们决定将笼子的高度由原来的10米加高到20米。结果第二天他们发现袋鼠还是跑到外面来，所以又决定再将高度加到30米。没想到隔天居然又看到袋鼠全跑到外面，于是，管理员们大为紧张，决定一不做二不休，将笼子的高度加高到100米。

一天长颈鹿和几只袋鼠们闲聊：“你们看，这些人会不会再继续加高你们的笼子？”长颈鹿问。“很难说。”袋鼠说：“如果他们再继续忘记关门的话！”

评析：管理控制中，控制什么、怎么控制，是首先要明确的问题。只有把握好关键控制点，才能分清主次，提高管理效率。

（3）制定控制标准。常用的制定控制标准的方法有三种：①统计分析法。统计分析法是根据企业的历史数据资料以及同类企业的水平，运用统计学方法来确定企业经营各方面工作的标准。用统计分析法制定的标准，便称为统计标准。②经验估计法。经验估计法是根据管理人员和工作人员的实际工作经验，并参考有关技术文件或实物，评估计划期内条件的变化等因素，制定标准的方法。经验估计法适用于缺乏技术资料、统计资料的情况。③工程标准法。工程标准法是指在对工作情况进行客观的分析，并以准确的技术参数和实测的数据为基础，通过科学计算确定标准的方法。

8.2.2 衡量实际绩效

衡量实际绩效是指按照标准衡量工作实绩达到标准的程度，其实也是控制中信息收集与反馈的过程。在确定了标准以后，为了了解实际工作的绩效如何，管理者首先需要收集必要的信息，考虑如何衡量和衡量什么。当工作实绩与标准产生差异时，就说明工作出现了偏差。这一步骤包括两个方面的内容：一是了解实际工作绩效；二是对比实际绩效与标准，找出差异。

1. 了解实际工作绩效

了解实际工作绩效是控制过程中工作量最大的阶段。这一阶段的主要工作就是通过收集实际工作的数据和信息，全面了解和掌握工作的实际情况。这一阶段的主要工作包括：①确定衡量项目。管理者应该针对决定实际成效好坏的重要特征项进行衡量。②设计衡量方法。管理者可通过个人观察、统计报告和图表、口头报告和书面报告、抽样检查及召开会议等多种方法获取实际成效方面的资料和信息。③明确衡量频次。管理者要考虑间隔多长时间衡量一次工作绩效。④确立衡量主体。衡量主体可能是工作者本人、同级人员、上级主管、职能人员或者客户，主体不同，控制工作的类型、效果也会有所差异。衡量主体应根据衡量项目的性质、内容和要求的具体情况来确定。

2. 对照标准找出差异

通过预定标准与实际工作的对比，出现的偏差有两种情况：一种是正偏差，另一种是负偏差。正偏差是指实际工作绩效优于控制标准，而负偏差则是指实际工作绩效劣于控制标准。出现正偏差，表明实际工作取得了良好的绩效，应及时总结经验，肯定成绩。但正偏差如果太大也应引起注意，很有可能是控制标准定得太低，这时应对其进行认真分析。出现负偏差，表明实际工作绩效不理想，应迅速准确地分析其中的原因，为纠正偏差提供依据。按照标准衡量实际成效，最理想的是在偏差尚未出现之前就有所察觉，并采取措施加以避免。这一步工作总的要求是所收集到的信息要准确、及时、可靠和适用。

A. 如果正偏差太大，你作为管理人员会怎么想？应该怎么办？

B. 可能是标准定得有问题。标准太低。重新制定，提高标准。

8.2.3 采取纠偏措施

根据衡量和分析的结果采取适当的措施，是控制过程的最后一个步骤。衡量和分析的结果通常有两种情况：结果比较令人满意或发现偏差。当衡量绩效的结果比较令人满意时，可维持原状。如果发现偏差，就要分析偏差产生的原因，采取不同的措施。

1. 进行差异分析

通过将实际业绩与控制标准进行比较，可确定这两者之间有无差异。若无差异，工作按原计划继续进行。若有差异，首先要了解偏差是否在标准允许的范围之内，在分析偏差原因的基础上进行改进；若差异在允许范围之外，则应深入分析产生偏差的原因。

有些偏差可能是由计划本身和执行过程中的问题造成的，也有些偏差可能是由偶然的、暂时的局部性因素引起的，不一定会对组织活动的最终结果产生重要影响。在采取纠正措施之前，必须对反映偏差的信息进行评估和分析。一般情况下，偏差产生的原因可归纳为三大类：计划或标准定得不合理、组织内部因素的变化及组织外部因素的变化。

2. 采取改进措施

在纠偏过程中，需要纠正的不仅可能是企业的实际活动，也可能是指导这些活动的计划或衡量活动的标准。因此，纠偏的措施有两种：一是修订控制标准。即最初制订的计划或标准不科学，过高或过低，有必要对标准进行修正。二是改进实际工作绩效。即采取措施，加强组织管理，改善绩效水平。

（1）修订控制标准。对于计划或目标不切合实际的情形，控制工作主要是按实际情况修改控制标准。若组织的运行环境发生重大变化，使计划失去客观的依据，控制工作主要是启动备用计划或重新制订新的计划。

（2）改进实际工作绩效。对于由工作失误而造成的问题，控制工作主要是加强管理、监督，确保工作与目标的接近或吻合。此外，还可以采用增加人员、更好地选拔和培训下属人员，或是最终解雇、重新配备人员等办法来纠正偏差。

课 堂 测 评

测评要素	表现要求	已达要求	未达要求
知识点	能掌握控制过程的含义		
技能点	能初步认识控制过程包含的主要工作内容		
任务内容整体认识程度	能概述控制过程与管理活动的关系		
与职业实践相联系程度	能描述控制过程对于组织的实践意义		
其他	能描述与其他课程、职业活动等的联系		

8.3 控制技术

任务提示：控制认知的第三课，学习者应该首先认识主要控制类型的实施过程与作用机制，在此基础上理解控制的主要方法与技术，以及实施要领，结合自己日常生活中的组织或集体活动管理控制状况，认识控制实施。

控制的实施表现为对实际工作的监控，即对组织工作活动中的资源配置、运行状态、过程进行监督，以保证组织目标能够顺利实现。控制需要借助相应的方法与技术来实现，常用的方法与技术主要有以下类型。

8.3.1 预算控制

在管理控制中使用最广泛的一种控制方法就是预算控制。预算是计划的数量表现。预算的编制是作为计划过程的一部分开始的，而预算本身又是计划过程的终点，是转化为控制标准的计划。

1. 预算的含义

预算控制最初表明了计划与控制的紧密联系，企业未来几乎所有的活动都可以利用预算进行控制。那么，什么是预算呢？

> **重要名词8-3　预算**
>
> 预算是指利用财务数字的形式来描述企业未来的活动计划，预计企业未来某个时期的经营收入和现金流量，以及为各部门和各项活动预先规定支出的额度。

预算，顾名思义，预先计算。预算是各类管理者最基本的一种控制工具，可以把组织的目标准确、详尽地表示出来，并能清楚地反映出所采取的各种行动的资源（人力、财力、物力及时间）消耗情况，从而使计划的实施与控制建立在更可靠的基础之上。预算既是计划的工具，又是控制的工具。预算控制具有计划性、协调性、可控性等优点。

2. 预算的作用

预算具有十分重要的作用，它从战略和全局的角度保障组织计划的顺利执行。一方面，预算通过财务形式把计划分解落实到组织的各层次和各部门中，管理者以此为基础进行人员的委派和任务的分配，协调和指挥组织活动并在适当的时间将组织的活动结果和预算进行比较。若发生偏差及时采取纠正措施，以保证组织能在预算的限度内完成计划。另一方面，预算可使组织的成员明确自己及本部门的任务和权责，更好地发挥作用。

3. 预算的种类

按照不同的分类标准，预算可以分为各种不同的类型。常用的标准分类有以下几种。

（1）按照预算内容划分，分为收入预算与支出预算。收入预算主要是指对组织活动未来的货币收入进行预测。企业的收入预算包括企业收入总预算、产品销售收入预算、营业外收入预算等。

支出预算是指组织为完成组织活动所支付货币的数量的预算。它是企业预算中最重要的预算，主要包括货币支出总预算、外购材料支出预算、工资总预算、利息支出总预算等。

（2）按业务量基础的数量特征划分，可分为固定预算法和弹性预算法。固定预算法又称静态预算法，是指在编制预算时，只根据预算期内正常、可实现的某一固定的业务量（如生产量、销售量等）水平作为唯一基础来编制预算的方法。一般适用于经营业务稳定、生产产品产销量稳定、能准确预测产品需求及产品成本的企业。

弹性预算法又称动态预算法，是在成本性态分析的基础上，依据业务量、成本和利润之间的联动关系，按照预算期内可能的一系列业务量（如生产量、销售量、工时等）水平编制系列预算的方法。这种预算能够适应环境变化，实践中常见，但控制力相对较弱。

（3）按预算的范围划分，可分为总预算和部门预算。总预算是指以组织整体为范围，涉及组织收入或支出项目总额，由组织的最高管理机构批准的预算。企业的总预算包括收入总预算、支出总预算、成本总预算等。

部门预算是指各部门在总预算的前提下，根据本部门的实际情况安排的预算。如企业物业部门的维修费预算、行政办公经费预算等。

总预算与部门预算不是简单的整体与部分的关系，而是相互支持、相互补充的关系。

4. 预算的编制

常用的预算编制方法有固定预算、弹性预算、增量预算、零基预算、定期预算与滚动预算等，本书重点介绍现代预算方法——零基预算。

零基预算是不考虑过去的预算项目和收支水平，以零为基点编制的预算，具体指不受以往预算安排情况的影响，一切从实际需要出发，逐项审议预算年度内各项费用的内容及其开支标准，结合财力状况，在综合平衡的基础上编制预算的一种科学的现代预算编制方法。

零基预算编制基本程序如下。

（1）划分和确定基层预算单位。企业里内部各基层业务单位通常被视为能独立编制预算的基层单位。

（2）编制本单位的费用预算方案。由企业提出总体目标，然后各基层预算单位根据企业的总目标和自身的责任目标出发，编制本单位为实现上述目标的费用预算方案，在方案中必须详细说明提出项目的目的、性质、作用，以及需要开支的费用数额。

（3）进行成本—效益分析。管理层对每一个项目的所需费用和所得收益进行比较分析，权衡轻重，区分层次，划出等级，列出重点优先项目和非重点一般项目。

（4）审核分配资金。根据预算项目的层次、等级和次序，按照预算期可动用的资金及其来源，依据项目的轻重缓急次序，分配资金，落实预算。

（5）编制并执行预算。资金分配方案确定后，就制定零基预算正式稿，经批准后下达执行。执行中遇有偏离预算的地方要及时纠正，遇有特殊情况要及时修正，遇有预算本身问题要找出原因，总结经验加以提高。

课堂讨论

A. 零基预算就是全部推倒重来，但随之而来会出现哪些问题？

B. 那你有大麻烦啦！需要耗费大量时间、精力，重新来过！

管理实务8-3　防患于未然

有位客人到别人家里做客，看见主人家的灶上烟囱是直的，旁边又有很多木材。就告诉主人说，烟囱要改曲，木材须移去，否则将来可能会有火灾，主人听了没有作任何表示。不久，主人家里果然失火，四周的邻居赶紧跑来救火，最后火被扑灭了，于是主人烹羊宰牛，宴请四邻，以酬谢他们救火的功劳，但并没有请当初建议他将木材移走、烟囱改成弯曲的人。

有人对主人说："如果当初听了那位先生，今天也不用准备筵席，而且没有火灾的损失，现在论功行赏，原先给你建议的人没有被感恩，而救火的人却是座上客，真是很奇怪的事呢！"主人顿时省悟，赶紧去邀请当初给予建议的那个客人。

评析：这是成语"曲突徙薪"的故事，讲的是防患于未然更胜于治乱于已成。由此观之，企业管理中的预先控制意义重大。

8.3.2 非预算控制

非预算控制主要有成本控制、审计控制、损益控制、行政控制等方法。

1. 成本控制

（1）成本控制的含义与特点。成本控制是企业根据预先建立的成本管理目标，由成本控制主体在其职权范围内，在生产耗费发生以前和成本控制过程中，对各种影响成本的因素和条件采取的一系列预防和调节措施，以保证成本管理目标实现的管理行为。

成本控制的过程是运用系统工程的原理对企业在生产经营过程中发生的各种耗费进行计算、调节和监督的过程，同时也是发现薄弱环节、挖掘内部潜力、寻找一切可能降低成本途径的过程。科学地组织实施成本控制，可以促进企业改善经营管理、转变经营机制、全面提高企业素质，使企业在竞争环境下生存、发展和壮大。

（2）成本控制的程序。虽然成本控制对象各有不同，控制工作的要求也各不一样，但控制工作的过程基本是一致的，大致可分为四个步骤。

① 制定成本标准，确立目标成本。成本标准是成本控制的依据。成本标准包括成本计划中规定的各项指标。制定成本标准常用的方法有计划法、历史成本法、定额法等。

② 衡量工作成效，即通过管理信息系统采集实际工作的数据（与已制定的成本控制标准中所对应的要素，包括总成本、可比产品总成本、可比产品单位成本、可比产品成本降低率、主要产品单位成本等），了解和掌握工作的实际情况。在这一过程中，要特别注意获取成本信息的质量问题，做到信息的准确性、及时性、可靠性、适用性。

③ 进行差异分析。即将实际成本与事先确定好的目标成本进行对照，找出偏差并分析其发生的原因，为进一步采取管理行动做好准备。这是控制中最需理智分析的环节，是否要进一步采取管理行动就取决于此。企业成本差异分析的主要内容包括直接材料费用、直接人工费用、管理费用、销售费用等。

④ 采取管理行动，降低成本。一旦发现实际成本高于目标成本，就应积极采取措施，控制成本的上升趋势。降低成本的方法主要有价值工程法和投入产出分析法。

2. 审计控制

（1）审计控制的含义与特点。审计控制是指根据预定的审计目标和既定的环境条件，按照一定的依据审查、监督被审计单位的经济运行状态，并调整偏差，排除干扰，使被审计单位的经济活动在预定范围内运行且朝着期望的方向发展，以达到提高经济效益的目的。

审计控制的性质是一种重点控制，而不是全面控制。纳入审计控制范围的是组织的重大项目、大额资金、重要资产、资源。审计控制是对企业整体业务活动的控制，包括对整个业务的事前、事中、事后进行审计。不仅审计这些业务活动利用组织资源情况，还会审计产生结果的机制与原理是否合理。

（2）审计控制的内容。审计控制主要包括财务审计、管理审计两个方面。

财务审计是指以财务活动为中心，检查并核实账目、凭证、财物等，以判断财务报表中所列出的综合会计事项是否准确无误，报表本身是否可以信赖等。

管理审计则是检查一个组织的管理工作的好坏，其目的在于通过改进管理工作来提高效率和效益。

3. 损益控制

（1）损益控制的含义与特点。损益控制主要是通过损益平衡分析，即通过对业务量（产量、销售量、销售额）、成本、利润三者的综合分析，以预测利润、控制成本。它是利用成本特性，即成本总额与产量之间的依存关系，来指明企业获利经营的业务量界限，从而起到控制的作用。

损益平衡分析的方法也具有一定的局限性。它是一种事后控制，无法改善前期工作，只能为后期工作提供借鉴。许多发生偏差的原因，如外部环境的变化、投资项目的失误等，不能在损益表上反映出来。因此，在运用损益控制时还需要辅以其他方法。

（2）损益控制的作用。第一，可以指导管理者进行决策。管理者通过损益平衡分析，确定企业的临界产量，针对实际情况决定扩大产品的生产还是收缩生产的规模。第二，可以预测实现目标利润的销售量。根据损益平衡分析，可以确定在不同的产量水平时企业的盈亏情况，要实现预定的利润目标企业需要达到的产量和销售量。第三，进行成本控制。管理者通过分析某些因素的变化对盈亏平衡点的影响，并进行成本控制。第四，判断企业经营的安全率。经营安全率是指企业的经营规模（通常指销售量）超过盈亏平衡点的程度，以此可以粗略判断企业的经营状况。经营安全率越高越安全。一般来讲，经营安全率在10%以下就比较危险了。

4. 行政控制

（1）行政控制的含义与作用。行政控制是指借助行政手段直接指挥和协调管理对象的方法，是管理者为了检查行政执行的进程和完成情况，纠正实施过程中的偏差，以确保实际工作与工作计划相一致而采取的措施。

行政控制是管理过程的一个重要环节，对于决策计划的实施具有重大意义。行政控制的目的在于要指出计划实施过程中的缺点和错误，并对其加以纠正，以便在计划的行政工作状态和实际的行政工作状态之间实现一致。行政控制对做好行政执行工作是非常重要的。为了实现决策目标，当工作计划确定后，行政实施中的控制也就开始了。

（2）行政控制的方法。①工作指导。工作指导的方式有命令、要求、指示或建议。②工作考核。工作考核是指对比工作计划与工作的实际成果，以对执行者的行为做出评定，排出优劣，奖优罚劣。③报告、汇报制度。该制度是指下级定期向上级汇报自己的工作情况，如年终鉴定、述职报告等形式。通过下级自己的总结、分析，可以自己发现问题，及时纠正。④视察、调查。视察、调查是指管理者对一些专项工作深入到具体执行机构进行详细的检查。

8.3.3 现代控制技术

随着管理的日趋复杂和新技术的发展，一些新的控制技术和方法应运而生。

1. 全面质量管理

全面质量管理是由美国通用电气公司的费根·鲍姆于20世纪60年代初提出的，是一个以质量为中心，以全员参与为基础，将企业各部门、各环节的质量管理活动都纳入统一的质量管理系统，形成一个完整的质量管理体系。目的在于通过让顾客满意和本组织所有成员和社会受益而达到长期成功。

全面质量管理是一种预先控制和全面控制制度，其基本方法可以用四句话十八字概括，即一个过程，四个阶段，八个步骤，数理统计方法。

（1）一个过程。即企业管理是一个过程。企业在不同时间内，应完成不同的工作任务。企业的每项生产经营活动，都有一个产生、形成、实施和验证的过程。

（2）四个阶段。根据管理是一个过程的理论，美国的戴明博士把它运用到质量管理中来，总结出“计划（plan）—执行（do）—检查（check）—处理（act）”四阶段的循环方式，简称 PDCA 循环，又称“戴明循环”。

（3）八个步骤。为了解决和改进质量问题，PDCA 循环中的四个阶段还可以具体划分为八个步骤。①计划阶段：分析质量现状，找出存在的质量问题；分析产生质量问题的各种原因或影响因素；找出影响质量的主要因素；针对影响质量的主要因素，提出计划，制定并采取措施。②执行阶段：按照计划、目标和措施，进行具体组织、实施。③检查阶段：对计划和实施结果进行比对，检查计划的执行情况和实施效果。④处理阶段：总结经验，巩固成绩，使工作结果标准化，以便后续执行；提出尚未解决的问题，转入下一个质量管理循环，如图 8-3 所示。

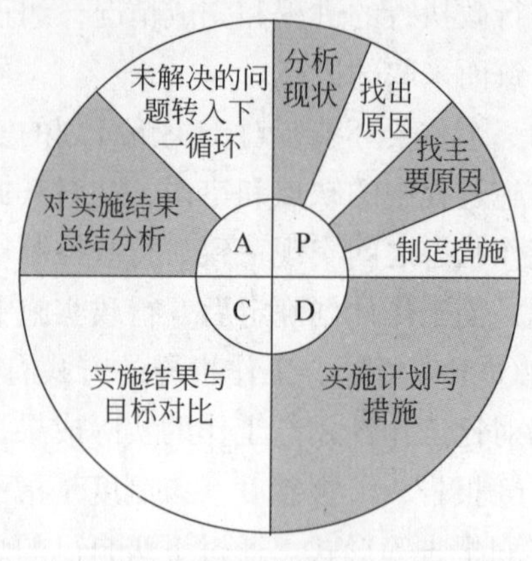

图8-3 八个步骤

（4）数理统计方法。在应用 PDCA 四个循环阶段、八个步骤来解决质量问题时，需要收集和整理大量的书籍资料，并用科学的方法进行系统的分析。最常用的七种统计方法是排列图、因果图、直方图、分层法、相关图、控制图及统计分析表。这套方法是以数理统计为理论基础，不仅科学可靠，而且比较直观。

2. 社群控制

（1）社群控制的含义。社群控制（clan control）是指以一定的文化为基础，一定的社会群体依靠共同价值和群体规范引导与约束其成员的一种社会控制方式。显然，这是一种倚重文化、人本式的现代控制理念。

（2）社群控制的优势。组织文化是社群控制的基础。组织文化是组织全体成员共同创造并共同信奉的信念与价值观。组织文化对组织及其成员具有巨大的导向与规范作用，这就使建立在组织文化基础上的社群控制具有其他控制所不具备的优势。

拥有自我指导型团队。即在社群组织内，重建激励机制，强化责任感和团队精神，实行建立在相互尊重、高度自觉基础上的自我控制。

授权赋能是社群控制的必要条件。实行社群控制，就必须充分信任员工，对员工进行授权赋能，给予员工必要的决策权，相信他们会从组织的利益出发处理问题。

实行实时控制。由于社群控制是一种充分授权与高度自觉的控制，每个成员都能独立自主地、随时处理各类问题，因此，完全可以实行真正的实时控制，保证在任何时候、任何情况下都处于有效控制之中。

课堂测评

测评要素	表现要求	已达要求	未达要求
知识点	能掌握预算控制的含义		
技能点	能初步认识控制技术与方法的主要程序		
任务内容整体认识程度	能概述控制技术与管理活动的关系		
与职业实践相联系程度	能描述控制技术对于组织的实践意义		
其他	能描述与其他课程、职业活动等的联系		

单元8小结

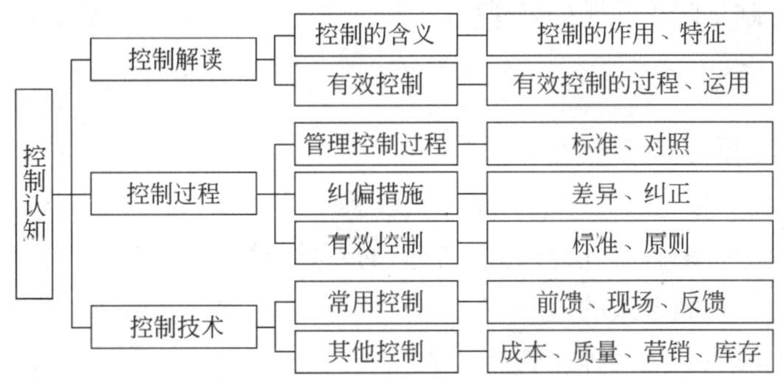

教学做一体化训练

重要名词

控制　控制标准　预算　全面质量控制

课后自测

一、选择题

1. 注重于对已发生的错误进行检查改进属于（　　）。

A. 前馈控制　　B. 现场控制　　C. 反馈控制　　D. 直接控制

2. 在控制的基本过程中，衡量实际工作主要解决的问题是（　　）。

A. 衡量什么　　B. 制定标准　　C. 如何衡量　　D. A 和 C

3. 实施控制的关键性步骤是（　　）。

A. 选择关键点　　B. 拟定标准　　C. 选择控制技术　　D. 建立控制系统

4. “治病不如防病，防病不如讲究卫生。”根据这一说法，以下几种控制方式中，哪一种方式最重要（　　）。

A. 前馈控制　　B. 现场控制　　C. 反馈控制　　D. 直接控制

5. 控制的基本过程包括（　　）。

A. 制订计划　　B. 确定标准　　C. 衡量绩效

D. 诊断原因　　E. 纠正偏差

二、判断题

1. 控制过程就是管理人员对下属行为进行评价考核的过程。（　　）
2. 管理控制最重要的是对人的控制。（　　）
3. 控制职能贯彻管理的全过程。（　　）
4. 零基预算基本思想是编制预算不受上一年度（时期）预算水平的影响。（　　）
5. 通过提高主管人员的素质来进行控制工作属于间接控制。（　　）
6. 最佳的控制是防止问题的发生。（　　）

三、简答题

1. 计划和控制的关系是什么？
2. “衡量什么”和“如何衡量”有什么联系？
3. 纠正偏差的行动有哪几种形式，它们的差异是什么？
4. 试比较几种控制方式的差异。
5. 亡羊补牢说明的是哪种控制类型？
6. 全面质量管理是指什么？
7. 无论是在学校读书，还是在企业工作，你都不难发现有一系列的规章制度存在。对规章制度的控制作用，你是怎么看的？

四、案例分析题

案例一：失败的控制

王明担任厂长已经一年多了。今年元旦过后，他刚上班，就看了工厂有关上一年实现目标情况的统计资料，厂里各方面工作的进展出乎意料的糟糕。

他就任厂长后的第一件事情就是亲自制定了工厂一系列计划目标。具体地说，他要解决工厂的浪费问题，要解决职工超时工作的问题，要减少废料的运输问题。他具体规定：这一年要把购买原材料的费用降低 10%~15%；把用于支付工人超时工作的费用从原来的 110 万元减少到 30 万元，要把废料运输费用降低 3%。他把这些具体目标告诉了有关方面的负责人。

然而，他刚看过的年终统计资料却大大出乎他的意料之外。原材料的浪费比去年更为严重，占总额的 16%；职工超时费用也只降低到 90 万元，远没有达到原定的目标；运输费用也根本没有降低。

他把这些情况告诉了负责生产的副厂长，并严肃批评了这位副厂长。但副厂长争辩说："我曾对工人强调过要注意减少浪费的问题，我原以为工人也会按我的要求去做的。"人事部门的负责人也附和着说："我已经为削减超时的费用做了最大的努力，只对那些必须支付的款项才支付。"而负责运输方面的负责人则说："我对未能把运输费用减下来并不感到意外，我已经想尽了一切办法。我预测，明年的运输费用可能要上升 3%~4%。"

在分别和有关方面的负责人交谈之后，王明又把他们召集起来布置新的要求，他说："生产部门一定要把原材料的费用降低 10%，人事部门一定要把超时费用降到 40 万元；即使是运输费用要提高，但也绝不能超过今年的标准，这就是我们明年的目标。我到明年底再看你们的结果！"

阅读以上材料，回答问题：

1. 你认为导致王明控制失败的原因是什么？

2. 王明的控制标准属于什么标准？

3. 王明所制定的明年的目标能完成吗？为什么？

案例二：苹果公司的控制

1977 年，技术专家史狄夫·渥兹尼克和销售天才史狄夫·雅可布创立了苹果计算机公司，很快公司就取得了非凡的成功。但是，成功没能持续很久，部分原因是 IBM 个人计算机的问世。在 20 世纪 80 年代早期，一些观察家们认为，苹果计算机公司需要更加严格的控制和更为专业化的管理方法。百事可乐公司的约翰·斯科利被请到苹果公司来做指导。

为控制公司，斯科利采用了降低成本的方法来改善盈利状况，并与此同时增加了研究和开发费用以便使公司能保持技术上的领先地位。可后来，斯科利却受到指责，说他研究和开发费用投入不够，广告费用投入过多。为减少重复环节、降低损益平衡点以及部门间的摩擦，苹果公司重组了公司。为提高效益和效率，苹果公司引入了新的汇报程序。此外，在控制库存方面也做了大量的工作，而库存问题又往往是个人计算机公司面对的主要问题。这些措施，连同苹果公司将 Macintosh 引入 IBM 占主导的商务公司这样一个成功的战略以及桌面印刷的普及，使苹果公司 1986 年财政年度的收入增加了 150% 以上。

阅读以上材料，回答问题：

1. 计划和控制二者之间的关系如何？

2. 其他什么样的计划可用于苹果公司的控制？

认识控制技术

实训目的

通过对身边的组织或学习生活分析，认识控制实施，初步培养控制方法运用能力。

活动安排

1. 学生分组收集、归纳身边的组织管理控制情境或事例，讨论其管理控制活动中运用到了哪些控制方法。

2. 分析这些方法的运用过程，如为什么要选某一种控制方法、考虑了哪些因素、运用效果如何等，并将活动成果做成 PPT 展示交流。

教师注意事项

1. 由生活事例、企业经营事例导入对组织管理控制实施方法的认识。

2. 提供一些生活事例或组织运行管理控制案例，供学生讨论。

3. 提供其他相应学习资源。

资源（时间）

1 课时、参考书籍、案例、网页。

评 价 标 准

表 现 要 求	是否适用	已达要求	未达要求
小组活动中，外在表现（参与度、讨论发言积极程度）			
小组活动中，对概念的认识与把握的准确程度			
小组活动中，角色扮演的精准度			
小组活动中，文案、PPT 制作的完整与适用程度			

拓展实训

认识企业管理控制

实训目的

通过接触企业实际，认识企业中的管理控制工作。

活动安排

1. 学生进驻实训基地企业，了解企业管理控制工作情况。

2. 观察不同岗位（人事、财务、审计、库存管理、质检）人员工作，学生分组进行这些岗位工作监控的素材采集，结合企业实际写出分析报告，制作PPT，分小组展示。

教师注意事项

1. 由生活事例、企业经营事例导入对管理控制工作的认识。
2. 提供一些著名企业管理控制案例，组织学生讨论。
3. 组织其他相应学习资源。

资源（时间）

1 课时、参考书籍、案例、网页。

评价标准

表现要求	是否适用	已达要求	未达要求
小组活动中，外在表现（参与度、讨论发言积极程度）			
小组活动中，对概念的认识与把握的准确程度			
小组活动中，角色扮演的精准度或担当任务的完成度			
小组活动中，文案、PPT 制作的完整与适用程度			

学生自我总结

通过完成单元 8，我能够做如下总结。

一、主要知识

本单元的主要知识：
1.
2.

二、主要技能

本单元的主要技能：
1.
2.

三、主要原理

我认为，控制的主要意义是：
1.
2.

四、相关知识与技能

我在完成本单元中学习了以下内容。

1. 管理控制的特点有：
2. 管理控制的过程为：
3. 管理控制的技术要领有：

五、成果检验

我完成本单元的成果如下。

1. 通过任务描述获取的信息有：
2. 通过整个单元学到的知识或技能有：
3. 通过实训活动获得的知识或技能有：
4. 我对管理控制工作的看法是：

单元 9

管理技能应用（一）

学习目标

1. 知识目标

- 能认识企业生产过程及组织。
- 能认识企业物流作业过程。
- 能认识企业市场营销活动。

2. 技能目标

- 能初步理解生产管理工作。
- 能初步理解物流作业管理工作。
- 能初步理解市场营销管理工作。

学习任务

学习者首先应该以比较典型的生产企业为例，认识有计划、组织、指挥、监督调节的生产活动，理解以最少的资源损耗，获得最大的成果的生产管理目标。在此基础上，认识这一过程中，物质资料实体流动的环节，应用管理的基本原理和科学方法，使各项物流活动实现最佳的协调与配合，以降低物流成本，提高物流效率和经济效益。认识企业市场营销活动管理，了解企业满足社会需求，实现生产经营效益的过程。

根据一般管理职业工作活动顺序、职业教育学习规律与能力分担原则，本单元可以分解为以下子任务。

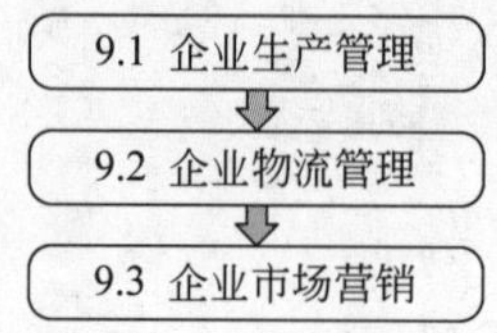

管理故事

本故事要从一位犁地的老农讲起。有一位老农自家的农田中，多年以来横躺着一块巨石，这块石头碰断了老农的好几把犁头，还影响了他的种植面积。老农对此无可奈何，巨石成了他种田时挥之不去的心病。

一天，在又一把犁头碰坏之后，想起巨石带来的无尽麻烦，老农终于下决心清除这块巨石。于是，他找来撬棍伸进巨石底下，却惊讶地发现，石头埋在地里并没有想象得深，石头本身也没有那么重，稍一使劲就可以把石头撬起来，再用大锤打碎，清理出田地，老农脑海里闪过多年被巨石困扰的情景，再想到可以更早些把这桩头疼事处理掉，禁不住一脸的苦笑。

当然，故事还是要回到企业管理本身。这个故事和我们儿时读过的“小马过河”有异曲同工之处，作为学习者，面对企业管理实践时，我们也应该独立思考，勇于探索。电影《中国合伙人》中有一句这样的经典台词：“梦想是什么，梦想就是一种让你感到坚持就是幸福的东西。我们要在失败中寻找胜利，在绝望中寻求希望。”也许，你也可以和志同道合的同学一起创办一个企业，成为合伙人。

【管理感悟】 在企业管理活动中，一些管理技能也许并不像我们想象的那么深奥、神秘，只要我们认真领会管理真谛，树立正确的管理理念，就能初步具备企业管理所需的技术技能、人事技能、思想技能。

9.1 企业生产管理

任务提示： 管理技能应用（一）的第一课，学习者应该从产、供、销的角度，首先认识企业生产管理的含义、基本过程，在此基础上，理解企业生产管理工作的目的以及基本手段，领会企业生产管理作业的基本要领。

从经济学角度讲，生产是指人们创造物质财富的过程，是将投入转化为产出的活动，或是将生产要素进行组合以制造产品的活动。从事这类活动的重要主体就是生产企业。

9.1.1 生产管理解读

一般意义上的生产是指通过物质资料的生产，使一定的原材料转化为特定有形产品的过程。这一活动过程中，涉及人、财、物、时间、空间等众多要素的高效组合与协调，因而，生产管理工作意义重大。

重要名词9-1 生产管理

生产管理是指对生产活动进行计划、组织和控制，以最小的资源投入，获得最大的成果，从而保证企业生产目标实现的过程，又称为生产控制。

1. 生产管理的内容

（1）生产组织工作。生产组织工作主要包括生产战略和选择厂址、能力规划、生产部门设置、设备布置等的决策与筹划。

（2）生产计划工作。生产计划工作主要包括需求预测、生产计划编制、生产技术准备计划和生产作业计划等。

（3）生产控制工作。生产控制工作主要包括控制生产进度、生产库存、生产质量和生产成本等。

2. 生产管理的任务

（1）通过生产组织工作，按照企业目标要求，设置技术上可行、经济上合算、物质技术条件和环境条件允许的生产系统。

（2）通过生产计划工作，制订生产系统优化运行的方案。

（3）通过生产控制工作，及时有效地调节企业生产过程中的各种关系，使生产系统的运行符合既定生产计划的要求，实现预期生产的品种、质量、产量、出产期限和生产成本的目标。

3. 生产管理的目标

在管理过程中必须抓住如下基本目标。

（1）确保生产系统的有效运作，全面完成产品品种、质量、产量、成本、交货期限和环保安全等各项要求。

（2）有效利用企业的制造资源，不断降低物耗，降低生产成本，缩短生产周期，减少在制品，压缩占用的生产资金，不断提高企业的经济效益和竞争能力。

生产类型

（3）为适应市场、环境的迅速变化，要努力提高生产系统的柔性，使企业能根据市场需求不断推出新产品，并使生产系统适应多元化生产，能够快速地调整生产，进行品种更换。

9.1.2 生产过程组织

生产过程是指从企业原料的投入开始，直至成品产出的全部过程。生产过程是在一定空间、一定时间，按一定组织形式进行的。所以，生产过程组织形式主要包括空间组织和时间组织两种形式。

重要名词9-2 生产过程组织

生产过程组织是指为提高生产效率、缩短生产周期，对生产过程的各个组成部分从时间和空间上进行合理安排，使它们能够相互衔接、密切配合的设计与组织工作。

1. 生产过程的空间组织

生产过程的空间组织是指企业内部各生产阶段和生产单位的组织与空间布局。其主要组织形式有工艺专业化、对象专业化和混合形式三种。

（1）工艺专业化。这是按照工艺特点来组建生产单位，即将完成相同工艺的设备与工人组织在一起，对各种产品（零部件）进行相同工艺方法的加工。优点：对产品品种适应能力强；有利于充分利用机器设备；便于专业技术管理。缺点：工件运输次数多、线路长；生产过程中停顿时间较多，生产周期长；协作及相应的组织工作复杂。这种组织形式主要适用于单件小批生产类型。

（2）对象专业化。这是指按照产品（零部件）建立生产单位，即将制造某种产品所需的各种不同类型的生产设备和不同工种的工人组织在一起，对其产品进行不同工艺方法的加工。优点是可以减少运输次数，缩短运输路线；便于组织流水作业；可以缩短生产周期，减少资金占用；简化协作关系和管理工作。缺点是对品种变化适应性差；设备的生产能力难以充分利用。这种组织形式主要适用于产品品种较稳定的大量成批生产类型。

（3）混合形式。混合形式是把工艺专业化和对象专业化原则结合起来设置生产单位。具体有两种方法：①在对象专业化的基础上，适当采用工艺专业化形式；②在工艺专业化的基础上，适当采用对象专业化形式。这种形式综合了工艺专业化和对象专业化的优点。

重要信息9-1 生产过程组织要求

（1）生产过程的连续性。物料在生产过程中的各阶段、各工序之间，在空间上是紧密衔接的，在时间上是连续流动的。

（2）生产过程的平行性。物料在生产过程中实行平行交叉作业。

（3）生产过程的比例性。生产中的各类生产过程、各种生产环节的生产能力要保持适合产品制造的比例关系。

（4）生产过程的均衡性。企业的产品从投料到完工都能均衡地、有节奏地进行，使在相等的时间间隔内完成大体相等的工作量。

（5）生产过程的准时性。生产过程各阶段、各工序都按后续阶段和工序的需要组织生产。

（6）生产过程的柔性。生产系统能灵活地适应不断变化的市场需求，具有快速反应能力。

2. 生产过程的时间组织

生产过程的时间组织是指产品在生产过程各工序之间的移动方式。一般有三种移动方式：即顺序移动方式、平行移动方式和平行顺序移动方式。

（1）顺序移动方式。顺序移动方式是指一批在制品在上道工序全部加工完，再整批地送到下道工序加工。一般适用于批量较少、工序时间较短的成批在制品生产中。其优点是组织工作比较简单，设备没有停工时间；缺点是在制品在工序间有等待加工和运输时间，生产周期长，流动资金周转慢，经济效果差。

（2）平行移动方式。平行移动方式是指一批在制品，在上道工序加工完一个零件以后，立即转入下道工序加工，而无须等待整批加工完后才向下一道工序移动的一种组织生产方式。其优点是生产周期短，由于在制品移动快，流动资金占用也就减少；缺点是当下道工序的加工时间小于上道工序的加工时间时，有停工待料现象，但这种停工时间不好利用，且运输工作量相对加大。

（3）平行顺序移动方式。这是将前两种方式结合起来形成的一种组织方式。这种方式既不是整批移动，也不是纯单件移动，而是既要保证每道工序连续加工，又要尽可能实现在各道工序间的平行加工。具体方法是：当前道工序时间短于后道工序时间时，前道工序完成后的零件应立即转入后道工序；当前道工序的时间长于后道工序时间时，则要等前道工序完成的零件数足以保证后道工序连续加工时，才将完工的零件转入后道工序。

管理实务9-1　40条口罩生产线的诞生

[2020年3月18日,《工人日报》消息]近日,在“中国医疗耗材之都”——河南新乡长垣，26名技术工人经过10天的装配，新建成了40条口罩生产线。

2月16日，一直在坚持生产医疗防护用品的河南亿信医疗器械公司，向河南省工信厅紧急求援。作为防控物资生产重点企业，该公司为了保障医疗物资供应，新购进一批口罩生产设备和零部件，但却无力组装。特殊时期，设备生产厂家也无法派人安装。

接到求援，河南省工信厅紧急从省内装备生产企业抽调骨干力量前去增援。当天晚上，郑煤机劳动模范李向宾带领的12名技术骨干、中铁装备战略规划部部长桑应豪带领的14名技术骨干，就赶到了河南亿信医疗器械公司。

装配过程并非一帆风顺。“没有装配图纸，没有工艺流程，队员们靠着平时积累的丰富装配经验，提前完成装配任务。”桑应豪说，支援队员中一半以上都是劳动模范、岗位能手，在工作中展现了精湛的技能，体现了河南装备技术工人的技能水平和担当精神。

目前，20条N95口罩和20条医用外科口罩生产线已全部建成。企业所需的一线工人，当地政府也通过“用工储备库”提前做好准备。

评析：没有装配图纸，没有工艺流程，仅凭具备丰富生产管理经验、装配经验的26名技工，用10天时间就能创造出装配40条口罩生产线的奇迹。

9.1.3 生产计划编制

生产计划是企业经营计划的重要组成部分，是企业对生产任务做出的统筹安排，是企业组织生产活动的依据。编制生产计划是生产管理的一项基本任务，它是根据市场的需求和企业的技术、设备、人力、物资、动力等资源能力条件，合理地安排计划期内应当生产的产品品种、产量和出产进度，充分地满足社会需要。

1. 生产计划

（1）生产计划体系。企业的生产计划主要包括：①长期计划。它是规划5年以上企业的生产发展方向的计划。②中期计划。即规划2~3年企业生产的品种发展、质量提高和产量增长。③短期计划。一般以1年（或更短时间）为期限，具体规定计划期内生产的产品品种、质量、产量、产值和出产期限以及生产能力的利用程度。

此外，从计划的侧重点不同划分，还可分为生产进度计划和生产作业计划。①生产进度计划是将全年任务划分到各个季度、月份，从而确定产品生产进度的计划。②生产作业计划是落实年度计划（短期计划）的具体执行计划。

（2）生产计划的指标。生产计划的主要指标包括产品品种、质量、产量与产值等。它们各有不同的经济内容，从不同的侧面反映企业计划期内生产活动的要求。

（3）生产计划的编制。编制生产计划是一个重要的决策过程。其基本程序如下：①组织调查与预测。②拟订和优化计划方案。③综合平衡，确定生产计划指标。④正式编制与批准生产计划。⑤计划实施控制与评估。

2. 生产进度计划

生产进度计划的原则是：保证交货期，实现均衡生产，注意和企业生产技术准备工作及各项技术组织措施的衔接。

（1）大批量生产的进度安排。大量生产企业，产品品种单一，产量大，进度安排方式是将全年生产任务均衡地按季度、月份分配。具体可以采用以下几种分配形式：①平均分配。市场需求稳定时，把年计划产量平均地分配到各季度、各月份生产。②分期递增。产量分期阶段增长，每隔一段时间平均日产量有所增长。③小幅度连续递增。各季度、各月份的产量逐渐地、小幅度地增长，呈梯形状态。④抛物线形递增。一般是针对新产品，开始批量较小，以后批量逐渐加大；或由于工人技术熟练程度提高，开始日产量提高较快，以后趋于稳定。

（2）成批生产的进度安排。成批生产企业，由于品种多，各种产品需交替生产，所以在安排生产进度时，不仅要合理分配产品产量，而且要合理组织不同时期（季度、月份）各种产品搭配生产。合理组织不同时期（季度、月份）各产品搭配生产，是安排产品生产进度的关键。具体安排时，应充分考虑以下几个问题：①对于产量较大、市场需求比较稳定的产品，全年各季度、各月份做均衡安排。②对于季节性产品，可采取集中生产或集中轮番生产。③新产品和老产品的生产要合理搭配，有利于技术力量、劳动力、设备和生产面积得到均衡负荷、合理利用。

（3）单件小批生产的进度安排。单件生产企业产品品种繁多，每种产品产量很少甚至是一次性生产，技术准备工作量较大又复杂，许多订货来得迟、要得急、变动多。这类企业在安排产品进度时，应注意以下几个问题：①先安排已经明确的订货任务。②考虑生产技术准备工作和关键设备的均衡使用。③尽量把通用件多的产品，安排在同一时期内生产。

3. 生产作业计划

生产作业计划是根据年度生产计划的目标与要求，对每个生产单位（车间、工段、班组）分时期（月、旬、周、日、轮班、小时）的生产任务所做出的详细安排。生产作业计划是生产计划的具体执行计划，是建立企业正常生产秩序和管理秩序的主要手段，也是企业计划管理的重要环节。

（1）生产作业计划标准。作业计划标准又称期量标准，是指为制造对象（产品、部件、零件等）在生产期限和生产数量方面所规定的标准数据。期量标准是编制生产作业计划的重要依据和组织均衡生产的有力工具。作业计划标准主要有批量与生产间隔期、生产周期、生产提前期、在制品定额。

重要信息9-2　生产作业计划标准

（1）批量与生产间隔期。批量是指一次投入（出产）相同制品的数量。生产间隔期是指相邻两批同种制品投入（出产）的时间间隔。

$$批量=生产间隔期\times平均日产量$$

$$生产间隔期=\frac{批量}{平均日产量}$$

（2）生产周期。生产周期是指产品或零件从原材料投入生产起一直到成品出产为止所经历的全部日历时间。产品的生产周期由各个工艺阶段的生产周期组成。

（3）生产提前期。生产提前期是指产品（零件）在各工艺阶段出产（投入）的日期比成品出产日期要提前的时间。提前期是根据车间生产周期和生产间隔期计算的，同时要考虑一个保险期。

某车间投入提前期＝本车间出产提前期＋本车间生产周期

某车间出产提前期＝后车间投入提前期＋保险期

（4）在制品定额。在制品定额是指在一定技术组织条件下，为了保证生产连续而均衡进行所必需的最低限度的在制品数量。

车间在制品定额＝平均每日出产量 × 车间生产周期＋保险储备量

库存半成品定额＝后车间平均每日需用量 × 库存定额天数＋保险储备量

（2）生产作业计划的内容。比较典型的机械制造企业的生产作业计划的内容有：①生产企业生产管理能力的细致核算与平衡。②期量标准的制定与修改。③作业顺序的安排。④安排生产单位生产任务。⑤安排企业内部各生产环节之间的协作等。

（3）生产作业计划的编制。生产作业计划按企业内部的管理层次分别编制。一般先将企业生产任务分配到各车间，编制各车间生产作业计划；然后由车间将生产任务分配到工段、班组和工作地，编制车间内部生产作业计划。根据各车间季度分月制定投入出产计划，规定各种产品的投入期、出产期、投入量、出产量，以及投入或出产的进度安排；将车间月度生产作业计划任务下达给班组、工作地，并规定各班组、工作地短期内完成的产品品种、出产与投入的数量、期限和进度。

9.1.4 生产现场管理

生产现场管理是指为实现生产系统目标、提高生产效率，运用科学管理制度、标准与方法，对生产现场各种要素与环节进行优化配置与有效协调的过程。

1. 生产现场管理的内容

（1）人员组织人性化。要按照以人为本的理念，科学组织作业人员，建立和谐班组群体。措施主要包括科学进行人员分工，实施有效激励，注重工作现场安全保护，建设和谐的团队式班组等。

（2）条件配置合理化。为提高工作效率和安全生产，必须注意现场的物料、设备的配置与摆放。如按照便捷使用的原则摆放物料，便于快捷取放，确保设备正确、安全、有效、经济地使用，作业现场保持清洁、有序。

（3）生产作业标准化。严格按照标准与规范操作，实现生产作业的标准化，如加强工序管理，制定完善的技术规程与作业标准，并将作业标准化落到实处；加强培训、考核与奖惩，确保作业标准化的实施与成效。

2. 生产现场管理的方法

（1）定置管理。定置管理是指科学处理生产现场人、物、场所三者之间关系，实现三者最佳结合状态的管理方法。

（2）目视管理。目视管理是一种“看得见”的管理。它是指以公开化形式和视觉显示为手段，使作业者更直观、迅速、有效操作，以提高劳动效率的一种管理方法。

（3）5S管理。5S管理是指为保证生产现场整齐有序，便于作业，对各种物质要素（人员、机器、材料等）所进行的整理、整顿、清扫、清洁，并相应提高作业者素养的管理方法。

课 堂 测 评

测评要素	表现要求	已达要求	未达要求
知识点	能掌握生产管理的含义		
技能点	能初步认识生产管理包含的主要工作内容		
任务内容整体认识程度	能概述生产活动与管理活动过程的关系		
与职业实践相联系程度	能描述生产对于组织的实践意义		
其他	能描述与其他课程、职业活动等的联系		

9.2 企业物流管理

任务提示：管理技能应用（一）的第二课，学习者应该从产、供、销的角度，认识企业物流管理的含义、基本过程，在此基础上理解企业物流管理工作的目的以及基本手段，领会企业物流管理作业的基本要领。

企业物流管理作为企业管理的一个分支，是对企业内部的物流活动（如物资的采购、运输、配送、储备等）进行计划、组织、指挥、协调、控制和监督的活动。通过使物流功能达到最佳组合，在保证物流服务水平的前提下，实现物流成本的最低化，这是现代企业物流管理的根本任务所在。

9.2.1 物流

如果从物体的流动来理解，物流是一种古老而又平常的现象。自从人类社会有了商品交换，就有了物流活动（如运输、仓储、装卸、搬运等）。那么，规范的物流含义又是怎样的呢？

1. 物流的含义

简单来讲，物流是包括运输、搬运、储存、保管、包装、装卸、流通加工和物流信息处理等基本功能的活动，它是由供应地流向接受地以满足社会需求的一种经济活动。

以上解释可以看出：①物流不仅包括商品本身，还包括随附的包装物。②物流包括运输、仓储等一系列有机结合的活动。③生产过程、流通过程都会有物流。④物流是一种经济活动，可以创造物品的时间、空间价值。

重要名词9-3　　物流

我国的物流术语标准将物流定义为：物流是物品从供应地向接收地的实体流动过程中，根据实际需要，将运输、储存、装卸、搬运、包装、流通加工、配送、信息处理等功能有机结合起来实现用户要求的过程。

任何企业都需要各个业务单位的支持与协调，才可能完成整个物流过程。随着分工的专业化，物流过程中的一些重要环节，比如运输、仓储等已经从一些企业中单列出来，成为一种为客户提供的专业物流服务机构，比如运输公司、仓储公司以及第三方物流公司等。

重要信息9-3　　物流活动的价值创造

（1）物流的时间价值。物质资料从供给者到需求者之间有一段时间差。由于改变这一时间差而创造的价值，称为“时间价值”。主要包括：①缩短物流时间，降低物流消耗。②弥补时间差，如合理利用供给和需求之间出现的时差。③延长时间差，如在推迟制造时，延长物流时间。

（2）物流的场所价值。物质资料从供应者到需求者之间往往有一段空间距离。由于改变这一场所的差别而创造的价值称为“场所价值”。主要包括：①从集中生产场所流入分散需求场所。②从分散生产场所流入集中需求场所。③从甲地生产场所流入乙地需求场所。

（3）加工的附加价值。根据自己的优势从事一定的补充性加工活动，这种活动必然会形成劳动对象的附加价值。

2. 物流的职能

物流的基本职能主要包括以下几个方面。

（1）运输职能。要使消费者买到所需商品，必须使商品从产地到达销地，这一职能只有通过商品运输才能发挥。因此，物流的运输职能创造着物流的空间价值。它是物流的核心。

（2）保管职能。商品生产与商品消费存在着时间上的不均衡，必须通过商业储存，才能保证商品流通连续地、均衡地顺畅进行，使商品连续、充足地提供给市场。

（3）包装职能。要能使商品实体在物流中通过运输、储存环节，顺利地到达消费者手中，必须通过包装保证商品的使用价值完好无损。

（4）流通加工职能。流通加工包括装袋、分装、贴标签、配货、数量检查、挑选、混装、刷标记、剪断、组装和再加工改制等，有利于满足消费者的多样化需求。

（5）配送职能。配送是指按用户的订货要求，在物流中心进行分货、配货工作，并将配好的货物送交收货人。

（6）信息职能。企业物流活动状况要及时收集，商流和物流之间要经常互通信息，各种职能要相互衔接，都要靠物流信息职能来完成。

9.2.2 企业物流

现代意义上的物流是将信息、运输、仓储、库存、装卸搬运以及包装等物流活动综合起来的一种新型的集成式管理，其任务是尽可能降低物流的总成本，为顾客提供最好的服务。那么，企业物流又是指什么呢？

重要名词9-4　企业物流

企业物流是指企业生产经营过程中，物品从原料供应，经过生产加工，到成品和销售，以及伴随生产、消费过程所产生的废弃物的回收与利用的完整循环活动。

从以上解释看，我们可以这样理解：企业物流是围绕企业经营进行的活动，是具体的、微观物流活动的典型领域。企业系统活动的基本结构是投入→转换→产出，对于生产类型的企业来讲，是原材料、燃料、人力、资本等的投入，经过制造或加工使之转换为产品或服务；对于服务型企业来讲，则是将设备、人力、管理和运营，转换为对用户的服务。

企业物流是指在企业生产经营过程中，物品从原材料供应，经过生产加工，到产成品和销售，以及伴随生产、消费过程所产生的废弃物的回收和再利用的完整循环活动。企业物流包括供应物流、生产物流和销售物流。企业物流管理就是企业为合理配置物流资源、有效提供物流服务、不断创造物流价值、谋求良好经济效益而理顺各种关系的活动过程。

企业物流是从企业角度研究物流的有关活动。企业物流包括以下典型活动。

1. 企业供应物流

企业供应物流管理的目标就是以合适的价格、时间、从供应商处购买到所需数量和质量的商品或服务，包括以下内容和环节。

（1）企业采购管理。企业采购管理一般包括以下工作：①编制采购计划。即按照需求及现有库存分析、计算出所需采购物品的品种、数量。②选择供应商。③发出采购订单。采购订单列明采购的每项物品的规格、数量、价格等一系列条件。④跟踪订单。采购订单签发后对订单的执行情况进行跟踪。⑤接受货物。⑥评估采购工作。对于采购工作进行总结评价。

（2）供应商关系管理。供应商关系管理是企业保证物资供应、确保采购质量和节约采购资金的重要环节。一般对供应商采取分级管理的形式。①按供应商的重要性可将其划分为伙伴供应商、优先供应商、重点供应商和商业供应商。②根据 80/20 法则分类，划分为重点供应商和普通供应商，即占 80% 采购金额的 20% 供应商为重点供应商；而其余只占 20% 采购金额的 80% 供应商为普通供应商。③按供应商的规模和经营品种，可将其划分为“专家级”供应商、“低产、小规模”的供应商、“行业领袖”供应商、“量小、品种多”的供应商等。

2. 生产物流管理

生产物流是指原料、燃料、外购件投入生产后，经过下料、发料、运送到各个加工点和存储点，以在制品的形态，从一个生产单位（车间或仓库）流入另一个生产单位（车间仓库），按照规定的生产工艺过程进行加工、储存的全部生产过程，如图 9-1 所示。

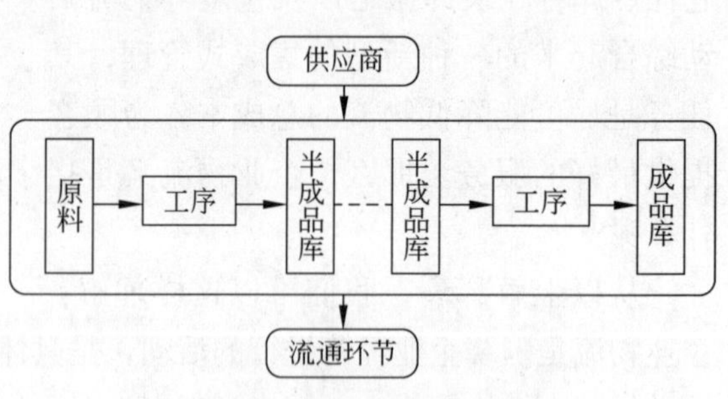

图9-1 企业生产物流

生产物流的目标就是提供畅通无阻的物料流转，以保证生产过程顺利、高效率地进行；减少物料搬运的数量、频率和距离，减少搬运费用，降低成本；防止物料损坏、丢失，防止人身设备事故。

3. 销售物流管理

销售物流又称分销物流，是销售过程中的物流活动，是伴随销售而进行的物流活动，具体是指将产品从下生产线开始，经过包装、装卸搬运、储存、流通加工、运输、配送，一直到最后送到用户手中的整个产品实体流动过程。销售物流的内容与环节包括：产品包装、产品储存、货物运输、货物配送、装卸搬运、流通加工、物流信息、分销物流网络规划与设计、货品管理、物流网点内部物流管理。

销售物流管理的目标是保证销售物流有效、合理地运行，既扩大市场、提高客户服务水平，又降低成本、提高物流工作效率。

管理实务9-2　苹果公司的物流

每天，数以百万计的 iPhone 手机沿着苹果复杂的供应链流向世界各地。这一过程始于中国，iPhone 的无标识集装箱经过安全细节检查从工厂运出。然后装上卡车，运上飞机输送到各地。最后，这一旅程在商店结束。苹果会根据零售店的需求不断调整出货量。

一般来说，物流准备工作在新 iPhone 发布前几个月就已经开始了。苹果首先要组织运输机和卡车将组件从供应商运到中国工厂进行组装。销售、市场营销、运营和财务团队并肩协作，估计将出售多少台设备。

一旦作出预测，大量 iPhone 手机就会在中国的组装厂里组装成型。与此同时，苹果的软件团队在总部完成与之匹配的 IOS 软件。一旦完成最终版本，软件就会被安装到手机上。

iPhone 在舞台上正式揭幕之前，这些手机就会被运送到世界各地，包括澳大利亚、中国、捷克共和国、日本、新加坡、英国和美国的配送中心。而安保人员会参与其中的每一个步骤，从卡车、机场、海关到存储仓库。iPhone 昂贵的价格和轻便的重量意味着苹果虽然选择空运，仍然可以获得巨大利润，而其他的消费类电子产品，大多会选择海运。

通过监测其零售商店、网站和第三方经销商的销售，苹果公司基于需求会重新分配手机订单。比如，在中国下线，原本运往欧洲零售店的 iPhone 手机，会被用来填补网上存货的不足。这一过程基于大量物流数据的支持。

评析：这一案例中，我们可以清晰地看到企业物流管理工作的过程与各个环节，也能体会到苹果公司复杂而精妙的供应链。

9.2.3 企业物流管理工作

有效的物流管理已经成为企业快速反应、控制成本的关键因素，并引发了许多企业高层管理人员的重视，被称为企业的“第三利润源泉”。

重要名词9-5　物流管理

企业物流管理是指在社会生产过程中，根据物质资料实体流动的规律，应用管理的基本原理和科学方法，对其物流活动进行计划、组织、指挥、协调、控制和监督，使各项物流活动实现最佳的协调与配合，以降低物流成本，提高物流效率和经济效益，如图 9-2 所示。

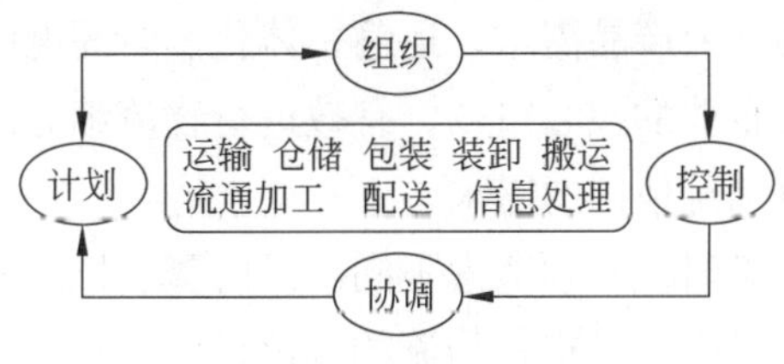

图9-2　物流管理

企业物流管理工作贯穿于企业供应、生产和销售物流活动中，主要包括网络设计、信息处理、运输、库存、装卸与包装等活动。

1. 网络设计

网络设计是物流管理的一项基本工作。典型的物流设施包括制造工厂、仓库、转运设施及渠道商。网络设计要确定完成物流工作所需的各类设施的数量和地点，同时还要确定每一设施内应储备存货的种类、数量以及安排应在何处交付客户订货等。物流设施的网络形成了物流作业据以进行的框架结构，因此，该网络也融合了信息和运输功能，还包括与订货处理、存货管理以及物料搬运等有关的具体工作。

2. 信息处理

现代信息技术的发展，为物流作业信息化奠定了基础。物流中依赖于信息的工作主要是物流预测与订单管理。物流预测要估计未来的需求，必须掌握大量的顾客需求信息；订单管理部门的工作是处理具体客户的需求。顾客可分为外部客户和内部客户。订单管理过程涉及从最初的接受订单到交付、开票以及通常的托收等有关顾客需要的方方面面。所有这些工作都与信息处理息息相关。

3. 运输

从物流的观点来看，影响运输的三大因素是成本、速度和一致性。运输成本是指为两个地理方位间的运输所支付的款项，以及与在途存货有关的行政管理费和维持费。物流系统的设计应考虑能把系统总成本降至最低的运输。运输速度与成本有关，主要表现在以下两个方面：一是运输速度越快，收取的运费也会越高；二是运输速度越快，在途存货就越少，货物完成消费准备的时间就越短。选择最理想的运输方式时，关键问题在于如何权衡运输服务的速度与成本。运输一致性是指在完成某一具体订货时，若干次装运所需时间的变化性，它反映了运输的可靠性。如果运输缺乏一致性，就需要储备安全存货，以防不测。

4. 库存

企业的库存需求取决于网络结构和期望的客户服务水平。良好的库存管理政策基于五个方面内容，即客户细分、产品需求、运输一体化、时间上的要求以及竞争性作业表现。高收益率的客户构成企业的核心市场，有效进行物流细分的关键就在于为这些核心客户优先安排存货权，以满足他们的需求。

另外，在选择存货政策时，必须考虑不同产品的赢利性。物流运作的关键驱动力在于承诺快速交付产品以满足客户需求。物流的总体目标是在总成本最低的情况下提供预期的客户服务水平。

5. 仓储、物料搬运和包装

物流系统中需要用到仓库时，企业可以选择自己经营仓库，也可以从外部获得专业仓储服务。很多物流过程中的重要活动会出现在仓储这个环节上，比如货物分类、排序、订单分拣、联合运输，有时还包括产品的修改与装配。

物料搬运是仓库中的一项重要活动。搬运会产生货损，产品搬运的次数越少，产品受损的可能性就越小，仓库内的整体运作效率就越高。

包装是为了提高搬运效率。通常将罐装、瓶装或盒装的产品装入更大的包装内，即工业包装。工业包装起到两方面的作用，一是在物流过程中起到保护产品的作用；二是将零散的产品打包成大包装的形式，以提高搬运安全性和效率。

课 堂 测 评

测评要素	表现要求	已达要求	未达要求
知识点	能掌握物流管理的含义		
技能点	能初步认识物流管理的主要工作内容		
任务内容整体认识程度	能概述物流管理与企业经营活动过程的关系		
与职业实践相联系程度	能描述物流对于组织的实践意义		
其他	能描述与其他课程、职业活动等的联系		

9.3 企业市场营销

任务提示： 管理技能应用（一）的第三课，学习者首先应该从产、供、销的角度，认识市场营销活动的含义，在此基础上认识企业市场营销的主要工作内容、要求、具体做法，理解现代企业市场营销活动以及管理的意义。

重点名词9-6　市场营销

市场营销是指企业在通过调查、了解消费者需求的基础上，根据消费者需求开发相应的产品或服务，以满足消费者的需求，并通过与消费者进行交换，以实现企业经营目标的过程。

市场营销管理过程就是企业为实现企业任务和目标而发现、分析、选择和利用市场机会的管理过程。具体来讲，企业市场营销管理过程包含四个相互紧密联系的步骤：发现市场机会、选择目标市场、确定市场营销策略、市场营销管理。

在日趋激烈的竞争中，作为市场主体的企业，总是在千方百计地吸引消费者，以提高产品的市场占有率。因此，市场营销工作得到了更多企业的重视。

9.3.1 发现市场机会

市场机会是指市场上存在的尚未满足或尚未完全满足的显性或隐性的需求。市场机会存在于社会生活的各个方面，是多种多样的。企业发现市场机会经常采用以下方式。

1. 市场营销环境分析

市场营销环境分析包括宏观营销环境分析与微观营销环境分析。

（1）宏观营销环境。宏观营销环境是指给企业造成市场机会和环境威胁，进而能够影响公司运作和绩效的自然及社会力量的总和，构成要素主要有人口因素、经济因素、自然因素、技术因素、政治和法律因素及社会和文化因素等。

（2）微观营销环境。微观营销环境，又称为直接营销环境，是指与企业营销活动直接发生联系，影响企业为目标市场顾客提供服务的能力和效率的各种参与者，包括企业内部营销部门以外的企业内部、供应商、营销渠道企业、目标顾客、竞争对手和社会公众。

2. 市场竞争分析

在经营活动中，企业的竞争者有很多，大致可以分为现实竞争者和潜在竞争者。

（1）现实竞争者。现实竞争者是指生产经营同品类、同品种产品或服务，与本企业角逐共同目标市场，与企业构成直接竞争关系的企业。这种竞争关系的竞争对手主要来自同行企业，表现为全方位的正面竞争势态，对手的强弱不仅直接影响市场的需求状况，并且直接影响本企业的市场占有率。

（2）潜在竞争者。潜在竞争者是指暂时对企业不构成威胁，但具有潜在威胁的竞争对手。潜在竞争者的可能威胁，取决于进入本行业的障碍程度以及行业内部现有企业的反应程度。进入障碍主要存在于 6 个方面，即规模经济、品牌忠诚、资金要求、分销渠道、政府限制及其他方面的障碍（如专利等）。

3. 市场购买行为分析

一般来讲，企业面对的市场可分为消费者市场和组织市场。市场购买行为分析主要包括消费者购买行为分析与组织购买行为分析。

（1）消费者购买行为分析。消费者市场分析主要从以下因素进行：文化因素、心理因素、个人因素、社会因素。

（2）组织购买行为分析。组织购买行为分析主要从以下因素进行：环境因素、组织因素、人际因素、个人因素。

4. 市场信息的收集

企业识别市场机会还必须建立在充分的、有针对性的信息收集基础之上，即进行市场调查。市场调查工作可以由社会上专业的市场调查公司进行，也可以由企业内部的市场调查人员实施。市场调查一般包括准备阶段、设计阶段、实施阶段和总结阶段。

管理实务9-3　小故事大市场

哈姆威是美国的一个糕点小贩。在一次世界博览会上，组委会允许商贩在会场外摆摊设点。这样哈姆威就来到了会场外出售他的甜脆薄饼。在他摊位旁边的是一位卖冰激凌的小贩。

当时正值盛夏,卖冰激凌小贩的生意红火极了。但由于吃冰激凌的人太多，盛装冰激凌的小碟子不够用，很多顾客要等别人吃完退了碟子之后才能一享口福。哈姆威灵机一动，把自己的薄饼卷起来，成为一个圆锥形，把“锥子”倒过来，就可以装冰激凌吃了。顾客们目睹这种情况，都纷纷用薄饼卷成的小筒子装冰激凌，并觉得这样吃起来别有一番风味。

就这样，薄饼装冰激凌受到了出人意料的欢迎，这也就是现在大家喜欢吃的蛋卷冰激凌的雏形，哈姆威也因此发了一笔横财。

评析：现实生活中，只要用心，我们还可以发现其他一些市场。市场营销活动就是建立在这种观察、信息收集的基础上，做出决策——薄饼卷装冰激凌（适应需求，加工产品），最终，冰激凌销量大增。

9.3.2　选择目标市场

任何企业都不可能满足所有的市场需求，只有从多个购买群体中选定自己产品的消费群体，市场营销活动才会更有针对性。目标市场选择工作主要包括市场细分、选择目标市场、市场定位。

1. 市场细分

市场细分的实质是细分消费者的需求。企业进行市场细分，就是要发现不同消费者需求的差异性，然后把需求基本相同的消费者归为一类，这样就可以把某种产品的整体市场划分为若干个细分市场。

重点名词9-7　市场细分

市场细分是指在市场营销活动中，根据消费者购买行为、购买习惯以及需求的差异性，按照一定标准把市场划分为两个或更多的消费者群体，从而确定企业目标市场的活动过程。

（1）市场细分的依据。细分工作也有着以下客观依据：①市场的可细分性。市场是商品交换关系的总和，本身就是可以细分的。②消费者异质需求的存在。③消费者需求的相似性。④企业的不同优势。

（2）市场细分的标准。消费者市场细分标准主要有人口因素、地理因素、心理因素、行为因素。生产者市场细分的标准主要有最终用户的需求、用户规模、用户地理位置、用户购买情况、购买人决策情况。

2. 选择目标市场

目标市场是指在市场细分的基础上，企业选择并决定进入的最佳细分市场。

（1）目标市场选择的原则。①应有足够的规模与潜力。规模大，则购买力强，足以实现企业的预期市场目标。②应有足够的吸引力。从长期盈利的角度来看，细分市场还应该具有长期的吸引力。③应符合企业的目标和资源条件。

（2）目标市场营销策略。在营销活动中，通常有三种不同的目标市场选择策略供企业选择：①无差异性市场营销策略。这一策略是指企业不考虑细分市场的差异性，把整体市场作为一个目标市场，不进行细分，对所有的消费者只提供一种产品的目标市场策略。该策略适用于少数消费者需求同质的产品。②差异性市场营销策略。这一策略是在市场细分的基础上，企业以两个以上乃至全部细分市场为目标市场，分别为之设计不同产品，采取不同的市场营销组合，满足不同消费者需求的目标市场策略。该策略适用于大多数异质的产品。③集中性市场营销策略。这一策略是企业将整体市场分割为若干细分市场后，只选择其中一个细分市场为目标市场，集中力量，实行专业化生产和经营的目标市场策略。该策略主要适用资源有限的中小企业或初次进入新市场的大企业。

3. 市场定位

市场定位关系到企业及产品在激烈市场竞争中，迎合消费者心理，树立企业及产品形象，实现企业市场营销战略目标等一系列至关重要的问题。

重点名词9-8　　市场定位

市场定位也称产品的定位或竞争性定位，是指通过一定的信息传播途径，树立企业产品在目标市场即消费者心目中的形象，使企业所提供的产品具有一定特色，适应一定顾客的需要与偏好，并与竞争者的产品有所区别。

（1）市场定位的内容。①产品定位。产品定位是指侧重于将产品实体定位于质量、成本、特征、性能、可靠性、款式等不同方面的特色。②企业定位。企业定位是指将企业形象定位于塑造品牌、员工能力、知识、言表可信度等方面的特色。③竞争定位。竞争定位是指确定企业相对于竞争者的市场位置。④消费者定位。消费者定位是指通过确定企业的目标顾客群显示自己的定位。

（2）市场定位的步骤：①分析目标市场的现状，确认潜在的竞争优势。②准确选择竞争优势，对目标市场初步定位。③显示独特的竞争优势和传播自身定位。

9.3.3　确定市场营销策略

为了满足目标市场的需要，企业对自身可以控制的各种营销要素如产品、价格、销售渠道、促销等进行优化组合，形成市场营销组合策略，即4P策略。

1. 产品策略

企业的一切生产经营活动都是围绕着产品进行的，如何开发满足消费者需求的产品，并将产品迅速、有效地传送到消费者手中，构成了企业营销活动的主体。

（1）产品整体。现代市场营销理论认为，整体意义上的产品包含实质产品、形式产品、附加产品和心理产品四个层次。①实质产品。实质产品也称核心产品，是指向消费者提供的、最起码的效用和性能。②形式产品。形式产品是指产品的形体。即向市场提供的实体和服务的外观或形象。③附加产品。附加产品是消费者购买产品时所获得的全部附加服务和利益，包括提供信贷、免费送货、保证、安装、售后服务等。④心理产品。心理产品是指产品的品牌和形象提供给顾客心理上的满足。

（2）产品组合策略。产品组合也叫产品搭配，是指一个企业提供给市场的全部产品的大类项目组合。它反映了一个企业的全部产品项目和产品线系列构成，也是一个企业生产经营的所有产品在品种、规格、经营范围上的构成。产品组合表现三个方面：①产品组合的宽度。产品组合的宽度是指企业生产和经营产品线的数量，即有多少产品大类。企业的产品线众多，称作宽产品线；反之，叫作窄产品线。②产品组合的长度。产品组合的长度是指企业每一产品线的产品项目的数量。企业某一产品中产品的项目较多，就意味着其组合较长；相反，则意味着产品组合较短。③产品组合的关联度是指各生产线的最终用途、生产条件、分销渠道等方面相互关联的程度。

（3）品牌策略。品牌策划是指借助一定科学方法和艺术的设计，使企业品牌或产品品牌在消费者脑海中形成一种个性化的印象。一般来讲，企业可以采取的品牌策略包括下列几种：①统一品牌策略；②个别品牌策略；③扩展品牌策略；④品牌重新定位策略。

2. 价格策略

定价策略是企业为了实现预期的经营目标，根据企业的内部条件和外部环境，对某种商品或劳务选择最优定价目标所采取的应变谋略和措施。

（1）产品定价的影响因素。企业在进行新产品定价或老产品价格变动时，首先考虑的影响因素主要包括产品成本、供求状况和市场竞争情况等。这些因素构成产品的定价环境。

（2）产品定价策略。①新产品定价策略。主要包括：撇脂定价策略（一种高定价策略）、渗透定价策略（一种低价策略）和满意定价策略（一种介于撇脂定价和渗透定价之间的定价策略，其新产品的价格水平适中）。②折扣定价策略。主要包括：数量折扣、现金折扣、季节折扣、功能折扣、以旧换新折扣等。

3. 分销渠道策略

分销渠道是指某种产品和服务在从生产者向消费者转移过程中所经过的途径和路线。其起点是生产者，终点是消费者，连接二者的是中间商。

（1）渠道结构。渠道有不同的结构形式：①长度结构。按照产品分销过程中经历流通环节的多少将分销渠道分为长渠道与短渠道。从这一角度认识渠道，可将这种结构称作渠道的长度结构。②宽度结构。渠道的宽度结构是根据企业在分销过程中每一层级中间商数量的多少来定义的一种渠道结构形式。

（2）渠道策略。①长渠道策略。企业产品品种多、用途广、消费者分布广泛时，可以采用这一策略。但是，随之而来的是销售成本增加。②宽渠道策略。企业产品品种较少、用途单一，应采用宽渠道策略。③零层渠道。对于一些大型的设备、专用工具、技术复杂的仪器仪表等需要提供专门服务的产品，都采用零层渠道直接分销。

4. 促销策略

今天的市场竞争日趋激烈，市场营销活动中，企业必须采取适当的方式来促进产品的销售。促销已经成为市场营销组合中重要的一环。

（1）促销的作用。促销的作用主要表现在以下几个方面：①传递产品信息。②影响消费，扩大销售。③突出产品特色，增强市场竞争力。④收集市场信息。

（2）促销的方式。促销方式主要有以下几种：①广告。利用各种传播媒体来传递商品和服务信息。②人员推销。人员推销是指企业运用推销人员直接向目标顾客进行有关产品的介绍、推广、宣传和销售。③营业推广。营业推广是企业为了达到营销目标，在一定时期内为迅速刺激消费需求，鼓励消费的促销手段及方法。④公共关系。公共关系是指社会组织通过有效的管理和双向信息沟通，在公众中树立良好的形象与信誉，以赢得组织内外相关公众的理解、信任、支持与合作。

（3）促销的策略。促销策略是市场营销组合的基本策略之一。根据促销手段的出发点与作用的不同，可分为以下两种：①推式策略。推式策略是指直接以人员推销手段，把产品推向销售渠道。这一策略需利用大量的推销人员推销产品，它适用于生产者和中间商对产品前景看法一致的产品。②拉式策略。拉式策略是指采用间接方式，即通过广告和公共关系宣传等措施吸引最终消费者，使消费者对企业的产品或劳务产生兴趣，从而引起需求，主动去购买商品。这种策略适用于市场广大的产品，且产品多属便利品。

9.3.4 市场营销管理

市场营销活动中，经常会出现一些意外情况，如实际做法偏离了原定计划，效果没有预计得好。为此，营销管理人员必须做好过程控制，针对出现的情况，分析原因，寻找对策，以保证营销方案的顺利实施。

1. 市场营销控制

市场营销控制是指市场营销管理者经常检查市场营销计划的执行情况，查看计划与实际是否一致，如果不一致或没有完成计划，就要找出原因所在，并采取适当措施和正确行动，以保证市场营销计划的完成。

2. 市场营销控制的实质

市场营销控制不仅是对企业营销过程的结果进行控制，还必须对企业营销过程本身进行控制，而对过程本身的控制更是对结果控制的重要保证。因此，营销管理者必须依靠控制系统及时发现并纠正小的偏差，以免给企业造成不可挽回的损失。

企业市场营销管理的内容主要有年度计划控制、盈利能力控制、效率控制和战略控制，如表 9-1 所示。

表 9-1　市场营销管理控制内容

控制类型	负 责 人	目　的	方　法
年度计划控制	高层、中层管理人员	检查计划目标是否实现	销售分析、市场份额费用与销售分析、财务分析、顾客态度追踪等
盈利能力控制	营销主管	检查企业盈亏情况	产品、地区、顾客群、细分市场、销售渠道、订单大小等
效率控制	营销主管	评价经费开支效率及营销开支效果	销售队伍、广告、促销、分销等
战略控制	高层管理人员、营销审计人员	检查企业是否正在市场、产品和渠道等方面寻找最佳机会	营销效率等级评价、营销审计、企业道德社会责任评价

3. 年度计划控制

年度计划控制的目的是保证企业能完成年度营销方案所规定的销售、利润和其他指标。具体方法包括销售分析、市场占有率分析和顾客态度追踪等。

（1）销售分析。销售分析主要用于衡量和评估计划销售目标与实际销售之间的差异情况。

（2）市场占有率分析。市场占有率说明企业的竞争地位。市场占有率分析的具体方法有以下四种：①全部市场占有率。②可达市场占有率。③相对三个最大竞争者的市场占有率。④相对于市场领导竞争者的市场占有率。

（3）顾客态度追踪。顾客态度追踪是指通过建立顾客投诉系统，以及顾客样本等方式，以了解顾客对企业形象及产品与服务的态度，看其是否有变化，以及有哪些变化。企业一般主要利用以下系统来追踪顾客的态度：抱怨和建议系统、固定顾客样本和顾客调查。

课 堂 测 评

测 评 要 素	表 现 要 求	已 达 要 求	未 达 要 求
知识点	能掌握市场营销的含义		
技能点	能初步认识企业市场营销的主要工作内容		
任务内容整体认识程度	能概述市场营销与管理活动过程的关系		
与职业实践相联系程度	能描述市场营销对于组织的实践意义		
其他	能描述与其他课程、职业活动等的联系		

单元 9 小结

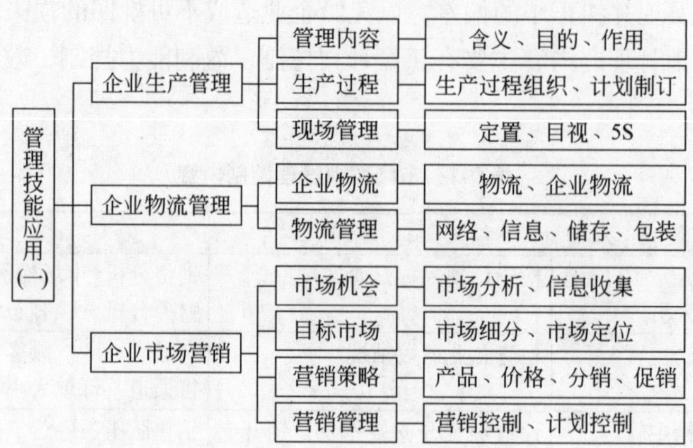

教学做一体化训练

重要名词

生产管理　生产过程组织　物流　企业物流　物流管理　市场营销　市场细分

课后自测

一、选择题

1. 按生产的专业化程度划分（　　）。

A. 单件生产　　B. 大量生产　　C. 成批生产　　D. 柔性生产

2. 生产过程组织形式主要包括（　　）。

A. 空间组织　　B. 时间组织　　C. 地理组织　　D. 直接控制

3. 生产过程的时间组织是指产品在生产过程各工序之间的移动方式。一般有（　　）。

A. 顺序移动方式　　B. 平行移动方式

C. 平行顺序移动方式　　D. 纠正偏差

4. 生产作业计划标准主要有（　　）。

A. 批量与生产间隔　　B. 生产周期

C. 生产提前期　　D. 在制品定额

5. 物流活动创造的价值一般包括（　　）。

A. 时间价值　　B. 场所价值　　C. 加工价值　　D. 超额价值

6. 销售物流管理的目标就是（　　）。

A. 保证销售物流有效、合理地运行　　B. 扩大市场

C. 提高客户服务水平　　D. 降低成本、提高物流工作效率

二、判断题

1. 对象专业化主要适用于单件小批生产类型。(　　)

2. 作业计划标准又称期量标准，是指为制造对象（产品、部件、零件等）在生产期限和生产数量方面所规定的标准数据。(　　)

3. 占 80% 的采购金额的 20% 的供应商为重点供应商。(　　)

4. 从物流的观点来看，影响运输的三大因素是成本、速度和一致性。(　　)

5. 产品搬运次数越少,产品受损可能性就越小,仓库内整体运作效率就越高。(　　)

6. 任何企业都可以满足所有的市场需求。(　　)

7. 无差异营销策略主要适用资源有限的中小企业或初次进入新市场的大企业。(　　)

8. 长渠道策略适用于企业产品品种多，用途广，消费者分布广泛的情形。(　　)

三、简答题

1. 企业如何分析市场机会？

2. 生产过程组织的基本要求?

3. 生产现场管理的内容与要领有哪些？

4. 物流的基本职能有哪些?

5. 企业物流管理的主要工作有哪些？

6. 如何理解信息处理在物流中的作用？

四、案例分析题

案例一：日本丰田汽车的生产管理

作为世界著名的汽车生产企业，丰田汽车公司生产管理的秘诀是什么?

（1）建立看板管理体系。重新改造流程，改变传统由前端经营者主导生产数量，重视后端顾客需求，后面的工程人员通过看板告诉前一项工程人员需求，比方零件需要多少，何时补货，即是“逆向”去控制生产数量的供应链模式，这种方式不仅能节省库存成本（达到零库存），更重要的是将流程效率化。

（2）强调实时存货。依据顾客需求生产必要的东西，而在必要的时候，生产必要的量，这是丰田独创的生产管理概念。

（3）标准作业彻底化。对生产每个活动、内容、顺序、时间控制和结果等所有工作细节都制定了严格的规范，例如装轮胎、引擎需要几分几秒钟。如发现更好更有效率的方法，就可以变更标准作业，目的在于促进生产效率。

（4）排除浪费、不平及模糊等。不浪费任何一丝材料、人力、时间、能量、空间、程序、运搬或其他资源。排除生产现场的各种不正常与不必要的工作或动作时间。

（5）重复问五次为什么。要求每个员工在每一项任何的作业环节里，都要重复地问为什么，然后想如何做，以严谨的态度打造完美的制造任务。

（6）生产平衡化。丰田要求各生产工程取量尽可能达到平均值，也就是前后一致，为的是将需求与供应达成平衡，降低库存与生产浪费。

（7）充分运用“活人和活空间”。生产线人员灵活变动，丰田称呼为“活人、活空间”，即鼓励员工都成为“多能工”以创造最高价值。

（8）弹性改变生产方式。以前是生产线上作业方式，一个步骤接着一个步骤组装，但现在有时会视情况调整成几个员工在一个作业平台上同时作业生产。

阅读以上材料，回答问题：

1. 你认为丰田汽车公司生产管理的成功之处在哪里？

2. 人员组织人性化的体现有哪些？

3. 属于现场管理的内容有哪些？

案例二：海尔公司的物流管理

海尔物流管理的“一流三网”充分体现了现代物流的特征。“一流”是以订单信息流为中心；“三网”分别是全球供应链资源网络、全球用户资源网络和计算机信息网络。

海尔物流的“一流三网”的同步模式可以实现四个目标：为订单而采购，消灭库存。在海尔，仓库不再是储存物资的水库，而是一条流动的河，河中流动的是按单采购来生产必需的物资，从根本上消除了呆滞物资、消灭了库存。目前，海尔集团每个月平均接到 6000 多个销售订单，这些订单的定制产品品种达 7000 多个，需要采购的物料品种达 15 万多种。海尔物流整合以来，呆滞物资降低 73.8%，仓库面积减少 50%，库存资金减少 67%。

（1）双赢，赢得全球供应链网络。海尔通过整合内部资源，优化外部资源使供应商由原来的 2336 家优化至 978 家，国际化供应商的比例却上升 20%，建立了强大的全球供应链网络，GE、爱默生、巴斯夫等世界 500 强企业都成为海尔的供应商，有力地保障了海尔产品的质量和交货期。不仅如此，更有一批国际化大公司以其高科技和新技术参与到海尔产品的前端设计中，目前可以参与产品开发的供应商比例已高达 32.5%。

（2）三个 JIT，实现同步流程。由于物流技术和计算机信息管理的支持，海尔物流通过 3 个 JIT，即 JIT 采购、JIT 配送和 JIT 分拨物流来实现同步流程。目前通过海尔的 BBP 购平台，所有的供应商均在网上接受订单，并通过网上查询计划与库存，及时补货；货物入库后，物流部门可根据次日的生产计划利用 ERP 信息系统进行配料，同时根据看板管理 4 小时送料到工位；生产部门按照 B2B、B2C 订单的需求完成订单以后，满足用户个性化需求的定制产品通过海尔全球配送网络送达用户手中。目前海尔在中心城市实现 8 小时配送到位，区域内 24 小时配送到位，全国 4 天以内到位。

（3）计算机网络连接新经济速度。在企业外部，海尔 CRM（客户关系管理）和 BBP 电子商务平台的应用架起了与全球用户资源网、全球供应链资源网沟通的桥梁，实现了与用户的零距离。目前，海尔 100% 的采购订单由网上下达，使采购周期由原来的平均 10 天降低到 3 天；网上支付已达到总支付额的 20%。在企业内部，计算机自动控制的各种先进物流设备不但降低了人工成本、提高了劳动效率，还直接提升了物流过程的精细化水平，达到质量零缺陷的目的。计算机管理系统搭建了海尔集团内部的信息高速公路，能将电子商务平台上获得的信息迅速转化为企业内部信息，以信息代替库存，达到零营运资本的目的。

阅读以上材料，回答问题：

1. 这里的 JIT 是指什么？起源于哪里？

2. 请你概括总结案例里提高的物流管理策略？

认识企业市场营销

实训目的

通过对企业市场营销工作的了解，认识市场营销的含义，初步具备市场营销分析能力。

活动安排

1. 学生分组，选择一种熟悉的商品（可以是日用品、家电、电子产品），分析其目标市场，讨论并说明其市场定位措施。

2. 学生分组，选择一种熟悉的日用品，分析讨论其品牌与包装设计，并说明其优缺点，提出完善建议。

3. 将以上活动成果汇总，制作 PPT 展示交流。

教师注意事项

1. 由生活事例、企业经营事例导入对企业市场营销的认识。

2. 提供一些生活事例或营销管理案例，供学生讨论。

3. 提供其他相应学习资源。

资源（时间）

1课时、参考书籍、案例、网页。

评价标准

表现要求	是否适用	已达要求	未达要求
小组活动中，外在表现（参与度、讨论发言积极程度）			
小组活动中，对概念的认识与把握的准确程度			
小组活动中，角色扮演的精准度			
小组活动中，文案、PPT制作的完整与适用程度			

拓展实训

认识企业生产、物流管理工作

实训目的

通过接触企业实际，认识企业中的生产、物流管理工作。

活动安排

1. 学生进驻实训基地企业，了解企业生产、物流管理工作情况；

2. 观察不同岗位（原辅料备件管理、生产车间、产成品库存管理、质检）人员工作，学生分组进行这些岗位工作内容的素材采集，结合企业实际写出分析报告，制作PPT，分小组展示。

教师注意事项

1. 由生活事例、企业经营事例导入对生产、物流管理工作的认识。
2. 提供一些著名企业生产、物流管理案例，组织学生讨论。
3. 组织其他相应学习资源。

资源（时间）

1课时、参考书籍、案例、网页。

评价标准

表现要求	是否适用	已达要求	未达要求
小组活动中，外在表现（参与度、讨论发言积极程度）			
小组活动中，对概念的认识与把握的准确程度			
小组活动中，角色扮演的精准度或担当任务的完成度			
小组活动中，文案、PPT制作的完整与适用程度			

学生自我总结

通过完成单元 9，我能够做如下总结。

一、主要知识

本单元的主要知识： 1. 2.

二、主要技能

本单元的主要技能： 1. 2.

三、主要原理

我认为，企业产、供、销的主要作用是： 1. 2.

四、相关知识与技能

我在完成本单元中学习了以下内容。 1. 生产过程组织的工作内容是： 2. 物流管理的主要工作包括： 3. 企业市场营销主要工作包括：

五、成果检验

我完成本单元的成果如下。 1. 通过任务描述获取的信息有： 2. 通过整个单元学到的知识或技能有： 3. 通过实训活动获得的知识或技能有： 4. 对企业管理工作的看法是：

单元10

管理技能应用（二）

学习目标

1. 知识目标

- 能认识企业财务管理活动。
- 能认识企业客户关系管理活动。
- 能认识企业危机管理活动。

2. 技能目标

- 能初步理解企业财务管理工作内容。
- 能初步理解企业客户管理工作内容。
- 能初步理解企业危机管理的意义。

学习任务

企业财务管理、企业客户管理、企业危机管理都是管理的重要工作。管理学初学者应该在认识这些重要的管理活动基础上，有针对性地开展管理工作的学习。根据企业抽象的经营活动过程，学习者首先应该认识企业财务管理活动对生产经营活动的支持以及从财务管理角度进行生产经营绩效考核的方法。在此基础上，认识企业客户管理，并理解这一过程中，企业发展新客户、保留旧客户、提供客户服务及进一步提升企业和客户关系的意义。互联网时代，企业危机管理时有发生，如何管控，也是考验企业管理能力的重要一面。

根据一般管理职业工作活动顺序、职业教育学习规律与能力分担原则，本单元可以分解为以下子任务。

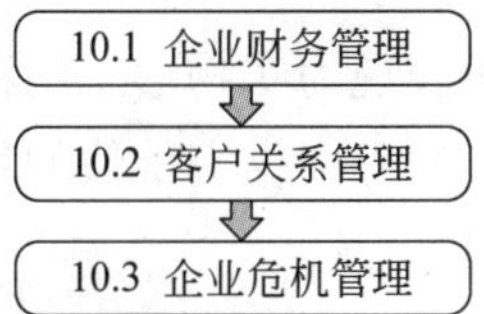

管理故事

本故事要从王永庆讲起。在世界化工行业，台塑董事长王永庆是一个家喻户晓的传奇式人物。

王永庆 15 岁小学毕业后，到一家米店做学徒。第二年，他用父亲借来的 200 元钱本金自己开了一家米店。当时大米加工技术比较落后，出售的大米里混杂着米糠、沙粒、小石头等，买卖双方都是见怪不怪。王永庆则多了一个心眼，为了和其他店竞争，每次卖米前都把米中的杂物拣干净，这一额外的服务深受顾客欢迎。王永庆卖米多是送米上门，他在一个本子上详细记录了顾客家有多少人、一个月吃多少米、何时发薪等。算算顾客的米该吃完了，就送米上门；等到顾客发薪的日子，再上门收取米款。他给顾客送米时，并非送到就算，他先帮人家将米倒进米缸里。如果米缸里还有米，他就将旧米倒出来，将米缸刷干净，然后将新米倒进去，将旧米放在上层。这样，米就不至于因陈放过久而变质。他这个小小的举动令不少顾客深受感动，铁了心专买他的米。

就这样，他的生意越来越好。从这家米店起步，王永庆最终成为后来台湾工业界的“龙头老大”。后来，他谈到开米店的经历时，不无感慨地说：“虽然当时谈不上什么管理知识，但是为了服务顾客做好生意，就认为有必要掌握顾客需要，没有想到，由此追求实际需要的一点小小构想，竟能作为起步的基础，逐渐扩充演变成为事业管理的逻辑。”

【管理感悟】 同样是卖米，王永庆能用心去研究顾客的需要，研究如何去满足顾客的需要。这就是精细化的客户服务；不单纯卖给顾客简单的产品，而是将顾客的需求变成自己的服务项目，与产品一同给予顾客。由此我们更可以看出，在企业管理中提升服务的价值与客户关系维护的价值。

10.1 企业财务管理

任务提示：管理技能应用（二）的第一课，学习者应该首先认识企业财务管理的含义、作用，在此基础上认识企业财务管理的主要内容、管理方式以及在整个企业经营管理中的作用，理解现代企业财务管理的意义。

企业财务管理是通过价值形态对企业资金运动进行决策、计划和控制的综合性管理。作为企业管理的一部分，财务管理在企业日常运营中起着非常重要的作用。

10.1.1 财务管理解读

企业生产经营活动中，一方面表现为实物形态的物资运动，另一方面表现为价值形态的资金运动。资金是企业再生产过程中物资价值的货币表现，能否及时获得并得到有效利用关系到企业经营目标的实现。

重点名词10-1　　财务管理

企业财务管理是指在一定的整体目标下，依据国家的政策、法规、资金运动的特点与规律，科学地组织企业资金运动，正确地处理企业财务关系的一项经济管理活动。

1. 财务管理的含义

财务是指企业中有关资金的业务，财务管理的主要目的在于以尽可能有利的条件筹集到生产经营活动所需资金，并在企业内部合理分配，以提高其使用效率。

2. 财务管理的内容

简单地讲，企业财务管理的对象就是企业的资金运动及其所反映的财务关系。财务管理主要包括财务活动的管理与财务关系的处理两个方面。

（1）企业财务活动管理。企业财务活动主要包括资金筹集、资金运用、资金回收与分配，如表 10-1 所示。

表 10-1　企业财务活动管理

内　容	含　义	具体活动	资金方向
资金筹集管理	企业为保证生产经营活动的正常进行，对多种渠道筹措与集中资金所进行的管理活动	筹资量的确定、筹资渠道与方式的选择、资金的实际取得	流入
资金运用管理	为保证生产经营目标的实现，对生产经营中及时而有效地运用企业资金所进行的管理活动	日常运营资金收付和对外投资的管理	流入、流出
资金回收与分配管理	企业对有效回收资金与合理分配资金所进行的管理活动	企业销售货款回收与企业收入分配	流入、流出

（2）企业财务关系管理。企业在经营活动过程中，必然与企业内外部有关各方发生广泛的经济利益关系，这就是企业的财务关系，如表 10-2 所示。

表 10-2　企业财务关系管理

类　别	关系主体	意　义
内部关系	①企业内部各单位之间。②企业与职工之间。③企业与董事会、监事会	①企业内部各单位之间在生产经营各环节中相互提供产品或劳务所形成的经济利益关系。②企业向职工支付劳动报酬过程中所形成的经济关系。③企业要为董事会支付董事会经费，因此，企业与董事会之间发生经济利益关系
外部关系	①企业与国家。②企业与投资者。③企业与债权人。④企业与受资企业。⑤企业与债务人。⑥企业与社会公众	①国家以收缴各种税费的形式，与企业之间产生财务关系。②投资者向企业投入资金，企业向其支付投资报酬所形成的经济关系。③企业向债权人借入资金，并按借款合同的规定按时支付利息和归还本金所形成的经济关系。④企业以购买股票或直接投资的形式向其他企业投资形成的经济关系。⑤企业以购买债券、提供贷款等形式将资金借给其他企业形成的经济关系。⑥与商品或劳务提供者的关系、社会公益事业

10.1.2　财务管理的环节

财务管理环节是根据财务管理工作的程序及各部分间的内在关系划分的，分为财务预测、财务计划、财务控制、财务分析和财务检查。

1. 财务预测

财务预测是根据财务活动的历史资料，考虑现实的要求和条件，对企业未来的财务活动和财务成果做出科学的预计和测算。其目的在于通过测算，为企业财务决策、计划、控制、分析提供依据。

2. 财务计划

财务计划是运用科学的技术手段和数学方法，对目标进行综合平衡，制定主要计划指标，拟定增产节约措施，协调各项计划指标。它是落实企业奋斗目标和保证措施的必要环节。

3. 财务控制

财务控制是在生产经营活动的过程中，以计划任务和各项定额为依据，对资金的收入、支出、占用、耗费进行日常的计算和审核，以实现计划指标，提高经济效益。它是落实计划任务、保证计划实现的有效手段。

4. 财务分析

财务分析是以核算资料为主要依据，对企业财务活动的过程和结果进行调查研究，评价计划完成情况，分析影响计划执行的因素，挖掘企业潜力，提出改进措施。

5. 财务检查

财务检查是以核算资料为主要依据，对企业经济活动和财务收支的合理性、合法性和有效性所进行的检查。它是实现财务监督的主要手段。

以上这些管理环节，互相配合，紧密联系，形成周而复始的财务管理循环过程，构成完整的财务管理工作体系。

10.1.3 财务管理的开展

从中基层管理者的角度看，以下内容是一些经常性的财务管理工作。

1. 资金筹集管理

资金是企业筹办和从事生产经营活动的物质基础，是企业财务活动的起点。在自主经营、参与竞争的条件下，资金的筹集将决定企业的经营状况以及发展前景。

（1）资金筹集的原则。资金筹集的原则主要有：①规模适度原则。筹资要在正确预测和科学规划的基础上进行，要以满足生产经营需要合理的量为首要原则。②成本最低原则。筹资管理的重要内容就是在筹资的过程中进行筹资成本与效益的比较分析，最大限度地降低资金的使用成本和筹资过程中的费用。③合法性原则。在企业筹资的过程中，遵守国家有关法规，维护各方合法权益。④稳定性原则。筹资是企业的一项重大而经常性的财务管理工作，必须坚持稳定性原则。

（2）资金筹集的来源。企业的资金基本来源主要包括：①投入资金。这是指企业的所有者以各种投资形式注入企业的资金。这部分形成企业的权益资本，如股票、保留盈余等。②借入资金。这是指企业以各种形式从企业外部借入，用于企业生产经营所用的资金。这部分资金形成企业的负债资本，如银行贷款、债券等。

（3）资金筹集的方式。筹资方式是指企业取得资金的具体形式。我国企业的筹资方式主要有：①发行股票。②直接吸收投资。③保留盈余。④发行债券。⑤银行借款。⑥融资租赁。⑦利用商业信用。⑧其他方式。

2. 资产管理

企业资产主要包括流动资产、固定资产、无形资产及递延资产、长期投资和其他资产五类项目。这里主要说明流动资产和固定资产的管理。

（1）流动资产管理。流动资产是指在生产经营中参加循环、周转，资产形态不断变化，价值一次性转移到成本费用中，并通过产品销售收入得到补偿的资产。主要包括：①货币资金。货币资金是指企业在生产经营中停留在货币形态的资金。②应收或预付款项。这是指在生产经营中，由于资金结算的原因或市场经济活动的需要而占用的各种应收、预付等款项。③存货。存货是指在生产经营过程中，为销售或耗费而储备的物资。主要包括产成品、在制品、原材料、包装物、低值易耗品等。④其他。包括短期投资、待摊费用、一年内到期的债券投资等。

（2）固定资产管理。固定资产是指企业为生产商品、提供劳务、出租或经营管理而持有的、使用寿命超过一个会计年度的有形资产。固定资产的形成方式包括：外购固定资产、自建固定资产、租入固定资产以及其他方式取得的固定资产。

固定资产的特点主要有：①固定资产使用时间长，超过一个会计年度。②固定资产在使用中，实物形态不变，但其价值逐步转移，其价值补偿与实物更新期不一致。③固定资产的使用年限决定其资金周转期。

3. 成本费用管理

一般来讲，在企业生产经营过程中，成本费用泛指企业在生产经营中所发生的各种资金耗费。成本费用可以划分为两大类：制造成本，主要包括直接材料、直接工资、其他直接支出和制造费用；期间费用，主要包括管理费用、财务费用和销售费用等。

（1）成本费用的作用。成本费用的主要作用体现在：①成本费用是生产消耗及其补偿的尺度。②成本费用是制定产品价格的基础。③成本费用是提高经济效益的重要领域。④成本费用是企业决策的重要依据。

（2）成本费用的控制。主要措施包括：①制定成本费用控制标准，建立成本费用标准体系。②建立成本费用控制的组织体系和责任体系。③建立成本费用控制信息反馈系统，及时准确地将成本费用控制实施情况反馈到企业决策层，以便适时地采取措施。

（3）成本费用管理的意义。主要包括：①加强成本管理，降低生产经营耗费，是扩大生产经营的重要条件。②加强成本管理，有利于促使企业改善生产经营管理，提高经济效益。③加强成本管理，降低生产经营耗费，为积累资金奠定坚实的基础。

4. 利润管理

利润是企业在一定时期生产经营的最终成果。利润是收入扣除成本费用后的余额，是企业的净收益。企业的利润总额由三部分构成：营业利润、对外投资净收益和营业外净收益。

其公式为

$$\text{利润总额} = \text{营业利润} + \text{投资净收益} + \text{营业外收入} - \text{营业外支出}$$

（1）利润分配。企业的利润分配是指根据国家有关法规和企业章程的规定，企业将所获利润在国家及企业的各权益主体之间所进行的分配。企业所获得的利润，首先要向国家纳税，然后，在企业、所有者和员工之间进行分配。

（2）利润分析。主要包括：①利润总额大小分析。②利润总额构成分析，即通过计算利润总额各部分的比重来研究利润总额各组成部分的合理性。③利润总额变动分析，即通常采用本年的利润与往年相比较、实际利润与计划利润相比较、本企业与同行先进企业的利润相比较等方法，分析企业利润变化的方向、幅度及趋势。

10.1.4 财务比率分析

财务比率分析是通过计算各种财务比率，并根据比率的高低对企业经营管理状况和财务状况做出分析评价的一种方法。我们只说明偿债能力分析与盈利能力分析。

1. 偿债能力分析

企业偿债能力包括短期偿债能力和长期偿债能力。反映短期偿债能力（即将企业资产转变为现金用以偿还短期债务能力）的比率主要有流动比率、速动比率以及流动资产构成比率等。反映长期偿债能力（即企业偿还长期债务能力）的比率主要有所有者负债比率、举债经营比率、产权比率、固定资产对长期负债比率等。

（1）流动比率。流动比率也称营运资金比率，是衡量公司短期偿债能力最通用的指标。其计算公式为

$$流动比率=\frac{流动资产}{流动负债}$$

这一比率越大，表明公司短期偿债能力越强，并且有充足的营运资金；反之，说明公司的短期偿债能力不强，营运资金不充足。一般财务健全的公司，其流动资产应远高于流动负债，起码不得低于 1 : 1，一般认为大于 2 : 1 较为合适。

（2）速动比率。速动比率是用以衡量公司到期清算能力的指标。其计算公式为

$$速动比率=\frac{速动资产}{流动负债}$$

通过分析速动比率，可以获得企业在极短时间内取得现金偿还短期债务的能力。一般认为，速动比率最低限为 0.5 : 1，如果保持在 1 : 1，则流动负债的安全性较有保障。因为，当此比率达到 1 : 1 时，即使公司资金周转发生困难，也不致影响即时的偿债能力。

（3）资产负债率。这一比率表明企业的资产总额中，债权人的投资额是多少。其计算公式为

$$资产负债率=\frac{负债总额}{总资产净额}\times 100\%$$

在上述公式中，负债总额即债权人权益，总资产净额则是全部资产总额减除累计折旧后的净额。这一指标说明了企业负债偿还的资产保证程度。

2. 盈利能力分析

企业盈利能力分析可从企业盈利能力一般分析和企业税后利润分析两方面来研究。

反映企业盈利能力的指标主要有销售利润率、成本费用利润率、资产总额利润率、资产净利率、资本金利润率、股东权益利润率。我们只说明销售利润率和资产净利率。

（1）销售利润率。销售利润率即税后利润与销售收入之间的比率，是指公司销售收入平均每百元所能获得的销售利润。其高低，意味着公司获利能力的强弱。其计算公式为

$$销售利润率=\frac{税后利润}{销售收入}\times 100\%$$

（2）资产净利润率。资产净利润率主要用来衡量企业利用资产获取利润的能力，反映了企业总资产的利用效率，表示企业每单位资产能获得净利润的数量，这一比率越高，说明企业全部资产的盈利能力越强。该指标与净利润率成正比，与资产平均总额成反比。其计算公式为

$$资产净利润率=\frac{净利润}{资产平均总额}\times 100\%$$

课堂测评

测评要素	表现要求	已达要求	未达要求
知识点	能掌握财务管理的含义		
技能点	能初步认识财务管理包含的主要工作内容		
任务内容整体认识程度	能概述财务管理与组织活动的关系		
与职业实践相联系程度	能描述财务管理对于组织的实践意义		
其他	能描述与其他课程、职业活动等的联系		

10.2 客户关系管理

任务提示： 管理技能应用（二）的第二课，学习者应该首先认识客户关系的含义、功能，在此基础上认识企业客户关系管理的主要活动过程，理解现代企业进行客户关系管理的意义。

在企业管理活动中，客户关系管理就是以客户为中心，及时提供产品和服务，提高客户满意程度，最大限度地减少客户流失，保持较高市场竞争能力，实现客户和企业双方获利的一种管理方法。随着“以客户为中心”观念的普及，客户关系管理也越来越受到企业的重视。管理学大师彼得·德鲁克说：“衡量一个企业是否兴旺发达，只要回头看看其身后的顾客队伍有多长就一清二楚了。”

10.2.1 客户关系管理解读

企业客户关系管理最早在美国发展起来，近年来开始在企业电子商务中流行。通常

运用客户关系管理软件，是一种以“客户关系一对一理论”为基础，旨在改善企业与客户之间关系的新型管理机制。

1. 客户关系管理的含义

客户关系管理（customer relationship management，CRM），顾名思义，是企业用来管理客户关系的工具。客户关系管理是一个不断加强与顾客交流，不断了解顾客需求，并不断对产品及服务进行改进和提高以满足顾客需求的连续过程。

> **重点名词10-2　客户关系管理**
>
> 企业客户管理是指利用信息技术协调企业与顾客在销售、营销和服务中的关系，从而提升其管理方式，以便向客户提供个性化客户服务的过程。目标是吸引新客户、保留旧客户以及将已有客户转为忠实客户。

从以上解释可以看出，企业客户关系管理包括三个层面：理念、技术、实施。①理念是指以客户为核心，以市场为导向。②技术是指运用到的信息技术，包括数据库和数据仓库技术、OLAP、数据挖掘技术、Internet 技术、面向对象技术、客户机 / 服务器体系、图形用户界面、网络通信等信息产业成果。③实施是指结合组织与软件技术，形成与客户多种交流的渠道。

2. 客户关系的类型

客户关系是指企业为达到其经营目标，主动与客户建立起的某种联系。这种联系可能是单纯的交易关系，也可能是为客户提供一种特殊的接触机会，还可能是为双方利益而形成某种买卖合同或联盟关系。客户关系主要包括以下类型。

（1）买卖关系。买卖关系是指企业与客户之间只是买卖关系，客户将企业视作普通卖主，公平交易，目的简单。双方只有低层次接触，较少进行其他沟通，客户信息极为有限。这种情况下，维护关系的成本与关系创造的价值均极低。

（2）优先供应关系。企业与客户的关系可以发展成为优先选择关系。双方关键人物都有良好的关系，企业可以获得许多优先的甚至独占的机会。这种情况下，企业需要投入较多的资源维护客户关系。

（3）合作伙伴关系。当双方的关系存在于企业的最高管理者之间，企业与客户交易长期化，双方就产品与服务达成认知上的高度一致时，双方进入合作伙伴阶段。此时，双方对关系的背弃均要付出巨大代价。

（4）战略联盟关系。战略联盟是指双方有着正式或非正式的联盟关系，双方的目标和愿景高度一致，有相互的股权关系或成立合资企业。

客户关系具有多样性、差异性、持续性、竞争性、双赢性的特征。它可以为交易提供方便、节约交易成本，也可以为企业深入理解客户的需求和交流双方信息提供机会。

3. 客户关系管理的功能

客户关系管理的功能可以归纳为 3 个方面：市场营销中的客户关系管理、销售过程中的客户关系管理、客户服务过程中的客户关系管理，以下简称为市场营销、销售、客户服务。

（1）市场营销。客户关系管理系统在市场营销过程中，可有效帮助市场人员分析现有的目标客户群体，如主要客户群体集中在哪个行业、哪个职业、哪个年龄层次、哪个地域等，从而帮助市场人员进行精确的市场投放。客户关系管理也有效分析每一次市场活动的投入产出比，根据与市场活动相关联的回款记录及举行市场活动的报销单据做计算，就可以统计出所有市场活动的效果报表。

（2）销售。销售是客户关系管理系统中的主要组成部分，主要包括潜在客户、客户、联系人、业务机会、订单、回款单、报表统计图等模块。业务员通过记录沟通内容、建立日程安排、查询预约提醒、快速浏览客户数据，有效缩短了工作时间，而大额业务提醒、销售漏斗分析、业绩指标统计、业务阶段划分等功能又可以有效帮助管理人员提高整个公司的成单率、缩短销售周期，从而实现最大效益的业务增长。

（3）客户服务。客户服务主要是用于快速及时的获得问题客户的信息及客户历史问题记录等，这样可以有针对性并且高效地为客户解决问题，提高客户满意度，提升企业形象。其主要功能包括客户反馈、解决方案、满意度调查等功能。应用客户反馈中的自动升级功能，可使管理者在第一时间得到超期未解决的客户请求，有些客户关系管理软件还会集成呼叫中心系统，这样可以缩短客户服务人员的响应时间，对提高客户服务水平也起到了很好的作用。

重点信息10-1　科特勒关于客户关系的分类

（1）按时间顺序划分，主要包括原有客户、新客户和未来客户。企业一般应以原有客户和新客户为重点管理对象。

（2）按交易过程划分，主要包括曾经有过业务交易业务的客户、正在进行交易的客户和即将进行交易的客户。对第一类客户，不能因为交易中断而放弃；对第二类客户，需逐步充实和完善其管理内容；对第三类客户，管理的重点是全面收集和整理客户资料，为即将展开的交易准备资料。

（3）按客户性质划分，主要包括政府机构、特殊公司、普通公司、顾客和交易伙伴等。这些客户因其性质、需求特点、需求方式、需求量等不同，对其进行管理的方式也不尽相同。

（4）按交易数量和市场地位划分，主要包括主力客户、一般客户和零散客户。一般来说，企业客户关系管理的重点应放在交易时间长、交易量大的主力客户身上。

10.2.2 客户关系管理步骤

客户关系管理基本活动可分为 5 个阶段，即客户组合分析、深入了解目标客户、关系网络的发展、创造和传递客户价值以及管理客户关系。

1. 客户数据收集

对企业来说，对最具潜在营利性的客户关系进行投资无疑是一种明智的选择。CRM 策略获得成功的前提条件是能够区分企业的客户，因此首先必须进行客户分析，通过对客户数据库的分析，进行客户识别和目标客户定位。如通过客户对企业的消费金额或利润贡献、按客户对企业的价值等对客户进行区分。

2. 客户画像

通过运用数据库分析技术，深入了解所选择的目标客户。可以采用 5W1H 法，即寻找以下几方面的答案：是谁（who），是什么（what，客户特征），为什么（why），什么地点（where），什么时间（when），如何进行（how）。在已有的客户数据库的基础上，进一步运用各种统计技术对客户数据进行分析，以确定客户行为。

3. 构建客户关系网络

当今的竞争已经超越了企业与企业之间的竞争，成为关系网络与关系网络之间的竞争，因此，建立一个强有力的关系网络显得尤为重要。所谓关系网络是指客户、供应商、分销商、股东 / 投资者、企业员工以及其他的合作伙伴。CRM 关系管理的范畴中，其实已经超出了仅对客户关系的管理。要成功地实施 CRM 战略，必须考虑与关系网络中其他成员的合作关系，通过合作能够带来很多益处，如共同分担成本，加快新技术的吸收，客户信息共享带来市场的扩展，新产品的共同开发所带来的风险和成本的降低，增加的客户让渡价值使客户满意度提高。

4. 创造和传递客户价值

客户价值是指客户在购买和消费过程中所得到的全部利益。在产品差异非常细微的今天，人、流程和服务已成为构成客户价值的主要因素。创造价值的关键在于理解客户的需要，一切从客户的切身利益出发。CRM 的以客户为中心的管理模式充分反映了营销的“4C”，即首先理解客户的需求（customer’s needs and wants），估计满足客户需求的成本（cost and value to satisfy consumer’s needs and wants），尽可能为客户提供购买和使用便利（convenience to buy and use），同时传递产品及企业的信息，与客户进行良好的沟通（communication with consumer）。前两个 C 可视作企业创造客户价值的过程，而后两个 C 则可看作是体现企业传递客户价值的活动。借助强大的信息技术，如 OLAP 和数据挖掘技术，可以更好地帮助企业了解客户需求和期望值。随着客户需求的日益多样化和个性化，满足目标客户需求意味着客户化定制（customized offer/marketing），即在产品、服务、流程、人、分销、价格和沟通等诸多方面满足客户特殊的需求。

管理实务10-1　再来一碗

古代一位将军带着随从外出打猎，由于天气炎热，大家口渴难当，这时路过一座寺庙，便带着随从进寺讨茶。恰巧这天寺中只有一个小和尚，小和尚为每人用大碗倒了满满一碗冷水，武士们个个都一饮而尽，说道："真好喝，请再来一碗。"第二碗水端来了，这次却只有半碗，而且微微有些热，大家依然一饮而尽，连声说："好，请再来一碗。"这次端来的是小茶盏，斟满了热腾腾的香茶。武士们只顾品茶，只有将军看出了小和尚的智慧——三碗不同的水，实际上是针对饮者不同的需要而来的。于是他说服小和尚做了自己的侍从。这个小和尚后来也成了一位著名的将军。

评析：故事中的小和尚非常巧妙地抓住了客人由浅入深、由低级到高级的需求，传递了客户价值，获得了赏识。

5. 管理客户关系

为了与目标客户建立长期互惠互利的关系，提高他们的忠诚度，企业必须适当地调整组织结构和相关流程。传统的金字塔形、层次繁多的组织结构已经不适应以客户需求为导向的要求，取而代之的必然是组织结构的扁平化以及前台部门员工的适度授权；以往前台各部门业务分离，信息互不共享的局面面临着变革，取而代之的必然是集成化的、精简的和客户导向的业务流程和共享数据库；建立客户忠诚计划，严格执行并加以监控；除了保留客户满意度和销售量等传统的绩效评估手段外，另外，引入客户维系成本、客户维系率以及争取新客户的成本等新的绩效评估手段也是十分必要的，当然还包括对关系网络成员表现的有关评估手段。

重点信息10-2　客户关系管理的新特点

电子商务环境下的客户关系管理，有效地实现了客户信息收集、分析、开发和利用的整合，客户关系管理表现出以下新特点。

（1）信息的共享性。客户关系管理系统将企业内部原来分散的各种客户信息进行了格式的规范处理，形成了正确、完整、统一的客户信息为各部门共享，确保了客户与企业任一个部门打交道都能得到一致的信息。

（2）服务的针对性。客户与企业交往的各种信息都存储在企业的数据库中，利用客户关系管理系统的数据分析功能，准确判断客户的需求特性，最大限度地满足客户个性化的需求，有的放矢地开展客户服务，最终提高客户的满意度与忠诚度。

（3）交流方式的多样性。客户既可选择电子邮件、电话、传真等方式与企业联系，又可以选择QQ或其他在线聊天工具与企业联系，还可通过企业网站专门设置的FAQ与企业联系。无论采取哪种方式，客户都能得到一致的答复，因为在企业内部的信息处理是高度集成的。

课堂测评

测评要素	表现要求	已达要求	未达要求
知识点	能掌握客户关系管理的含义		
技能点	能初步认识客户关系管理包含的工作内容		
任务内容整体认识程度	能概述客户关系与管理活动过程的关系		
与职业实践相联系程度	能描述客户关系对于组织的实践意义		
其他	能描述与其他课程、职业活动等的联系		

10.3 企业危机管理

任务提示：管理技能应用（二）的第三课，学习者应该首先认识企业危机管理的含义、作用，在此基础上认识企业危机管理的主要活动过程，理解互联网时代现代企业进行危机管理的意义。

在“互联网+”时代，每个网民都可能引发一场让企业经营者们难以应对的危机，特别是随着中国网民数量的增加，引发企业危机的可能性也就越来越大。

10.3.1 危机管理解读

美国作家菲克普曾在《危机管理》一书中表明，在对《财富》杂志评选出的世界500强企业的董事长以及CEO调查中显示，大多数领导者都承认企业危机的普遍性，更有14%的人表示曾亲身面对过严重的企业危机。可见，危机管理对每一个企业的发展都是至关重要的。

1. 危机管理的含义

在西方国家的教科书中，通常把危机管理 (crisis management) 称为危机沟通管理 (crisis communication management)，原因在于加强信息的披露与公众的沟通、争取公众的谅解与支持是危机管理的基本对策。

重点名词10-3　　危机管理

危机管理是指企业为避免或者减轻危机所带来的严重损害和威胁，从而有组织、有计划地学习、制定和实施一系列管理措施和因应策略，包括危机的规避、危机的控制、危机的解决与危机解决后的复兴等不断学习和适应的动态过程。

危机管理是专门的管理科学，它是为

了应对突发的危机事件，抗拒突发的灾难事变，尽量使损害降至最低点而事先建立的防范、处理体系和对应的措施。对一个企业而言，可以称为企业危机的事项是当企业面临与社会大众或顾客有密切关系且后果严重的重大事故，而为了应付危机的出现在企业内预先建立防范和处理这些重大事故的体制和措施，则称为企业的危机管理。

2. 危机管理的内容

危机管理主要涉及以下几个方面的内容。

（1）危机管理者对危机情境防患于未然，并将危机影响最小化。

（2）危机管理者未雨绸缪，在危机发生之前就做出响应和恢复计划，对员工进行危机处理培训，并为组织或社区做好准备，以应对未来可能出现的危机及其冲击。

（3）在危机情境出现时，危机管理者需要及时出击，在尽可能短的时限内遏制危机。

（4）当危机威胁紧逼，冲击在即时，危机管理者需要面面俱到，不能轻视任一方面。这意味着此事要运用与危机初始期不尽相同的资源、人力和管理方法。

（5）危机过后，管理者需要对恢复和重建进行管理。这也意味着此时运用的资源、人力和管理方法会与危机初期和中期有所不同。

3. 危机管理的要素

（1）危机监测。危机管理的首要一环是对危机进行监测，在企业顺利发展时期，企业就应该有强烈的危机意识和危机应变的心理准备，建立一套危机管理机制，对危机进行监测。

（2）危机预警。许多危机在爆发之前都会出现某些征兆，危机管理关注的不仅是危机爆发后各种危害的处理，而且要建立危机警戒线。企业在危机到来之前，把一些可以避免的危机消灭在萌芽之中，对于另一些不可避免的危机通过预警系统能够及时得到解决。这样，企业才能从容不迫地应对危机带来的挑战，把企业的损失降到最低。

（3）危机决策。企业在调查的基础上制定正确的危机决策。决策要根据危机产生的来龙去脉，比较几种可行方案的优缺点后，选择最佳方案。方案定位要准、推行要迅速。

（4）危机处理。第一，企业确认危机。确认危机包括将危机归类、收集与危机相关信息，确认危机程度以及找出危机产生的原因，辨认危机影响的范围和影响的程度及后果。第二，控制危机。控制危机需要根据确认的某种危机后，遏止危机的扩散使其不影响其他事物，紧急控制如同救火，刻不容缓。第三，处理危机。在处理危机中，关键的是速度。企业能够及时、有效地将危机决策运用到实际中化解危机，可以避免危机给企业造成的损失。

4. 危机管理的特性

（1）阶段性。企业面临的危机包含了灾难、意外的发生，或是与产品有关的失败等。若没有完整的危机管理计划，一旦发生危机，将对企业造成莫大的伤害。许多企业危机在浮上台面之前，几乎都有些许的征兆出现，让企业经营者有迹可循。危机的爆发一般都是会呈现阶段性的发展。

（2）不确定性。危机出现与否和出现的时机是无法完全掌控的。因此，管理层的应变能力与组织的平日危机处理计划与演练可以降低危机的不确定性对企业所带来的影响，可以帮助企业内其他人员积极面对危机的出现。

企业舆情监测

（3）急迫性。危机往往突然降临，决策者必须做出快速处置措施与响应，在时间有限的条件下，如何获取所有相关的信息、做出正确的决策以遏止危机的扩大，是企业管理者必须注意的要项。

引发企业危机的原因及处理方式

（4）双面效果性。危机不见得必然会危害企业的生存。危机发生后，其负面影响效力大小视如何去面对危机、处理危机。处理不当就会使企业蒙受不利影响或因而被淘汰。同样地，危机管理得当将会为企业带来一个新的契机或转机，甚至能够获得更进一步的发展，大幅提升员工的士气。

10.3.2 危机管理的类型

不同性质的危机，处理方法有所差异。在处理危机前，企业首先应认清到底发生了什么性质的危机。危机的种类十分庞杂，出现这种情况的原因主要有：一是诱发危机的原因复杂而多变；二是不同的学者为了便于开展研究，根据不同的标准对危机进行了分类。不同的危机会对企业带来不同种类和程度的危害。为了更好地进行危机管理，我们有必要对危机管理进行分类，使危机管理工作更具针对性，并认识到危机带来的危害，将其破坏性降低到最底程度。从大的角度，我们将企业危机管理划分为以下一些类型，如表 10-3 所示。

表 10-3　企业危机管理类型

类　型	表　现	危　害
公共危机管理	企业因经营不善、竞争、恶意破坏或自然灾害等，引发了公共事件，遭到社会公众的反对	企业的品牌价值和信誉受到致命打击
营销危机管理	企业因营销竞争，引发了社会公众对其产品、推广手段的质疑	企业的品牌价值、市场占有率受损
人力资源危机	外部、内部原因导致企业人力资源流失，关键岗位出现短缺	员工基本素质与岗位要求不匹配
扩张危机管理	片面追求大而全，不考虑自身能力，盲目走“规模效益”道路	企业陷入进退两难
创新危机管理	缺乏创新、竞争意识和进取心	产品缺乏竞争力，造成企业淘汰出局
信誉危机管理	企业因多种原因，导致消费者信任缺失	企业竞争力下降、员工士气低

续表

类　型	表　现	危　害
财务危机管理	不能偿还到期债务	现金流困难、难以运转、破产
品牌危机管理	企业失职、失误，引发的突发性品牌被市场吞噬、毁掉	公众对该品牌的不信任感增加，销售量急剧下降，品牌美誉度遭受严重打击
质量危机管理	由产品质量问题所造成的危机	消费者的不信任和不购买

10.3.3 危机管理的程序

当危机不可避免地发生后，所要做的就是减少损失、挽回形象。危机处理一般遵循以下程序。

1. 通过调查，制订计划以控制事态的发展

企业危机管理的原则

在危机处理时，首先应组织有关人员尤其是专家参与，成立危机处理小组，对危机的状况做一个全面的分析：危机产生的原因是什么？发展状况及趋势如何？受影响的公众有哪些？谁是危机的直接受害者、间接受害者和潜在受影响者？具体受影响的程度如何？他们可能希望通过什么方式予以解决？危机信息对外扩散的发布渠道和范围是怎样的？这些问题必须弄清楚，因为这将是企业采取补救措施的直接依据。在找到这些依据之后，就可以根据这些依据来制定相应的对策。时间和公开化仍是此阶段的要素，如果有必要，甚至可以每天向外界宣布调查的进展情况。

2. 把握主动，积极沟通，有效管理信息的进与出

危机的属性就是公开性，危机处理可以说就是危机沟通。在传播与沟通中，企业一定要掌握报道的主动权，也就是要“说真话，赶快说”。因为一旦外界通过其他渠道了解到某些事实真相，将会使组织陷于非常不利的局面。办法是由发言人在最短时间内发表坦诚的声明，承诺将迅速对危机进行处理，并及时对外通报；及时安排准确的信息披露，以进行有效的舆论引导，避免媒体的炒作，形成网络事件。

3. 当组织与公众的看法不一致，依靠权威发声

要善于借助权威性机构来帮助解决危机。企业危机管理中，可以邀请第三方协助调查，以赢取公众信任。事实证明，在很多情况下，权威性机构的介入将对危机处理起决定性作用。

4. 做好善后工作，尽快挽回声誉

特别是出现重大责任事故，导致社会公众利益受损时，组织必须承担起责任，给予公众一定的精神补偿和物质补偿。在进行善后处理工作的过程中，必须做到一个“诚”字。

认真了解受损情况，实事求是地承担责任，并诚恳道歉；冷静地倾听受害者的意见，受害者要求给予重视；给受害人以同情和安慰，避免出现为自我辩护的言行，保持与受害者的联系。

课堂测评

测评要素	表现要求	已达要求	未达要求
知识点	能掌握企业危机管理的含义		
技能点	能初步认识企业危机管理包含的工作内容		
任务内容整体认识程度	能概述危机管理与组织活动过程的关系		
与职业实践相联系程度	能描述危机管理对于组织的实践意义		
其他	能描述与其他课程、职业活动等的联系		

单元 10 小结

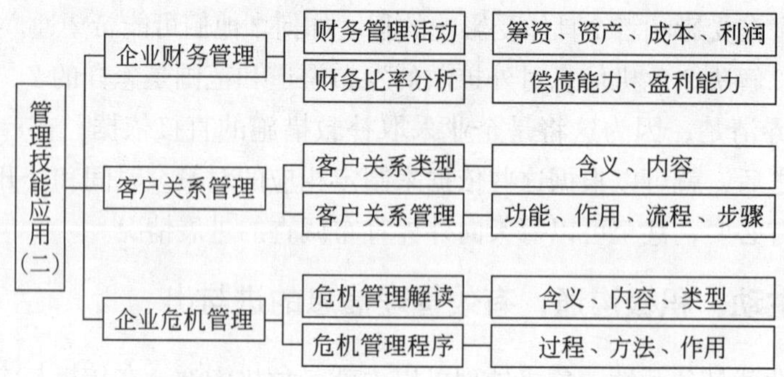

教学做一体化训练

重点名词

市场营销　市场细分　市场定位　财务管理　客户关系管理

课后自测

一、选择题

1. 企业财务活动主要包括（　　）。

A. 资金筹集　　B. 资金运用

C. 资金回收与分配　　D. 直接控制

2. 期间费用主要包括（　　）。

A. 管理费用　　B. 财务费用　　C. 销售费用　　D. 差旅费用

3. 企业的利润总额是由（　　）构成。

A. 营业利润　　B. 对外投资净收益

C. 营业外净收益　　D. 在制品定额

4. 客户关系管理的功能可以归纳为（　　）。

A. 市场营销中的客户关系管理　　B. 销售过程中的客户关系管理

C. 客户服务过程中的客户关系管理　　D. 超额价值

5. 企业危机管理的要素包括（　　）。

A. 危机监测　　B. 危机预警　　C. 危机决策　　D. 危机处理

6. 危机管理的特性包括（　　）。

A. 阶段性　　B. 急迫性　　C. 不确定性　　D. 效果双面性

二、判断题

1. 企业财务管理的对象就是企业的资金运动及其所反映的财务关系。（　　）
2. 加强成本管理，有利于促使企业改善生产经营管理，提高经济效益。（　　）
3. 客户关系是指企业为达到其经营目标，主动与客户建立起的某种联系。（　　）
4. 客户价值是指客户在购买和消费过程中所得到的全部利益。（　　）
5. 通常把危机管理称为危机沟通管理。（　　）
6. 当危机不可避免地发生后,所要做的就是如何减少损失,形象可暂不顾及。（　　）
7. 第三方的介入将对危机处理的作用不大，主要靠组织自身。（　　）

三、简答题

1. 财务管理的环节包括哪些？
2. 筹资的原则是什么?
3. 企业客户的类型有哪些？
4. 企业客户管理的新特点有哪些？
5. 什么是企业危机管理?
6. 企业危机管理的程序是怎样的?

四、案例分析题

客户关系管理的魅力

于先生经常出差去泰国，第一次下榻东方饭店，良好的饭店环境和服务就给他留下了深刻的印象，当他第二次入住时几个细节更使他对饭店的好感迅速升级。那天早上，在他走出房门准备去餐厅的时候，楼层服务生恭敬地问道：“于先生是要用早餐吗？”于先生很奇怪，反问：“你怎么知道我姓于？”服务生说：“我们饭店规定，晚上要背熟所有客人的姓名。”这令于先生大吃一惊，因为他频繁往返于世界各地，但这种情况还是第一次碰到。

于先生高兴地乘电梯下到餐厅所在的楼层，刚刚走出电梯门，餐厅的服务生就说："于先生，里面请。"于先生更加疑惑了，因为服务生并没有看他的房卡，就问："你知道我姓于？"服务生答："上面的电话刚刚下来，说您已经下楼了。"如此高的效率让于先生再次大吃一惊。

于先生刚走进餐厅，服务小姐微笑着问："于先生还要老位子吗？"于先生的惊讶再次升级，心想尽管我不是第一次在这里吃饭，但最近的一次也有一年多了，难道这里的服务小姐记忆力那么好？看到于先生惊讶的目光，服务小姐主动解释说："我刚刚查过电脑记录，您在去年的 6 月 8 日在靠近第二个窗口的位子上用过早餐。"于先生听后兴奋地说："老位子！老位子！"小姐接着问："老菜单？一个三明治，一杯咖啡，一个鸡蛋？"现在于先生已经不再惊讶了，"老菜单，就要老菜单！"于先生已经兴奋到了极点。

上餐时餐厅赠送了于先生一碟小菜，由于这种小菜于先生是第一次看到，就问："这是什么？"服务生后退两步说："这是我们特有的某某小菜。"服务生为什么要先后退两步呢？他是怕自己说话时口水不小心落在客人的食品上，这种细致的服务不要说在一般的酒店，就是美国最好的饭店里于先生都没有见过。这一次早餐给于先生留下了终生难忘的印象。

后来，由于业务调整的原因，于先生有三年的时间没有再到泰国去，在于先生生日那天突然收到一封东方饭店寄来的生日贺卡，里面还附了一封短信：亲爱的于先生，您已经有三年没有来过我们这里了，我们全体人员都非常想念您，希望能再次见到您。今天是您的生日，祝您生日愉快。于先生激动得热泪盈眶，发誓如果再去泰国，绝对不会到任何其他的饭店，一定要住在"东方饭店"。而且还要说服所有的朋友也像他一样选择"东方饭店"。于先生看了一下信封，上面贴着一枚六元的邮票。六块钱就这样买到了一颗心，这就是客户关系管理的魔力。

阅读以上材料，回答问题：

1. 这里的 CRM 体现在哪些方面？

2. 请你概括总结案例里面的客户关系管理策略？

同步实训

认识企业客户关系管理

实训目的

通过对企业客户工作的了解，认识企业客户关系管理，初步培养客户管理意识。

活动安排

1. 学生分组通过实地访问参观、网络搜寻方式，收集、归纳企业（也可以是学生、学校所在地具有地方特色的本土企业，或是一些专业物流企业，如快递公司）的客户管理工作。

2. 讨论比较生产企业与商业服务业企业客户管理工作的内容与要求。分析这些企业的客户管理网络建设、信息处理情况，将活动成果做成 PPT 展示交流。

教师注意事项

1. 由生活事例、企业经营事例导入对企业客户管理的认识。
2. 提供一些生活事例或客户管理案例，供学生讨论。
3. 提供其他相应学习资源。
4. 参访企业时，提醒学生注意安全。

资源（时间）

1 课时、参考书籍、案例、网页。

评 价 标 准

表 现 要 求	是否适用	已达要求	未达要求
小组活动中，外在表现（参与度、讨论发言积极程度）			
小组活动中，对概念的认识与把握的准确程度			
小组活动中，角色扮演的精准度			
小组活动中，文案、PPT 制作的完整与适用程度			

拓展实训

认识企业管理工作

实训目的

通过接触企业实际，认识企业中的营销、客户管理工作。

活动安排

1. 学生进驻实训基地企业，了解企业营销、客户管理工作情况。

2. 观察不同岗位（产品设计、研发、销售、客服）人员工作，学生分组进行这些岗位工作内容的素材采集，结合企业实际写出分析报告，制作 PPT，分小组展示。

教师注意事项

1. 由生活事例、企业经营事例导入对营销、客户管理工作的认识。

2. 提供一些著名企业营销、客户管理案例，组织学生讨论。

3. 组织其他相应学习资源。

资源（时间）

1 课时、参考书籍、案例、网页。

评价标准

表现要求	是否适用	已达要求	未达要求
小组活动中，外在表现（参与度、讨论发言积极程度）			
小组活动中，对概念的认识与把握的准确程度			
小组活动中，角色扮演的精准度或担当任务的完成度			
小组活动中，文案、PPT 制作的完整与适用程度			

学生自我总结

通过完成单元 10，我能够做如下总结。

一、主要知识

本单元的主要知识：

1.

2.

二、主要技能

本单元的主要技能：

1.

2.

三、主要原理

我认为，企业财务管理的支持作用是：

1.

2.

四、相关知识与技能

我在完成本单元中学习了以下内容。

1. 企业财务管理的主要工作有：

2. 企业客户关系管理的主要环节是：

3. 企业危机管理的主要工作包括：

五、成果检验

我完成本单元的成果如下。
1. 通过任务描述获取的信息有：
2. 通过整个任务学到的知识或技能有：
3. 通过实训活动获得的知识或技能有：
4. 对企业管理工作的新看法是：

参 考 文 献

[1] 斯蒂芬 · P. 罗宾斯，玛丽 · 库尔特 . 管理学 [M]. 13 版 . 北京：中国人民大学出版社，2019.

[2] 罗宾斯，德森佐，库尔 . 管理学原理与实践 [M]. 毛蕴诗，译 . 10 版 . 北京：机械工业出版社，2019.

[3] 周三多 . 管理学原理与方法 [M]. 7 版 . 上海：复旦法学出版社，2018.

[4] 单凤儒 . 管理学基础 [M].3 版 . 北京：高等教育出版社，2009.

[5] 单凤儒 . 管理学基础 [M].4 版 . 北京：高等教育出版社，2012.

[6] 刘璇 . 管理学基础 [M]. 北京：高等教育出版社，2013.

[7] 饶君华 . 管理学基础 [M]. 北京：高等教育出版社，2013.

[8] 季辉 . 管理学基础 [M].2 版 . 北京：人民邮电出版社，2015.

[9] 杨立峰 . 现代企业管理 [M]. 北京：中国人民大学出版社，2013.

[10] 郭冬芬 . 现代物流管理 [M]. 北京：人民邮电出版社，2013.

[11] 邵兵家 . 客户关系管理 [M].4 版 . 北京：清华大学出版社，2017.

[12] 赵铁 . 市场营销 [M].3 版 . 北京：清华大学出版社，2018.

[13] 赵铁 . 人力资源管理 [M].2 版 . 北京：清华大学出版社，2016.